U0824570

唤醒认知 · 普及思维 · 学以致用

# 公民法律思维养成50讲

LEGAL THINKING

像法律人一样思考

李 涛——著

中国法制出版社
CHINA LEGAL PUBLISHING HOUSE

**图书在版编目(CIP)数据**

公民法律思维养成50讲：像法律人一样思考 / 李涛著. —北京：中国法制出版社，2021.11（2023. 5 重印）

ISBN 978-7-5216-2230-0

Ⅰ. ①公…　Ⅱ. ①李…　Ⅲ. ①法律—基本知识—中国

Ⅳ. ①D920.4

中国版本图书馆CIP数据核字（2021）第208054号

责任编辑：王佩琳（wangpeilin@zgfzs.com）　　封面设计：李　宁

**公民法律思维养成50讲：像法律人一样思考**

GONGMIN FALÜ SIWEI YANGCHENG 50 JIANG: XIANG FALÜ REN YIYANG SIKAO

著者 / 李　涛

经销 / 新华书店

印刷 / 北京虎彩文化传播有限公司

开本 / 710毫米×1000毫米　16开　　印张 / 15.75　字数 / 268千

版次 / 2021年11月第1版　　2023年 5 月第3次印刷

中国法制出版社出版

书号ISBN 978-7-5216-2230-0　　定价：49.80元

北京市西城区西便门西里甲16号西便门办公区

邮政编码：100053　　传真：010-63141852

**网址：http://www.zgfzs.com**　　**编辑部电话：010-63141801**

**市场营销部电话：010-63141612**　　**印务部电话：010-63141606**

（如有印装质量问题，请与本社印务部联系。）

# 自 序

# 学会像法律人一样思考

## 01 写一本关于法律思维的书

看了那么多案例书，为什么还是感觉自己不懂法？

学会了许多法律知识，为什么不敢站出来说句公道话？

法律人解决纠纷的方式，为什么自己学不会？

这些问题不仅困扰着许多对法律感兴趣的普通人，也同样曾经困扰着从事普法的我。

渐渐地，我找到了问题的症结之一：缺乏法律思维的学习和训练。

萌生写一本关于法律思维的书的想法由来已久。自我受聘成为国家检察官学院广东分院检察教官以来，讲得最多的就是普法课。在上课过程中，不可避免地要讲到法律思维的养成和应用。多年的教学实践让我深刻感受到社会大众对法律思维认知的迫切需要，也使我更加坚信公民在日常思维基础上加点法律思维是百利而无一害的。

即使我们掌握再多的法律知识，如果没有学会法律人的思维方式，便无法熟练灵活地运用法律。这就好比一件神兵利器摆在你的面前，你虽知道它的厉害，但却缺乏肌肉力量，无法把它挥舞得虎虎生风。

如果把案例比作肉体，那么思维就是灵魂。学习法律思维就是要深入理解法律运用的精髓要义，锻炼思想的肌肉。普法只有加上法律思维，味道才更正宗。

## 02　深挖法律思维这座“金矿”

教学相长，多年的教学实践促使我不断思考“什么是法律思维”“普通公民如何理解和掌握法律思维”的问题，成人教学的特点又要求我的授课做到“深入浅出”。于是，我在采取案例教学法的基础上，努力让我的课程变得生动有趣、通俗易懂，结合日常生活的点滴让“高冷”的法律变得“接地气”，让复杂的法律规定和法律精神变得不再高深莫测。

然而，“深入浅出”谈何容易。最常见的问题是“深”又深不进去，“浅”又浅不出来。为了解决“深入”的问题，倒逼着我求诸名家著作，阅读法学经典，探寻法律思维的踪迹；为了解决“浅出”的问题，又要求我把前人智慧消化吸收，还得掰开了、揉碎了，避免消化不良，沦为简单的知识“搬运工”或“传声筒”。在经历过汲取、反刍之后，还要经过授课的实战淬炼，看看课堂反响如何，听众听不听得懂，觉不觉得有趣。如此一来，循环反复，便渐渐有了一些心得。

我和我太太李丹萍先后合著了三本普法书。这三本书都属于典型的法律案例作品集，采用的是案情回顾、以案说法、温馨提示、法条链接的写作体例。其中，“以案说法”部分主要是讲如何运用法律思维解决实际法律问题。基于体例、篇幅所限，讲到法律思维时总不能随心所欲、畅所欲言，总感觉言不及义、意犹未尽，于是激发出我深挖法律思维这座“金矿”的强烈愿望。

这本《公民法律思维养成50讲》可以看作我对法律思维的集中讲授，也可以视为以往普法系列作品的姊妹篇或前传，甚至其中的一些案例我也是就地取材。有了“法律思维”佐食，如同火锅大餐的锅底，一顿丰富的法律案例大餐才能吃得更加尽兴。

## 03　法律思维的加入大有裨益

在我看来，每个公民的日常思维中多少都可以见到法律思维的影子。比如，找人“评评理”，要依据事实，说话要有逻辑，有时还得摆摆证据；评理的这个人要公道、中立，至少表面看起来不会偏袒任何一方；等等。日常思维中本就蕴藏着法律思维，我所要做的就是唤醒公众的认知，把日常思维中的法律思维挑出来再放大，让大家看得更清楚、想得更明白，吸收成为自己的思维武器，转化为自己解决复杂问题的能力。

法律思维的加入至少可以让我们在三个方面受益：

一是提升我们的思维力。只有想得更多，考虑才更周全。法律思维具有缜密、权衡、思辨等鲜明的特点，毫无疑问都能为我们的日常思维添砖加瓦。

二是运用法律维护自身权益。学以致用，法律思维就是用法的“内功心法”，理解和掌握了法律思维，才能更好地运用法律维权，拥有挥舞法律利剑的思维武器。

三是预防生活中的法律风险。思想决定行为，思维影响观念。法律思维能让我们时刻绷紧法律这根弦，确保在法律问题上不犯大错误，不栽大跟头。

三重受益大致对应了知法、用法、守法的三层含义，只不过将“法”替换成了“法律思维”。普及具体的法律知识已经不是本书的重点，讲解法律思维要点才是本书着力所在。按照三重受益的思维脉络，全书共分为“赋能：提升法律思维力”“模式：运用法律思维的实践”“预防：法律思维的最高境界”三编内容。每一编之下设置若干“讲”，每一讲从不同角度诠释不同的法律思维，力求从不同视角展示法律思维鲜活的内容。

书中有许多内容是我在授课时讲过的，经过课堂的实践检验，让我知道哪些关于法律思维的例子能够得到听众的共鸣。例如，在讲证据思维时，我会用到饭馆吃饭后拉肚子如何维权的案例，贴近日常生活，更接地气；在讲权利思维时，我会讲小区地下停车场洗车扰民的例子，让法律思维更具“烟火气”；在讲价值思维时，我会谈车辆驾驶人与普通行人之间的利益冲突及价值取舍，让听众更加感同身受。

将现实的课堂搬到书本上，将口头语言修饰转化成书面文字，也许你会问，如此一来岂不是没人再听你讲课了？那样最好。课堂只不过是传播知识的渠道之一，若论传播效率、广度，课堂比不过书本。能够通过书籍让更多人了解法律思维，从中受益，善莫大焉。

## 04　做一个法律思维的播种人

学无止境，讲课内容是实时更新的，作为教师是不能躺在知识上睡大觉的。这本书既是我对以往讲授法律思维课堂的一次全面总结，也是我对法律思维这个课题的一次系统梳理。语言表达具有一定的随意性，一旦形成书面文字就要遵守文字表达的规则。文字能够有效弥补语言表达的局限和不足，让知识信息的传播更加规范和系统，更加经得起时间和历史的检验。

人贵有自知之明。关于法律思维的课题博大精深，因此我将本书扎扎实实地定位于一本普法读物，而非学术著作，尽管做学术一直是我的兴趣所在。既然是普法，那就要让读者愿意看、喜欢看、看得懂，把抽象的法律思维用具体生动的案例讲明白。

我会选择用诙谐幽默的法律小故事，诠释法律思维的精髓要义。例如，男子因为在家赤身裸体被女邻居举报，被处以治安行政拘留，男子偶然发现女邻居也在家赤身裸体，于是报警，结果又以偷窥女性为由被治安行政拘留。这样一则小故事，阐释出法律面前人人平等，是指适用法律一律平等，而非法律保护上人人平等的深刻道理。读起来不仅不会晦涩难懂，说不定还能博得读者会心一笑，享受到阅读的愉悦，这也许可以算作本书作为普法丛书的一个亮点吧。

时代在变，法律也在变，光看每年新颁布的法律就知道法律知识更新的频度。但无论条文如何变化，法律的精神没有变，法律的思维更是能穿越时空，令人叹为观止。那是因为，人性没有变，公平正义的价值追求是人类发展的永恒主题之一，让法律思维扎根于现代公民的思维之中，实现迭代升级，是一件实实在在、富有积极意义的事。

我愿意做这样一位法律思维的播种人，在广袤的大地躬耕细作，滋养法治土壤，培育法律精神，期待在全面依法治国的阳光雨露下，在古老的神州大地上取得新的丰硕成果。

李　涛

2021年10月

于广州黄埔

# 目 录

## 第一编 赋能：提升法律思维力

## 第二编　模式：运用法律思维的实践

第一编

# 赋能：

# 提升法律思维力

**导读：**

看了那么多普法案例书，为什么还是感觉自己不懂法？

掌握了许多法律知识，路见不平的时候，为什么不敢站出来说句公道话？

专业的法律人都是怎么解决问题的，为什么自己总是学不会？

因为你缺乏的不再是法律知识，而是法律思维力。

思维是人们日常生活中无时无刻不在进行的大脑活动，法律思维是法律人独特的思维方式，它并没有你想象中的那么高冷，任何人都可以站在门口看看究竟。

法律人有时候表现出来的冷酷，只是为了更加理性地思考和解决问题。电视剧里的优秀法律人不仅是衣着光鲜，气场强大，更重要的是他们解决问题的方法让人惊艳。为什么平常人想不到如此精彩绝伦的解决方案？无他，法律思维尔。

提升法律思维力，在日常思维的基础上加点法律思维，往往会产生奇妙的化学反应。本编重点讲解如何提升公民的法律思维力，通过了解法律人的基本价值观和思维共识，理解和掌握基本的法律思维定律，为日常思维赋能增力。

# 第一章 超脱日常思维的法律思维

我思故我在。

——笛卡尔

知之为知之，不知为不知，是知也。

——孔子

**导读：**

受个体教育水平、生活经历、性格等因素的影响，公众的日常思维具有单向、线性、直观的特点。法律人也是普通人，有所不同的是法律人经过专业的法律思维训练，因此逐渐拥有了区别普通人的多向、发散、抽象的法律思维力。公众可以在日常思维的基础上加点法律思维力，帮助自己的思维实现新的跨越。

本章着重向读者介绍关于法律思维的基本问题，以及法律思维对提升公众思维力的重要价值。

# 第1讲　相识：面对纠纷多用些法律思维

日常生活中经常流传着一句话：专业的事交给专业的人去办。生病了就去医院找医生，没钱了可以找银行贷点款，遇到困难了可以寻求警察帮助。如果发生纠纷呢？必要的时候可以请个律师。既然我们的日常思维可以搞定生活中遇到的各种问题，那我们为什么要去学法律思维呢？社会分工已经如此之细了，干吗还要给自己找“不痛快”呢？

那我要告诉你的是：法律思维对你很有用，它不仅可以在你遇到困难的时候帮你渡过难关，还可以在日常小事中发挥重要作用。

## 01　法律思维让维权更有底气

先来看一个生活案例：

> 小王开车回到家住小区的地下停车库，看见一位素不相识的小区邻居在停车库洗车，污水横流。尽管离自己的停车位很远，但小王想到最近病毒造成的疫情肆虐，整个停车库通风一般，存在公共安全卫生的隐患。于是小王停车摇下车窗与邻居理论。邻居却说：“我也是小区的一员，我在车库也有车位，我有权利这么做。”而且该邻居还对小王不屑地说：“你有什么权利来管我呢？我又没有影响你的停车位，我洗车用的是自家打来的水，哪里碍着你的事了呢？”小王一时语塞，竟无言以对，只好气呼呼地回到家。

也许你会说，小王并不是能言善辩之辈，换作我一定能把道理讲通。在这里我并不想与你讨论怎样打赢这场“口水战”，我想告诉你的是法律人会怎样思考案例中涉及的问题。

邻居口中所说的“权利”是一个法律名词，是一个公民能够实施作为什么行为的法律依据。那么案例中的邻居有在车库洗车的“权利”吗？事实上没有。邻居只是把自己贪图方便、满足自己清洁车辆需要的欲望包装成了“权利”。我国物业管理条例明确规定，小区公共空间归全体业主共有。也就是说，任何单个的小区业主无权占用小区公共空间，除非得到小区全体业主的同意。邻居的做法显然是一种自私自利的个人行为，小王完全可以理直气壮地正告他：你没有在公共停车库洗车的“权利”，你口中的“权利”不是法律意义上的权利，你只不过将你的欲望包装成了法律上的权利。

在法律人的思维中，权利总是与义务相伴而生的，享有什么样的权利就要履行什么样的义务。而“权利”“义务”这些概念的引入实际上就是法律思维的具体体现。法律思维的一个重要特点就是善于“抽象”，这种抽象的法律思维有点类似于我们日常思维中分类、归纳、总结和提炼的综合体，只不过比这些日常思维更加高度凝练，于是就产生了许多法律领域里的专有概念和名词。例如，大家经常听到的不当得利、无因管理、善意取得等，权利、义务也是法律特有的概念。

社会日常生活中公民的行为千千万万，而且千变万化，法律如何来评价这些具体行为呢？答案就是“抽象”。在日常思维上加上一点抽象的法律思维，可以让你的思维更加清晰、缜密和多元，在面对日常的磕磕碰碰时也更多了一份底气。

## 02　用法律思维预判日常行为的底线

法律人不仅活跃在法庭上，在社会生活的各个领域都有许多法律人的身影，其中不乏行业翘楚。例如，主持人撒贝宁、企业家比尔盖茨、诗人海子、作家托尔斯泰、卡夫卡等，他们都具有法学教育的背景。也许你会说，我所学的专业也涌现出了许多行业精英。但是，就专业跨度而言，法学专业的人在各个领域内成功的概率，较其他专业而言是领先的。这并非王婆卖瓜，自卖自夸，而是有许多内在的、必然的逻辑联系，其中最关键的因素之一就是法律思维的作用。

作为社会人，我们每天都在面对各种各样的难题，而且都必须要在一定期限内解决。在激烈的社会竞争中，你会发现成功者的身上都会有一些共同的闪光点。例如，流传甚广的管理学经典《卓有成效的管理者》中提到的善用有效的时间、先后次序的考虑、反面意见的运用、影响决策的要素等，都与法律思维有相通之处[①]。比如，反面意见的运用，实际上就是法律思维正反抗辩说理能力的体现。而善用有效的时间管理，则暗合法律思维善于在大量原始事实中发现问题的能力。至于先后次序的考虑、影响决策的要素，与法律思维中的程序思维、价值判断思维都有异曲同工之处。

法律思维的作用还远不止于此。拥有强大的法律思维武器甚至可以慢慢改变一个人的气质，让一个曾经习惯简单思考的人变得更加懂得权衡利弊，让一个行事犹豫不决、瞻前顾后的人变得更加勇敢果断。因为法律思维可以帮你打开法律这座知识的宝库，让你预判日常行为的底线在哪里，具备底线思维，从而让你为人处世更加有底气。

## 03 面对纠纷多用些法律思维

来看一个案例：

广州市某房地产开发公司开发了一座“假日花园”楼盘，广州市民张某来到假日花园售楼部，经过一番讨价还价后决定以每平方米13800元的价格购买一套住宅。楼盘销售人员拿出一份《假日花园高层洋房认购协议》与张某签约，协议约定7日后签订正式买卖合同，张某按照协议约定当场刷卡支付了定金8万元。

到了约定时间，张某联系销售人员要求签约，销售人员却以种种理由推诿。一个月后，销售人员打电话通知张某，称开发商不接受认购协议，如果张某想要买房，必须以每平方米16000元的价格购买，并告知张某自己只是一家中介公司的员工，受公司委托以房地产开发公司名义销售房屋。

张某经了解得知，受地铁规划等利好政策的影响，该楼盘价格出现大幅上扬。张某找到房地产开发公司协商，房地产开发公司称自己并未与张某签订协议，中介公司的行为与自己无关。张某这才发现协议文本中甲方一栏为房地产开发有限公司名称，落款处只有销售人员个人签名。定金收据上加盖

① 参见［美］彼得·德鲁克：《卓有成效的管理者（珍藏版）》，许是祥译，那国毅审订，机械工业出版社2015年版。

的是中介公司印章，POS机小票上也显示收款方为中介公司。

张某又找到销售人员，销售人员称之前一直是自己所在的中介公司代收定金，两个公司之间有委托代售协议，现在房地产开发公司不同意卖，中介公司也没有办法，只能退还8万元本金给张某。于是张某在律师的帮助下将房地产开发公司、中介公司及销售人员一同告上仲裁庭。广州市仲裁委员会经审理判定：由房地产开发公司承担违约责任，向张某双倍返还定金共计16万元，中介公司及销售人员不承担责任。

在这个案例中，张某作为一位普通公民，以一己之力对抗房地产开发公司、中介公司、销售人员三方，最终维权成功。总的来说，张某的成功首先靠的是以一敌三的勇气，这个“勇”从哪里来呢？事后张某在接受电视记者采访时说：“我权衡了一下利弊，最坏的打算无外乎损失点仲裁费，但我觉得开发商的压力比我更大，中介公司和销售人员有很大可能会站在我一边，事实证明我的判断没有错。”

张某并非法律专业人士，甚至不懂法律的具体规定，虽然有律师的帮助，但我们从张某的话中仍然可以嗅到法律思维的味道。真实的世界不是非黑即白的，而是有许多灰色的地带，例如案例中的中介公司和销售人员，他们既是房地产公司的销售合作伙伴，又是本次销售纠纷的受害者。张某选择解决纠纷的途径有很多，但是在涉及多方利益考量，特别是存在灰色地带时，如何权衡选择最优方案就得靠法律思维来帮忙。

在这个案例中张某是怎么做的呢？他先是去派出所报警告销售人员诈骗，取得报警回执，固定了纠纷事实；接着又邀请电视台媒体进行曝光，给开发商、中介公司造成了巨大的舆论压力；然后又积极争取中介公司和销售人员出庭作证，在律师的帮助下完善了证据链。懂得权衡利弊的辩证思维，让张某选择了最有利于自己的维权策略，并果断实行，最终成为法律思维的受益者。

现在再让我们回答“法律思维对我有什么用”的问题。法律思维不仅能让普通人的思维更加缜密思辨，而且能让我们拥有处理复杂问题纠纷的思维武器，至少不会让我们哑口无言、无话可说。

通过了解和掌握法律思维，加上一定的法律思维训练，可以让每一个公民在处理复杂问题时变得更加有能力，更有勇气面对生活中的不公，更加有效地配合司法机关和法律专业人士，更能果断地采取维权行动。说不定，法律思维还能帮助我们不断成长，逐渐成为跨行业领域的卓越人士呢。

# 第2讲　异同：有个性的法律思维

## 01　法律思维中的“事实认定”

我曾经与一个朋友讨论什么是法律思维。朋友说，法律思维不就是“以事实为依据，以法律为准绳”吗？我说对，那怎么来实现这波操作呢？朋友又说，你们法律人不是讲逻辑吗？逻辑就是“三段论”，杀人是犯法的，张三杀了人，所以张三犯了法，要治罪。我又问，那怎么认定张三杀了人呢？朋友笑笑说，那就是你们专业人士的事了。

在我看来，上面这段对话可以视作法律思维与日常思维相比较的一个缩影。

就日常思维而言，往往呈现单向、线性的姿态，朝着一个目标方向前行，直接抵达目的地是最好的。就好比我这位朋友所说的，事实清楚张三杀人了，法律也在那儿，运用逻辑三段论似乎就搞定了。但是法律思维考虑的却远非这么简单。

首先，得考虑张三是不是真的杀人了。有没有证据证明，这些证据的效力如何，证据组合起来能否达到证明标准，证明杀人者除了张三以外不可能是其他人。

其次，还得考虑有没有证据反驳张三杀人的事实。反驳有没有证据，证据之间有没有相互印证，这些证据组合起来对张三杀人的事实认定有怎样的影响和冲击。

你看，法律思维与日常思维相比就表现出多向、发散的形态。更为重要的是，法律思维特别善于正向和反向的双向思考，这就好比《射雕英雄传》中老顽童周伯通的“左右手”互搏。这可不是法律人喜欢玩自虐，而是法律思维本身鲜明的特点之一，不仅要善于认定事实，而且要善于发现事实认定中存在的问题，并且回答这些问题，法律圈内管这样的思维过程叫作“事实认定”。

## 02　法律思维中的“法律适用”

法律思维与日常思维的区别还远不止这些。日常思维对“以法律为准绳”的理解是，既然法律都已经公布了，用好、用对就是了。但在法律思维看来，“以法律为准绳”也叫作“法律适用”，法律适用哪有日常思维想的那么容易。

举个例子，《刑法》第三百五十八条规定，组织他人卖淫或者强迫他人卖淫的，处五年以上十年以下有期徒刑，并处罚金。那么请你告诉我，什么是“卖淫”？

你也许会回答，“卖淫”就是“失足”女性为了钱向嫖客提供性服务。

那么请看下面这则案例：

> 2003年1月至8月，被告人李某以营利为目的，与刘某、冷某等人预谋，采取张贴广告、登报的方式招聘男青年做“公关人员”，并制定了《公关人员管理制度》对公关人员进行管理。在其经营的酒吧内，李某将多名“公关先生”多次介绍给男性顾客，由男性顾客将“公关人员”带至酒店等地从事同性卖淫活动。被告人李某辩称，其行为不构成犯罪。理由是：根据有关词典的解释，卖淫是指“妇女出卖肉体”的行为，组织男性从事同性卖淫活动的，不属于组织“卖淫”，不危害社会公共秩序和良好风尚。依照罪刑法定原则，刑法明文规定的才构成犯罪，刑法没有规定的不构成犯罪，因此组织男性向同性卖淫不构成犯罪。①

我的问题是：组织男性向同性卖淫是否属于“卖淫”呢？

你是不是有点蒙，心想你怎么不按套路出牌呢？我并非故意刁难，而是现实生活本来如此。

现实中，许多案件事实与法律规则并不是一一对应的。犯罪分子从来都不是按套路出牌，对着刑法条文规规矩矩地实施犯罪，而总是有着各种稀奇古怪、五花八门的犯罪手法。

如果你是法官，上面这则案例你会怎么判呢？最高人民法院给出了答案，构成组织卖淫罪。

上述案例是最高人民法院出版的《刑事审判参考》一书中刊载的指导案例。

---

① 节选自《李某组织卖淫案［第303号］——组织男性从事同性性交易，是否构成组织卖淫罪》，载最高人民法院刑事审判第一庭、第二庭编：《刑事审判参考》总第38辑，法律出版社2004年版。

裁判理由认为：刑法及相关立法、司法解释虽然并未对“卖淫”作出明确限定，但司法者可以根据时代发展，对“卖淫”作出符合同时代一般社会观念和刑法精神的解释。汉语词典中对刑法用语的解释不能成为法官断案的法律依据，但是，对刑法用语作出不同于汉语词典解释的解释，并不必然违背法律规定，同性卖淫符合“卖淫”的本质特征，可以认定为法律意义上的卖淫。因此，被告人李某构成组织卖淫罪，依法判处有期徒刑八年，罚款人民币六万元。

## 03 运用法律思维解释和适用法律

日常思维中的“以事实为依据”在法律思维中叫作“事实认定”。日常思维中的“以法律为准绳”在法律思维中叫作“法律适用”。

如果按照日常思维的想法，最好所有的犯罪事实都能跟法律条文“无缝对接”，很可惜这只是一种理想状态。你会发现，法官的工作就是在运用法律思维解释和适用法律，将法律规则与案件事实进行对接。这可不是简单地、机械地套用逻辑三段论，而是有价值判断、实质解释、博弈思维等法律思维加入完成的复杂过程，包含着法官深邃的思维功底和个人智慧。

这一波操作可不是在自动售货机上投个币就出商品那么简单。现在人工智能、大数据非常火，有观点认为，法院可以引入人工智能审判，输入案件事实就得出判决结果，不仅可以节省法官资源，还可以有效解决同案不同判的问题。

事实果真如此吗？法官可以被人工智能取代吗？我的答案是：不可能。

人工智能永远不会明白，为什么要将“同性卖淫”也解释为“卖淫”，也不会理解“组织卖淫罪”法条背后蕴藏着对社会公序良俗法益的保护，更不会权衡把组织同性卖淫这种行为归入组织卖淫罪加以打击是利大于弊，这样思辨的法律思维、不以对错而以利弊作为判断是非的标准，是人工智能所不具备的。知识可以录入、理解、应用，但思维却需要综合性的考虑、体系化的思考，并以逻辑的形式表达出来，这才是法律思维真正核心、重要的内容。

## 04 运用法律思维防患未然

也许你会说，人都是趋利避害的，日常思维中也有趋利避害的思想，与法律思维并没什么不同。说得没错，但是，法律思维较日常思维而言，在权衡利弊方面表现得更为执着和明显。

通常解决一个法律问题，专业的法律人可以提出若干个解决方案，并且告诉你ABC方案各自的利弊，然后让你作出选择。而方案A中又蕴含着DFG等情况，每种情况的出现又会导致不同的结果。你看，这是不是有点像用多种方法解一道数学题，还附带有若干的解题假设条件。

你也许会认为，法律人就喜欢故弄玄虚，炫技罢了。我要告诉你的是，对同一个法律问题提供不同的解决方案恰恰是法学作为一门科学的重要体现。如果一个问题只有一种答案，那还能称之为科学吗？法律思维就是我们寻求最优解决方案的钥匙。

听了我上面的讲述，你可能还会问，在我认识的人当中也有许多善于解决问题的能人，他们并没有法律学习的背景，总不能说他们的思维能力中都有法律思维的功劳吧？没错，法律思维不会贪这个功。我想说的是，法律思维不仅在解决问题方面有区别于日常思维的显著特点，在发现问题方面更有过人之处。

我们都知道预防重于治疗，早发现才能早治疗。有的人很善于解决问题，但却不善于发现问题。问题在于，很多问题等到暴露时就已经晚了，错误的成本和代价是巨大的。我们来看下面这则案例：

张某与陈某（女）经人介绍自愿恋爱结婚，婚后二人夫唱妇随地做起了生意。经过几年的苦心经营，夫妻俩把生意做得风生水起，家境日益殷实。两人商量，以婚后财产共同出资成立某房地产咨询有限责任公司，注册资金为500万元，由张某担任法人代表，陈某出任公司监事。

公司成立之后，生意逐渐步入正轨，盈利不菲，但由于是“夫妻公司”，两人觉得没有必要计较太多，因此没有建立完善的财务账目，也从来没有进行过利润分红。张某与陈某约定都不在公司领取工资，每月从公司利润中拿出2万元用作日常生活开支。为了经营方便，张某以公司法人名义出具委托书，全权委托陈某处理公司名下资产。

可惜好景不长，因张某出轨，夫妻二人感情破裂闹离婚。在此期间，陈某利用公司授权分多次提取公司售房款100余万元，并将其中50万元用于公司日常开支、30万元用于归还自己个人债务、剩余20余万元据为己有。张某知悉后心中不满，以陈某侵占公司财产为由向警方报案，警方立案调查后以涉嫌职务侵占罪对陈某刑事拘留，后来陈某的律师介入，警方因证据不足作撤案处理。

在这个案例中，虽然最终是作撤案处理，但陈某已经在看守所内待了20多天，饱尝失去自由的痛苦。如果陈某在公司风生水起的时候，懂得防范法律风险，就不至于付出如此惨痛的代价。有鉴于此，社会上许多公司都会聘请律师作为自己的法律顾问，而不仅仅是遇到麻烦时才请律师打官司。法律顾问所起到的作用，就是早发现问题，划出一道不可逾越的法律底线，并就发现的问题提出最优解决方案。

预防官司出现远比打官司胜诉重要。特别是对一些大型企业集团而言，如果实现没有做好法律预防工作，可能整个商业模式都会受到影响，到时面临的可能不是一桩官司，而是一堆官司。

这实际上就是法律思维中的底线思维的体现。遇事想到最坏结果并提出预防对策，普通人思维中的未雨绸缪、防患未然，到了法律思维这里全部变成了四个字：万无一失。还可以再加上一句：即便有失，也要可控。

法律思维就是这样个性鲜明。现在你是否能明显感觉到法律思维与日常思维之间的不同呢？

# 第3讲　习惯：法律人思考的方式

看了前两讲的内容，你也许明白了社会大众了解和掌握法律思维的意义和价值，也大致感觉到法律思维与日常思维的不同。那么从这一讲开始，我就来回答你什么是法律思维，怎样运用法律思维解决生活中的实际问题。

## 01　学者眼中的法律思维

什么是法律思维？这是一个见仁见智的问题。

你也许会感到奇怪，不是说法律人最会下定义吗，怎么对法律思维没有一个准确的定义呢?

不是没有，而是太多了。

之前我也讲过，法律思维的一个特点就是多向性和发散性，于是许多优秀的法律人都在尝试从各个角度给法律思维下定义。

例如，我国台湾地区著名学者王泽鉴说:“法律思维是指依循法律逻辑，以价值取向的思考、合理的论证，解释适用法律。”[①]这个定义中指出了法律思维中包含有逻辑思维、价值判断思维的特点，以及所采用的方法和想要达到的目标。

北京大学法学院陈瑞华教授也在《法律人的思维方式》一书中介绍了他对法律思维的看法。他认为法律思维具体表现在四个方面:

第一，法律人习惯运用“法律术语”来思考问题，也就是我们之前所提到的“法言法语”。

第二，法律人习惯将“合法性”作为问题判断的标准，这里的合法性会优先于合理性。

第三，法律人运用证据构建“真相”，这个法律意义上的“真相”与客观事实的真相有着一定的差异。

第四，法律人总是坚持“程序正义”的思考，主张正义不仅要实现，而且要以人们看得见的方式加以实现。

这四个方面的内容构成了陈瑞华老师对法律思维内涵和外延的认识，包含了法律思维中蕴含的精准性、逻辑性和程序性等特点。

北京大学法学院的车浩教授也曾提出他对法律思维的见解，归纳起来主要是三个方面:一是法律思维讲究体系性和逻辑性表达问题的能力，二是法律思维要求具有正反说理的抗辩能力，三是法律思维具有从大量原始法律材料中发现问题的能力。车浩教授的观点与陈瑞华教授观点的相似点在于，都认为法律思维具有较强的逻辑性，内含有辩证思维和证据思维的特点。

你看，法学教授们虽然表述的核心意思一样，但角度和语言却有较大的区别，这恰恰是法律思维多向性、发散性的体现。

---

① 黄文伟:《真实世界的法律思维》，法律出版社2019年版，第217页。

## 02 法律思维的具体内容

看完了大法官、法学教授们对法律思维定义的观点，再听听律师怎么说。上海京衡律师事务所邓学平律师在他的《决胜技术理性：刑辩的第三条道路》课程中讲到了法律思维。他认为，法律思维是法律人业务水平的刻度尺，养不成法律思维，就永远是法律职业的门外汉。

他总结出了十大法律思维，分别是：逻辑思维、证据思维、经验思维、精确思维、逆向思维、理性思维、底线思维、结构性思维、程序思维、价值思维。这样的定义方式将法律思维表述得更加具体形象，内容也更加确定化。

无独有偶，清华大学法学院刘晗教授在“得到”APP上开设了《法律思维30讲》课程，课程中也提炼出了法律思维的六种基本思维模型，分别是：凡是讲规则、凡是讲权利、凡是讲程序、凡是讲终局、凡是讲预期、凡是讲权威，与邓学平律师总结的十大法律思维也有相通之处。

例如，“凡是讲规则”其实就包含了法律价值思维，“凡是讲权利”暗含了法律精确思维，“凡是讲终局”也蕴藏着程序思维的内容。

之前的讲座中，我讲到了法律思维多向性、习惯“左右互搏”的特点，在关于法律思维定义的话题上也有所体现。

例如，北京大学法学院朱苏力教授在他的《是非与曲直——个案中的法理》一书中讲到，即便是同班同学，最后也未必能构成一个想象的“法律共同体”，一旦进入司法实践，职业法律人会按各自职责来处理有关法律问题，“我不认为有一种可供人分享的法律人思维或法律思维”。①

你看，同样的法律问题在不同的法律人看来，选择不同的角度，就能得出不同的答案。

## 03 法律思维：法律人思考问题的习惯

讲了这么多关于法律思维的定义，那么我对法律思维又是如何定义的呢？我对法律思维的理解可以用一句话来概括：法律思维，就是法律人思考问题的习惯。

① 朱苏力：《是非与曲直——个案中的法理》，北京大学出版社2019年版，第3页。

既然是习惯，那么就能够靠后天的教育和训练逐渐养成。就好比小时候我们都还不会刷牙，随着年龄增长就慢慢养成了刷牙的习惯。

如果是好的习惯，当然可以相互介绍和分享。例如，早睡早起、早起晨练、晨读等，只要你能接受这样的好习惯，并且坚持训练，习惯就完全有可能养成。法律思维同样如此，法律人好的思维习惯当然可以与所有人分享，普通人只要感兴趣，不排斥学习和吸收，就完全可以从中获益。

怎样运用法律思维解决生活中的实际问题呢?

法律人面对问题时，思考的习惯具体来讲就是“三步走”：识别法律关系、归纳纠纷争点、寻找解决问题最佳方案。

举个例子：

小朱是某美容院的员工，高姐是该美容院的VIP顾客。小朱长相清秀，为人乖巧，嘴甜手勤，深得高姐欢心。一来二去，两人便以姐妹相称。小朱得知高姐家境殷实，便提出可以帮其向自己所在的美容公司投资，不但可以升级为美容院高级会员，还能成为公司股东享受高额分红。

高姐基于对小朱的信任，在没有签署任何协议的情况下，连续11次向小朱的账户打入600余万元。从第一笔款入账开始，小朱每次都预先扣减一部分款项，作为分红付给高姐，并赠送美容按摩床、提供免费美容服务等。如此反复，直到高姐有一次向小朱索要分红时，朱某称投资失败无法继续获得分红而导致案发。

经查明，高姐提供的所有“投资款”均在小朱的个人账户上，小朱可以独立支配使用，没有证据证明小朱将11笔款项用于投资其所在的美容公司，但有证据证明小朱使用了11笔款项中336万元购买了一套房屋用于自住。案发后，小朱辩称其向高姐借钱投资，所谓的“分红”就是支付给高姐的利息。

在这个案例中，案件事实在普通人看来有些拿不准。小朱和高姐之间的经济往来，究竟是借贷，还是诈骗呢?

法律人思考的习惯是：

第一步，识别法律关系。

现实中的法律关系共有四种：宪法法律关系、刑事法律关系、民事法律关系和行政法律关系。法律人首先要做的就是“划范围”，判断案件事实中可能涉及哪些法律关系。上述案例中涉及的法律关系有两种：一种是民事法律关系中的借贷关系，另一种是刑事法律关系中的诈骗犯罪。

第二步，归纳纠纷争点。

案例中的核心问题就在于，小朱主观上是否具有非法占有高姐财物的故意。通俗地讲就是，小朱提出帮高姐向自己所在的美容公司投资，是真想帮高姐投资做生意呢，还是想以投资为名讹钱。

第三步，寻找解决问题最佳方案。

要想证明小朱主观上是否具有非法占有高姐财物的故意，还得运用法律思维中的证据思维。小朱的口供属于证据，但并不一定是她真实的想法，还得结合小朱的具体行为，以及高姐的说法等其他证据，综合认定小朱的真实想法。

最终，法院依据相关证据，证实小朱具有非法占有高姐钱财的主观故意，所谓投资款不过是用来行骗的幌子，小朱的行为构成诈骗罪。

前面零零碎碎讲了许多，基本算是回答了什么是法律思维，以及怎样运用法律思维的问题。也许你对具体的法律思维的内容还不是很了解，对如何运用法律思维还存在许多疑问。别着急，我会在下文中结合具体案例，为你一一揭开它们神秘的面纱。

# 第4讲　标准：法律人解决问题的态度

上一讲我们讲到了法律思维的定义，谈到法律思维就是法律人思考问题的习惯。习惯也分好习惯和坏习惯，好坏总得有个标准，这一讲我就来说说运用法律思维解决问题的标准。

## 01　法律思维判断的标准

一般而言，只有当人们遇到麻烦事的时候才会想起法律。大部分时候，法律就像空气和水一样无时无刻不在你的周围，但又让你感觉不到它们的存在。

人们在日常生活中，面对矛盾纠纷时，习惯性的判断标准是“对”与“错”。

但是，法律思维却不能简单套用对错的判断标准。

你也许会纳闷，法律不是追求公平正义吗？怎么能不讲对错呢？别着急，我们先来看个案例：

有一天邻居小张向我咨询她遇到的麻烦事。她在地下车库里开车正常行驶，突然有一个邻居骑着自行车从岔路窜了出来，一头撞在小张的车门上。小张赶紧刹车，幸好车速不快，邻居只是轻微的挫伤，但小张的车门却“伤”得不轻。邻居倒是一个劲地道歉，表示要赔偿小张的损失，双方留下了联系方式。可事后小张再联系这位邻居时，邻居却不想赔偿了。

于是，小张向我咨询应该如何用法律讨回修车费。我的回答是：这修车费可能要不回来了。幸好邻居人没事，如果人受了重伤，即便是驾驶人没有过错，也要承担一定的赔偿责任。

小张大呼不公平，她怎么也想不明白为什么自己是正常驾驶，没有任何过错，却还要承担撞人的责任呢？

你看，邻居小张的思维就是典型的用对错标准看待矛盾纠纷。没有错却要承担责任，这怎么也让普通人想不通。法律为什么要作出这样看似不合理的规定呢？

那是因为，法律思维不是简单套用日常思维的对错标准来解决纠纷，而是以利与弊的价值判断思维来考量问题的。

首先，车辆驾驶人负有谨慎驾驶的法律义务。在人与车的对话中，车处于强势的地位，人显然处于弱势，因此，车辆驾驶者要承担更大的责任。法律要限制强势的一方，保护弱势的一方，这在某种意义上就是公平的体现。

其次，之所以这样规定，是为了预防潜在的道德风险。假设规定只要行人违反交通规则，就能对车辆驾驶人免责的话，可能出现“当刹不刹”的道德风险，甚至给一些具有不良动机的人制造“借车杀人”的机会。

听了我的分析，你是否也觉得法律的规定有一定的道理呢？

## 02 权衡利弊的法律思维

也许你会觉得，现在乱穿马路、乱闯红灯的行人太多，让车辆驾驶人防不胜防，在这样的法律规定下，司机反倒成了弱势的一方。

这未尝没有道理，只是在人的生命安全价值面前，要求驾驶人承担更多的责任义务，也是法律在综合各方因素考虑后作出的选择。在司法实务中，法官还可以结合个案进行裁量，运用车辆保险等手段尽可能平衡地解决纠纷。

你看，法律并不是完全依据对错来定分止争。为什么不能简单地以对错作为标准依据呢？那是因为对错标准中包含了太多的道德因素。

什么是对，什么是错，受到个体和多种因素的影响，并没有一个统一的公论。在一部分人那里是“对”，到了另一部分人那里可能就成了“错”。我们再来看一个例子：

广州某小区内，3个月大的女婴凡凡（化名）由姥姥抱着在院子里晒太阳。不料祸从天降，从小区高楼上坠下一个苹果正好砸在凡凡头顶，导致其当场昏迷。经医院诊治确认为重型颅脑损伤、迟发性颅内血肿、极重度贫血、创伤性休克。事发后警方立即介入调查，通过调取事发前后小区内监控视频，排查涉事楼栋坠物一侧所有住户情况，提取比对住户生物样本，核查住户当日活动信息，但仍然无法确定肇事者。于是，凡凡父母将整栋楼住户列为被告告上法庭，要求整栋楼住户一起承担赔偿责任，并得到法院判决支持。许多住户拒绝执行法院判决，他们怎么也想不明白，为什么自己要为别人的过错“买单”。

在司法实务中类似的案例还有很多。许多高空抛物案件最后都因为找不到肇事者，导致整栋楼内的住户一起承担责任。

许多人都会质疑，法律这样的规定明显不公平，理由是许多住户根本没有任何过错，却要承担责任，不合理。如果以对错的标准来看，凡凡的父母有错吗？没有。受到如此重大的伤害当然要有人来承担责任。楼里非肇事的业主有错吗？也没有。他们中的绝大部分压根儿跟事故没有关系。

法律作出这样的规定，同样是基于利弊的考量。

因为受害人相对于整栋楼来讲处于弱势地位，需要得到有力的救济，整栋楼在承担责任后，会对整个社会风尚起到正面的示范效应。我国《民法典》还规定，物业应当采取必要的安保措施防止高空抛物情形发生，没有采取必要安保措施的，应当承担未履行安保义务的侵权责任。在个案的处理中，这些的处理也许会让人感觉有些不公平，但就长远角度来看，对物业提高管理责任意识，以及整个社会改变“高空抛物”的陋习都是具有深远影响的。

这就是法律权衡利弊的价值思维。当价值发生冲突的时候，法律思维总会在价值之间进行权衡。既要考虑当下，也要着眼长远；既要考虑当事人的利益，也要考虑社会风尚的引领；既要依据以前的经验，也要为以后确定规则。

## 03　公共秩序价值优先

在现实生活发生的案例中，经常会出现价值利益之间的冲突，这就需要法律对价值利益进行权衡和取舍。究竟谁大谁小？谁说了算呢？法律给出的答案是：公共秩序价值最大。

你看，车与人的矛盾冲突，抽象一下就是公共道路交通秩序与驾驶人之间的冲突；高空抛物受害人与除肇事者之外的整栋住户之间的矛盾，经过抽象就成了禁止高空抛物、维护社会公共利益，与一栋楼除肇事者之外的群体利益之间的冲突。

公民个体在法律面前感到委屈的时候，不妨加点法律思维，思考一下个人权利对公共秩序有没有造成影响，也许很多原本想不通的问题就会豁然开朗。举个真实的案例：

> 张某、邓某以公司名义申请开通了2台POS机。二人在广州市某小区租住的出租屋内，虚构交易项目，使用2台POS机为本人及其亲属的信用卡进行刷卡套现，实际并未发生任何交易行为。二人将套现出来的资金用于公司生意资金周转，每次刷卡后均能及时如数归还，未产生任何银行利息。案发时二人利用名下2台POS机共刷卡套现人民币207万余元。后公安机关接到举报在出租屋内将二人抓获，并缴获POS机及信用卡等一批物品。[①]

该案例经媒体曝光后在网上掀起一阵波澜。网民们纷纷惊呼，用自己的信用卡

① 李涛：《虚构交易利用POS机刷卡套现按期归还是否构成犯罪》，载《人民检察》2016年第24期（总第733期）。

刷卡套现及时还了也犯法？信用卡本身就有取现功能，公民连这点自由都没有了吗？

这就涉及了个人权利对公共秩序的价值冲突问题。

个人刷卡取现当然是个人的自由，但个人的自由不能损害到公共秩序利益。我国刑法规定，未经国家有关主管部门批准，非法从事资金支付结算业务，数额在100万元以上的，属于严重扰乱了国家正常金融管理秩序的犯罪行为，具有严重的社会危害性，依法应以非法经营罪追究刑事责任。

上述案例中，张某、邓某虚构交易刷卡套现的行为已经侵害了正常的金融市场秩序。我们假设一下，如果法律不对这种行为进行规制，人人得而效仿之，会出现什么样的结果？那就是社会上会突然出现巨额无法控制的“热钱”，可能造成通货膨胀、物价上涨的巨大风险，必将对正常的市场经济秩序构成威胁。

法律思维不能套用对错标准不等于法律不讲对错，而是为了追求更高层面的公平正义和秩序价值。在日常思维上加点法律思维，遇到想不通的“委屈”时不妨问问自己，我的权利有没有影响到社会公共秩序，有没有损害到公共利益，想清楚这些问题，也许就会感到释然了。

## 第5讲 公平：法律面前人人平等的真正含义

上一讲我们介绍了法律思维里的一位重要成员：价值判断思维。也许你还听得一知半解，没关系，一个习惯的养成需要反复训练，法律思维也是如此，需要反复运用才能“习惯成自然”，在接下来的讲座中我还会反复讲到这一重要法律思维。这一讲，我们来谈谈法律世界里传播极广的一句名言：法律面前人人平等。

### 01 法律保护：有所为，有所不为

上一讲我们讲到法律思维里的价值判断思维，总是习惯把“秩序”价值摆在首位。也许你会问，法律难道不应该把追求公平正义作为头等大事吗？老百姓眼中的公平、自由、平等这些价值观念法律又该如何实现？如果出现了价值冲突又该怎么办呢？别着急，现在我们就来聊聊法律思维如何看待这些重要的价值观念，以及

怎样处理价值观念之间产生的矛盾冲突。

先来看一则网络上流传的法律小故事：

> 广西某地一男子因为天气炎热，经常在家里赤身裸体。对面一位女邻居看到以后觉得有伤风化，便向派出所报案，该男子被治安行政拘留10天。后来该男子在一次偶然的机会发现，这位女邻居也在家里赤身裸体，心想“报仇”的机会终于来了，于是也向派出所报案。结果，治安民警以偷窥女性为由，又对该男子处以治安行政拘留10天的处罚。

这则小故事的标题也挺有意思，叫作：法律追求的真的是公平吗？

你也许会发问，问题究竟出在哪里？为什么“受伤”的总是男性？

我要告诉你的是：法律思维里的“公平”和日常思维里的“公平”还真不太一样。法律思维里的法律面前人人平等，是指适用法律一律平等，上至达官显贵，下至平民百姓，在法律面前都不存在特权和例外。但是，适用法律人人平等，并不等于法律保护上的人人平等，法律对不同的社会群体保护的力度是不同的。

例如，法律对女性的性权利进行特别保护，违背妇女意志与妇女发生性行为的，可能构成强奸罪。但对男性的性权利，法律就没有特别保护，也就是说，不存在以男性为侵犯对象的“强奸”。现实中有发生男性同性恋“鸡奸”男子的案例，可能构成的是故意伤害罪，而非强奸罪。

上述这则法律小故事同样是这个道理。偷窥女性裸体，是法律所不允许的。至于偷窥男性裸体，法律在所不问。相反，男性主动裸体，还可能会被法律追究责任。现实中发生过男子在公众场所裸露生殖器官的案例，被以寻衅滋事罪追究法律责任。

## 02　法律思维语境下的平等

法律看似不平等的背后，实际上蕴藏着更大意义上的平等和公平。女性在生理上与男性相比处于弱势地位，对弱势群体当然要给予更多的关照。法律不是万能的，只有法律认为应当保护的权益，才会以法律规则的形式加以确认和保护。

在法律思维语境下，既没有超越法律规则的绝对自由，也没有不分情况的一律平等。自由、平等这些价值都必须在法律规则的框架内行动，法律的终极使命是通过维护社会秩序来保障人们享有秩序下的自由。通俗地讲，就是一切自由都是有限度的。这一点与大众思维里自由自在、无拘无束的自由观念有明显区别。

法律规则作为维护社会秩序价值的载体，往往来源于人们的日常习惯、礼仪风俗、生活经验等。人们都愿意生活在讲规则的社会里，因为这样的社会才让人有信心。这种信心源自人们内心的安全感。有了规则，人们对自己的行为才可以进行预期。比如，大家都愿意跟靠谱的人交往，那么什么样的人才算是“靠谱”呢？其实，所谓靠谱，在法律人看来就是做人有原则，做事讲规则，结果可预期。

我的朋友甲曾经和我讨论关于婚姻制度的问题，我就以此举个关于规则的例子：

甲：我觉得人类发明的婚姻制度到现在已经过时了。

我：为什么这么说呢？你的理由是什么？

甲：之所以有婚姻制度，是因为男性想通过婚姻来缚住女方，固定自己的性权利。而女性因为生存需要依附男方，寻求生活上的安全感和确定性。可随着现代社会的发展，女性已经不必再靠男性生活了，男性也不再能以婚姻形式来缚住女性了。

我：那你认为男女双方步入婚姻殿堂，接受婚姻制度究竟是为了什么呢？

甲：我觉得就是为了安全感和确定性，婚姻就是以制度的形式把安全感和确定性固定下来。

我：你看，规则的作用就是这样的神奇，它让人们对自己的行为有了预期。古往今来，时代在变，科技在进步，但人的生活习惯并没有多大改变，仍然是“日出而作，日落而息”。不仅是生活习惯，最重要的是人性一直没有改变，人性始终是期盼安全、稳定、可控和发展的，婚姻制度又怎么会因时代的发展而过时呢？

## 03　用价值判断思维处理价值冲突

规则恒久远，秩序永流传。在婚姻制度的设计里，同样存在秩序与公平、自由、平等的价值冲突。那么，这项制度规则是怎么摆平这些价值冲突的呢？答案就是：有所取舍，有所保留。

我曾经在课堂上提出问题：丈夫能不能强奸妻子？

许多学员都会抢着回答：能。

我又问：为什么能？

有学员回答说，因为关于强奸罪的法律规定就是为了保护妇女的性自主权，妻子属于女性，当然享有性自主权。

接着，我会告诉大家法律给出的答案：丈夫能不能强奸妻子？不一定。在婚姻关系存续期间内，丈夫“强奸”妻子的，一般不构成强奸罪。但也有例外，就是当婚姻已经进入实质解除阶段，例如，法院已经判决双方解除婚姻关系，但是判决还在未生效的情况下，此时丈夫如果对妻子霸王硬上弓，就可以构成强奸罪。也就是说，婚内一般无“强奸”，只有当婚姻进入实质解除阶段时，才有可能构成婚内“强奸”。

学员们往往会发出一阵感叹声。我又接着在课堂上发问：如果丈夫偷妻子的钱构不构成盗窃罪呢？

有学员马上就会回答：不能。

我又问：丈夫骗妻子的钱构不构成诈骗罪呢？

也有学员立即回答：不能。

上述两个问题答案的理由大家都知道：因为夫妻财产是共有的，自己人偷自己人的钱，自己人骗自己人，不属于盗窃和诈骗。

我又接着问：如果丈夫打妻子构不构成故意伤害罪呢？

这时大家一般都会异口同声地回答：构成。

那么问题就来了。为什么对普通人而言，强奸、盗窃、诈骗、故意伤害任何对象都可能构成犯罪，怎么一到婚姻制度里就不灵了呢？有时候“能”，有时候“不能”，有时候“构成”，有时候“不构成”，原因究竟何在呢？

问题的答案就在于：婚姻制度的设计。

我国法律规定了“一夫一妻”的婚姻制度规则。男女双方一旦接受了婚姻制度，就必须受到有关法律的规制，既获得某些特殊的权利，也会相应舍弃原本享有的一些权利，不过仍然会保留一些基本权利继续享有。

总结一下我在课堂上提出的几个问题可以得知：婚内夫妻之间一般不会构成强奸罪，也不会构成盗窃罪、诈骗罪，但仍然会构成故意伤害罪。

理由就在于：男女双方一旦步入婚姻殿堂，接受了婚姻制度，就意味着“性权利”和“财产权利”的让与，但“生命权”“身体健康权”这些权利仍然是保留的。

在婚姻制度里，妻子的性的自主权，也就是性的自由，受到婚姻制度的限制。在婚姻制度规则所要求的秩序价值面前，个人性的自主权作出了牺牲和让步。在婚姻关系内，丈夫如果强行与妻子发生性行为，只是受到道义上的谴责，但是不会承担强奸罪的法律责任。

同样，在婚姻制度里，妻子的财产权利作出了让渡，因此丈夫“偷”妻子的钱，“骗”妻子的钱，都不能适用刑法上的盗窃罪、诈骗罪。

但是，作为人的基本人权之一的生命权、身体健康权却得以保留。理由就在于，对于婚姻制度所确立的秩序价值而言，还不足以达到让人放弃生命权和身体健康权的地步，丈夫打妻子依然可能构成故意伤害罪。

由此可见，当秩序价值与公平、自由、平等价值出现冲突时，法律给出的解决方案是：有所取舍，有所保留。这就是法律的“抽象”功力，也是法律的智慧。日常思维看到的是表面上不自由、不平等、不公平，而法律思维思考的是现象背后的价值冲突和价值选择。在日常思维的基础上加点法律思维，是不是让我们能够更好地透过现象看本质，提升解决复杂问题的能力呢?

## 第6讲　选择：人们为什么喜欢挑战规则

上一讲我们解读了法律思维是怎样解决法律价值冲突的，但在现实生活中，明明有现成的规则摆在面前，许多人却不知道珍惜，在思维潜意识里考虑的并不是如何运用法律去解决问题，而是想着怎样超越规则寻求特权。这就好比《西游记》里孙悟空用金箍棒给唐僧画了个圈，但唐僧却总是想走出那个圈，让人纠结不已。

这一讲我就来告诉你，为什么大众思维意识里喜欢挑战规则，法律人是怎样思考和解决这一问题的，规则自身又是如何来应对大众思维挑战的。

## 01　破坏规则的“剧场效应”

我们可以对大众思维喜欢挑战规则的问题进行一个“抽象”。实质上，喜欢挑战规则，就是在人们的思维潜意识里，总想着凌驾于规则之上，寻求捷径和特权，这是一种趋利避害心理的反映。

例如，“打官司就是打关系，找法律不如找法官”，这种挑战规则的观念不仅普通人思维里有，在相当一部分法律人的思想中也同样存在。人们思维潜意识里有这样一种观念的直接原因，是不相信法官能够做到客观中立的判案。更深层次的原因，是不相信法律规则能够得到很好的贯彻执行。

大家都会想，法官也是普通人，也会有复杂的社会关系，可能会受到审判以外因素的干扰。人们思维潜意识里总有一种担心：我遵守规则按规矩办事，别人不守规则不按套路出牌怎么办？为了防患于未然，我还是去找找关系，这样即便得不到关照，也会给对手施加一定的压力，起码能够防止被不公正地对待。

最关键的是，许多人相信通过人际关系能够找到法官，而且可以施加影响。一个人这样做，就会引发“剧场效应”：

> 在一个剧场里，大家都在看戏，每个人都有座位，大家都能看到演员的演出。忽然有一个观众站起来看戏（可能是为了看得更清楚，也可能因为身高较矮），周围的人劝他坐下，他置若罔闻。有观众求助剧场管理员，管理员却不在岗位，或者即使在岗也不予理睬。于是，周围的人为了看到演出，也被迫站起来看戏。最后全场的观众都从坐着看戏变成了站着看戏。

大家看出什么问题来了吗？选择遵守秩序的人可能会变成受害者，而选择破坏秩序的人也并没有持久地受益。从表面上看，第一个站起来的观众破坏了规则，而实际上真正的责任人是剧场管理员，他才是规则秩序的维护者。

这跟我们今天讨论的问题是多么相像。第一个站出来挑战规则的人其实并不会持久地受益，但却让越来越多的人开始“找关系”。表面上似乎应该谴责第一个“找关系”的人，实际上应当反思整个规则设计以及执行上的漏洞，让“剧场管理员”，也就是规则的维护者，能够站出来积极作为。

## 02　以“找法思维”维护法律的权威

解决问题关键还得对症下药，必须围绕规则的维护者下功夫。那么谁才是规则的维护者呢？既有规则的制定者（立法者），也有规则的执行者（司法者），尤其是法官。法官的中立性，才是维护法律规则这座大厦的顶梁柱。

为了确保法官的中立性，法律制度本身做出了许多设计。例如，确立了回避制度，明确规定每个人都不能当自己案件的法官，与案件审理结果有利害关系的法官必须回避。又如，明确管辖权制度，诉讼参与人为了避免对自己不利，可以依法提出管辖权异议，在多个有管辖权的法院中选择一个法院。法院也可以结合案件具体情况，根据审判需要指定法院管辖。再如，明确要求法官不得过问、插手、干预案件的办理，私下接触审理案件当事人及其亲属，法院内部人员不得违反规定为案件当事人及其关系人转递涉案材料、打听案情和打招呼说情等。

对日常思维喜欢挑战规则的问题，法律人又是怎么想的呢？法律思维里有一个非常重要的思维，我称之为：找法思维。

找法思维是指，从法律规定的原点出发，尽可能地找到合法解决问题的方法，合法合理地说服法官，争取对自己有利的判罚。通俗地讲，相对于“打官司就是打关系，找法律不如找法官”的大众思维而言，找法思维主张的是：打官司就是打专业，找法官不如找法律。

找法思维坚信：法官即便是受到各种因素的干扰，也只能在某些可左可右的问题上做文章，断不敢公然违法裁判，把黑的说成白的，把假的认定为真的。虽然法官拥有一定的自由裁量权，但必须在法律规定的范围内行使。

找法思维主张：所有人都可以在法律允许的范围内，合理合法地去影响法官的自由裁量权。

例如，如果你是做刑事案件的辩护律师，可以通过电话、约见等多种渠道与法官多沟通，陈述辩护意见和理由，争取对被告人从轻发落；也可以劝说被告人选择适用认罪认罚从宽制度，与检察官沟通在出具量刑建议时从轻考量，争取被告人利益的最大化。

如果你是做民事案件的辩护律师，也可以在法律允许的范围内动用各种社会关系资源，比如努力寻找新的证据、争取舆论对案件的关注等，只要手段合法，目的正当，就能最大限度地为当事人争取合法权益，增加诉讼的胜算。

## 03　利用规则获胜，而不是违反规则投机

在大众思维的基础上加点法律思维，少一点关系意识，多一点找法思维，不做剧场里第一个站起来的人，也不迷信“有钱能使鬼推磨”的办事思维。在面对纠纷时，比找关系更靠谱的，是寻找更专业的法律帮助。

随着我国司法体制改革的深入，法官逐渐实现权、责、利高度统一，特别是在当今反腐高压态势下，敢冒葬送自身前途的风险“吃拿卡要”的法官越来越少，通过“找关系”真正影响案件办理结果的概率也越来越小。

可是，当今社会仍然有人还习惯“有钱能使鬼推磨”的日常思维，通过花钱“找关系”、谋特权，结果往往是哑巴吃黄连，有苦说不出。看下面这个案例：

张某因开设赌场被派出所刑事拘留，张某的家人十分焦急，四处“活动”，放出风声，寻找所谓的“能人”帮忙搭救张某。社会闲散人员王某得知消息后，通过熟人介绍找到张某亲属，吹嘘自己认识公安局的大领导，但需要前期支付“公关费”5万元，待事成之后再支付15万元。张某亲属信以为真，一一照办。王某拿到“公关费”后，通过公开渠道查询到案件相关信息，以信息内容继续骗取张某家属信任，并以案情复杂、办案人员众多为由诱使张某家属又支付5万元，最后以案情特别重大、中央挂牌督办等为由表示无法成功“捞人”。张某家属要求王某退还10万元，王某表示已经花费在打点关系上，无法退款。

这样的例子在社会生活中不断上演，花钱“找关系”和自己“找关系”没有本质的区别，还会增加新的法律风险。有的被骗，有的东窗事发后被追究行贿责任，不仅人财两空，还错过了在合法范围内解决问题的最好时机。

清华大学法学院高鸿钧教授在他的《法治漫笔》一书中把进入法治状态比喻成参与一项游戏：“实际上，进入法治状态如同参与游戏，法律规则如同游戏规则和程序，人们如同游戏参与者。在游戏中，人们一旦参与其中，所有的参与者都平等地受游戏规则和程序的约束，庄家也不例外。试想，在游戏中，哪位游戏者能够操纵游戏的过程和结局呢？如果有人操纵游戏过程，就不会有公平的结局，其他游戏者势必会抵制和惩罚这种行为。如果游戏规则不合理，游戏者也许会改变规则，

但必须征得所有参与者的同意，否则，游戏活动就无法进行下去。”[①]

由此可见，想挑战规则并不是一件容易的事，不是通过“找关系”就能轻而易举实现的。当然，日常生活中解决矛盾的方法有许多种，比如诉讼、仲裁、调解、谈判等，不一定非得用法律解决问题。但是，如果决定选择用法律解决纠纷，那么就应当遵守法律规则。这就好比自愿加入一项游戏就要遵守游戏规则一样，我们的注意力应当集中在如何充分利用规则获胜上，而不是违反游戏规则寻求特权。

“找法”胜过“找关系”。在日常思维的基础上加点法律思维，你会发现你并非那么喜欢挑战规则，而只是对规则是否能“中立”地解决问题有所怀疑。

打消顾虑，增强信任，从养成法律思维方式开始。孙悟空给师傅画的圈，既是束缚，也是实实在在的保护，还是不要突破的好。

---

① 高鸿钧：《法治漫笔》，译林出版社2017年版，第9页。

# 第二章　用权利的语言解读生活

人生而自由，却又无往不在枷锁之中。

——卢梭

为权利而奋斗，就是为法律而奋斗。

——耶林

**导读：**

日常生活中，人们经常把“权利”一词挂在嘴边，但是人们口中的“权利”却并不等于法律意义上的权利。

本章重点向读者介绍法律思维里的“权利思维”，帮助读者认识“权利思维”的方式，唤醒人们思维观念里的“权利”意识，把“权利思维”转化为公民解决复杂问题的思维武器。

# 第7讲　区分：生活中的“权利”语言

上一章，我为大家重点讲解了法律思维对普通人而言有什么用。在日常思维基础上加点抽象的法律思维，比如价值判断思维、权衡思维、找法思维等，对开阔我们的思维、解决实际问题大有裨益。

抽象的思维总需要绕一个弯甚至几个弯，才能完全被理解。从这一章这一讲开始，我们就来把抽象的法律思维具体化，与现实生活进行对接，首先从最基础的法律思维“权利思维”开始讲起。

## 01　什么叫作权利

也许你还记得我在“相识：面对纠纷多用些法律思维”一讲中，讲到一个关于“权利”的例子。

小区邻居在地下停车库洗车，并口口声声说这是他的“权利”，还训斥小王没有“权利”对他的行为进行质疑。我后来在点评中讲到，邻居只不过是将本人的欲望包装成了“权利”。

邻居口中的“权利”充其量只具有道义上的意义。从逻辑上讲，无外乎是“因为我是业主，停车库我也有份，所以我能”，或者是“我洗车没有干扰到你，而且你也不是车库的管理者，所以你不能制止我”。

实际上，邻居口口声声的“权利”并非法律意义上的权利，而是臆造出来套用权利一词的说法而已。

像这样把个人想法观点包装成“权利”的现象在日常生活中还真不少。

比如，我们经常会教育小孩，大人说话小孩不要插嘴，孩子们很可能会反驳我们说：“为什么，我有说话的‘权利’。”我太太曾经在民政部门的救助管理站工作，专门收容街头流浪人员，她回来告诉我说，经常有流浪人员拒绝收容，并大声告诉工作人员：“我们有露宿街头的‘权利’”，让人哭笑不得。

在当今社会，“权利”一词似乎成了时髦词汇，任何人在任何时候都可以拿来一用。

其实，真正的权利，是法律知识体系中最基础的概念。如同细胞是生物体基本的结构和功能单位一样，权利就是构成法律体系综合体最基本的概念。

法律意义上的权利，有确定的内涵和外延，而日常生活中口头的“权利”总是模糊的。法律权利是受法律强制力保障的，而人们口头的“权利”总是难以兑现。

举个例子：

徐某（男）与张某（女）经人介绍认识，并相处交往。后徐某提出分手，并要求张某归还恋爱期间赠与的贵重物品。张某一气之下将徐某告上法庭，要求徐某支付“青春损失费”30万元。

庭审中，徐某要求张某归还金镶玉坠、金手镯、金戒指等首饰，共计人民币3万元，理由是这些首饰属于民间婚约彩礼，既然二人已不存在恋爱关系，理应返还。张某主张首饰是徐某自愿赠送的礼物，自己与徐某已同居，“岁月已逝，青春无价”，自己有权主张青春损失赔偿。

最终法院判决，徐某的首饰属于恋爱中男女正常交往中的自愿赠与，已完成交付，无权要求返还。张某主张“青春损失费”无法律依据，法院不予支持。

上述案例中的“青春损失费”就是当事人假想出来的一个“权利”，更像是一个道德上的概念。

这类被人们假想出来的“权利”总是十分模糊，什么叫作“青春”？怎样界定“青春损失”的范围？而且这些假想的“权利”也难以兑现，肉体、时间与金钱之间能够换算吗？“青春损失费”该如何计算？这些问题都无法回答。

## 02 权利思维的功能

法律意义上的权利一定是具体的，每个具体的权利背后一定对应着某种法律所保护的利益。

权利思维，是指面对纠纷和矛盾时，以权利为出发点，通过权利义务的解读，处理各种问题纠纷的思维方式，也是法律思维特有的思维方式之一。通俗地讲，权利思维就是在遇到权利问题时，第一时间追问权利来源的合法性。

权利思维的第一层功能，就是分辨出权利的“真假”。具体来讲，权利思维，就是要善于判断出哪些属于法律上的权利，哪些是道义上的“权利”，哪些属于法条里的权利，哪些是生活语言中的“权利”。

权利思维的第二层功能，就是平衡法律权利之间的冲突。现实生活中出现的许多纠纷，实际上就是利益之间的冲突，很多时候涉及法律意义上的权利与权利之争。

电视剧《精英律师》中有这样一个桥段：

> 主人公罗槟律师的姐姐罗琦离婚，独自带着女儿生活。罗槟最好的朋友冀遇，也就是罗琦的前夫，一直想见见女儿，但罗琦百般阻挠，让冀遇非常苦恼，直呼前妻没有人性，让亲生父女不得相见，也让罗槟夹在中间左右为难。罗琦称冀遇有健康障碍，会损害孩子的身心健康，其实只是因为冀遇有了新女朋友，让她心里十分失落，不想让冀遇看到孩子，是不想孩子在两个“妈”之间作比较。罗槟劝说姐姐，虽然她是女儿的监护人，但是不能剥夺冀遇对亲生女儿的探望权。后来罗槟帮助冀遇在女儿舞台演出时见到女儿，父女二人见面的场景令人动容，罗琦被感动，终于同意冀遇探望女儿。

我国婚姻法规定，离婚后不直接抚养子女的父母，有探望子女的权利，另一方有协助的义务，从而在法律上确定了一项具体的权利：探望权。

但我国法律同时也有规定，未成年人的父母是未成年人的监护人，监护人应当履行监护职责，保护被监护人的人身、财产权益，由此也确定了另一项具体的法律权利：监护权。

上述电视剧桥段的矛盾冲突，实际上就是探望权与监护权之争。

你看，面对纷繁复杂的生活事实，法律人是用权利的语言来进行解读的，这就是权利思维最重要的体现。

## 03 运用权利思维定分止争

上述案例中提到的，担心前夫有了新女朋友，不愿让孩子在两个“妈”之间作比较；责怪前妻没有人性，让亲生父女不得相见等，这些带有情绪化的语言和理由，经过权利思维的转换，全部都能够变成监护权、探望权这样的权利语言。事实之争，也就抽象成了权利之争。

法律的任务是定分止争，某种意义上就是在对权利进行权衡。法律人就是用权利的语言来解读各种事实，并且用权利思维来解决冲突的。

我国法律规定的探望权，是基于夫妻离婚而产生的一种身份权，是一项独立的民事权利，除非有法定的理由，否则不可剥夺。法律规定，父母探望子女，不利于子女身心健康的，由人民法院依法中止探望的权利，中止事由消失后，应当恢复探望的权利。也就是说，中止探望权必须由法院依法作出判决，否则不可剥夺，更不能由个人意志来决定。

通过上面的讲述，我们可以总结出权利的两大特征。

第一个特征：权利是一种主张，其内容是主张可以做或者不可以做某种行为。

第二个特征：权利是由法律确定的，并且可以通过公权力来强制保障执行的。例如可以申请法院依法保障探望权。

为什么法律人总喜欢拿权利来说事呢？其实也是不得已而为之。

民间有句俗语叫作：“公说公有理，婆说婆有理。”公有公的立场，婆有婆的观念，即便是再有水平的法官，也可能面临“清官难断家务事”的窘境。公公们、婆婆们的立场、观念中，往往掺杂着道德、情感、情绪等各种复杂要素，而法律人需要识别和过滤那些与法律权利无关的事实细节，保证自己作出客观、理性、中立的判断。

权利思维是法律人专业技术和智慧的体现。在道德、情感越发多元化的现实生活中，需要用权利来划分人们行为的边界。例如，停车库能不能洗车，需要划分小区个体业主权利与全体业主权利之间的边界；恋爱分手的男女，哪些权利可以主张，哪些主张法院不予支持；离婚后父母一方的探望权，什么情况下可以剥夺，通过什么方式剥夺，都必须引入权利的语言，通过权利思维来操作和实现。

对普通人来说，权利思维是既可以学习理解，又可以学以致用的思维。一方面，它确实很有用，能让你的行为更加有边界感，帮助你洞悉矛盾纠纷的实质，合理决策；另一方面，你必须用起来才能更加理解它，真正从内心尊重和认可权利。希望你能打通日常思维与权利思维之前的通道，让权利思维真正走进你的生活。

# 第8讲 困惑：权利的语言为什么难懂

上一讲我们讲到用权利的语言解读生活事实，但你很快就会发现权利的语言似乎很难懂。比如不安抗辩权、代位求偿权、排他权、追及权等。有的权利还会以专门词汇的形式出现，比如不当得利、无因管理、缔约过失责任等，就更让人丈二和尚摸不着头脑了。

权利难道不应该通俗易懂吗？公众搞不懂权利又怎么能行使好权利呢？这一讲我就来告诉你，权利的语言为什么难懂，以及背后蕴含的法律思维。

## 01 精准高效的权利语言

权利的语言，在法律圈内也叫作法言法语。

其实，许多专业都会有自己的专业术语。金融行业有金融词汇，会计行业有科目名称，医学行业也有医学代码，甚至戏曲、相声等表演行业里的“行话”，也可以视作一种专业术语。

法言法语的背后，对应的是专业的法律知识。在这里，具体的法律知识并不是我想讲授的重点，我想告诉你的是法言法语背后的法律思维，以及这些法律思维能给普通人思维带来的益处。

权利的语言之所以难懂，是为了表达得精准和高效。

一项权利的具体内容往往具有较丰富的内涵，表达起来会比较费时费劲，而且还可能会词不达意、言不尽意。在法律这个严肃、讲究权威的领域，精准表达、高效沟通就显得尤为重要了。请看下面这个案例：

甲公司与乙企业签有长期供货合同，约定甲公司每月5日前送货至乙企业，乙企业在收到货物后一个月内结算货款。起初，履行合同一切顺利，后来甲公司发现乙企业无法按照合同约定在一个月内结算货款，时有延期和拖欠。甲公司顿生疑心，经过秘密调查发现，乙企业由于经营不善，已拖欠多家供货公司货款。甲公司立即决定，暂停对乙企业的供货，要求乙企业支付拖欠货款，并要求乙企业提供担保，否则不再履行供货合同。

乙企业大怒，认为甲公司是在企业面临困难时落井下石，甲公司有先履行送货的义务，甲公司单方面不履行合同义务，严重影响了乙企业的正常生产，属于违约行为，应当承担违约责任。

这样的案例在现实经济生活中屡见不鲜。普通人想要表达清楚甲公司的行为和依据，以及乙企业愤怒的反应和理由，需要长篇大论地讲述，还可能讲不清楚，面临质疑。看过上一讲你就会知道，法律人会用“权利”的语言解读客观事实，把事实之争转化为权利之争。

甲公司的一系列动作用一个权利概括就是：不安抗辩权。乙公司的主张用权利的语言表述就是：先履行抗辩权。

在法庭辩论时，只要双方说出“不安抗辩权”“先履行抗辩权”时，法官、律师就会精准地了解到彼此想要表达的观点，有利于法官迅速识别法律关系，明确争议焦点。

双方在沟通时，也不必再长篇累牍地解释什么叫作“不安抗辩权”“先履行抗辩权”，大大节省了沟通交流成本。同样，如果在法律文件上看到这些法言法语，你也能准确地知道它们的意思，不必再去反复求证，为语言文字表述的问题纠缠不清。

你看，权利的语言虽然难懂，却能为纠纷的解决提供精准、高效的保障。普通人不懂这些法言法语没关系，专业的事可以交给专业的人去办。但是日常思维可以从权利思维里得到一些启发，那就是善于把复杂的事实，借助专业的术语，进行精准、高效的表达。

## 02 追求精准的权利思维

现实生活的许多矛盾和争议，大都缘于沟通表达的模糊性。以定金和订金的区别为例，虽然只有一字之差，在法律的世界里却相去甚远。

定金的名称和意义是法律确定的，订金却没有法律规定。定金是标准的法律权利术语，如果白纸黑字写着的是“定金”，那么对应的法律规则就是“定金罚则”。定金罚则的具体内容是：已经支付定金的一方如果不履行合同义务，无权要求返还定金；接受定金的一方如果不履行合同义务，则必须双倍返还定金。

订金不是法律术语，只是日常经济往来的一种支付方式，在没有特别约定的情况下，订金就是预付款。订金还有许多别称，例如诚意金、诚信金等。订金的具体内容是：已经支付订金的一方如果不履行义务，可以要求接受订金一方无条件全额退还；接受订金的一方不想履行义务，也可以全额退还订金，不必承担其他责任。

民间有句俗语：“好马长在腿上，好汉长在嘴上。”这话放在法律人身上也挺合适。精准是法律的生命，优秀法律人善于借助权利的语言进行精准的表达。

有咨询律师经历的朋友知道，你向律师咨询一个问题，律师可能会反过来问你十个问题。为什么律师要反复地发问呢？是因为律师的发问可以排除问题产生的各种可能性，精准锁定问题的范围。比如，你要买个房子去咨询律师，你的问题只有一个：“这个房子可不可以买？”律师可能会反过来问你一堆问题。

律师：这个房子是一手房还是二手房？

你：二手房。

律师：这个房子有没有产权证？

你：我看了，有的。

律师：这个房子上有没有抵押或者担保？

你：我去查了，没有。

律师：这个房子你是从哪里得到的放卖信息？

你：是朋友介绍的。

律师：房屋产权人是自然人还是公司？

你：是我朋友的朋友。

律师：你朋友有没有结婚？

你：有家庭。

律师：他们夫妻双方都知道要卖房这回事吗？

你：我问了，都知道。

律师：这房子有银行贷款吗？

你：都已经还完了。

律师：你打算一次性付款还是分期付款？

你：一次性付。

律师：这个房屋有没有列入拆迁范围？

你：……

看到这里，你也许会怪这个律师太唠叨。但我想告诉你的是，这恰恰是法律人的权利思维追求精准的体现。

在当今社会，买房子绝对是一件高风险的事。律师的每个提问都有所指，没有一句是废话。对照律师的提问你会发现，每个提问背后都有深意。

例如，一手房和二手房的交易规则不一样，必须区分开来；房屋能不能出产权证，则直接影响到房屋能否顺利过户；如果房屋有产权纠纷，则会增加买房风险；如果是法院拍卖的房子，那么和在市场上交易的房子相比，付款要求会有所不同；卖房时有没有取得房屋共有人的同意很重要，可能会引发潜在的法律纠纷等。

你也许会说，你刚才所讲的买房问题大部分都属于小概率事件，根本不会发生。那么我要告诉你，现实生活中发生的一幕：

夫妻共有的房屋，老公同意卖，夫妻双方也一起搬到别处住了，后来双方签约后房价涨了，老公想反悔，竟然以老婆没有出具书面意见同意卖房为由，要求房屋买卖无效。①

看到这一幕，如果你作为买方，还会认为律师当初的提问“他们夫妻双方都知道要卖房这回事吗”，是多此一问吗？

## 03 权利思维：为了法律的严肃和权威

法律人追求精准的思维习惯，很值得大众思维学习。人们常把“差不多就行

① 沈大生：《精彩也在胜负外》（第二版），法律出版社2017年版，第98页。

了”挂在嘴边，有时就忽略了精准和细节。而是否精准到位，是区别专业与非专业的重要标准。

其实，权利思维不仅是为了追求精准、高效，也是法律严肃性、权威性的要求。

你想，如果是简单的争议，大都能通过法律以外的其他途径消化掉，能够进入法庭的纠纷都是一些重大的争议。双方都是以一种极其激烈、毅然决然的姿态进行针锋相对，而且在规定的时间内（审理期限内），必须得有一个结果，因此是容不得半点模糊和马虎的。除了精准、高效，别无他法。

于是，你所见到的法律人，即便不像电视剧《精英律师》里演得那样衣着光鲜，也都习惯穿着正装或职业装。在法庭上严肃认真，不苟言笑，这并不是法律人不解风情，而是面对复杂的法律问题和沉重的结果负担。法律人有时实在是活泼不起来，这也许是法律人追求精准、高效所要付出的一点代价吧。

现在你大概能明白权利的语言为什么那么难懂了。大众思维可以借鉴权利思维里的精准、高效，并且积极运用到日常生活中。例如，可以通过多提问的方法，增加对事情的了解程度，目的是精准识别问题；在对事情进行深入了解之前，不随便发表意见，运用权利思维去探求问题的本质，再尽量用专业的语言表达出来，提升沟通的精准和效率。

是时候开始像法律人一样思考了。

## 第9讲　主张：为了权利而斗争

我在母校中南财经政法大学读书的时候，校园里非常流行一句响亮的口号：为权利而斗争。

在21世纪初，中国伴随着改革开放的深入，民主与法制不断健全，公民权利意识开始逐渐觉醒。越来越多的人在面对矛盾纠纷时，开始习惯“讨个说法”，法律诉讼意识空前增强，在那样的背景下提出“为权利而斗争”的口号具有鲜明的时代特征。

时至今日，“为权利而斗争”依然没有过时。我在欣喜公民法律意识增强的同时，也在思考如何引导公众更加正确、全面地认识“为权利而斗争”的精义。一方面，培育公民权利意识，有助于增强人们独立、自主和自强的精神，弘扬社会正气；另一方面，也要防止为斗争而斗争的不良倾向，忽视解决纠纷机制的多元性，避免为了一时意气之争闹上法庭，造成司法资源的浪费。

这一讲我们就来探讨，怎样为权利而斗争。

## 01　为权利而斗争需要勇气

“为权利而斗争”的首要意义是敢于斗争。在面对合法权益受侵害时，敢于站出来大声说“不”，而不是像以往在那个法治不彰的年代，遇到纠纷，息事宁人，一忍了之。

我本人在日常生活中也经历了许多维权事件，让我对“为权利而斗争”这句口号有了更深刻的认识。

> 有一次，我带着儿子陪太太回福州探亲。儿子见到久违的表弟、表妹非常高兴，相约一起到福州市台江区某大型商场内玩耍，其乐融融。孩子们玩累了，发现商场内有“鲜榨橙汁自动售卖机”，吵着要尝尝鲜。结果三个孩子喝完“鲜榨橙汁”后不久，先后出现不同程度的呕吐腹泻，被送去了医院。经医院确诊为饮食不洁引起的急性肠胃炎。
>
> 我和太太断定是“鲜榨橙汁”惹的祸，立即通过商场管理方联系上了放置“鲜榨橙汁自动售卖机”的商家，要求赔偿医疗费损失。商家起初坚决拒绝对事件负责，我和太太打电话向《福州日报》爆料，并向福州市台江区食品药品监督局进行了投诉。在有关工作人员的介入下，“鲜榨橙汁自动售卖机”商家终于肯出来与我们协商。经过协商调解，商家同意一次性赔偿三个孩子的医疗费损失人民币6500元。

有勇有谋，勇在前，谋在后，维权首先需要的是勇气。

在这起维权事件中，最令我印象深刻的是我的太太维权态度的坚决。儿子的表弟、表妹的父母都自认倒霉，还埋怨两个孩子管不住自己的嘴。只有我太太不依不饶，认定是“鲜榨橙汁”的过错。作为孩子的监护人，在孩子身体健康权遭受侵犯时，她果断地、勇敢地选择了维权。

## 02　为权利而斗争需要谋略

斗争要讲究谋略，否则就是蛮干。“为权利而斗争”一定要把握好斗争方式和有利时机。

在上述案例中，我们第一时间提出维权主张，避免贻误最佳时机，并且保留好购买凭证等关键证据。同时，选择向媒体监督求助、向政府管理部门投诉“双管齐下”的斗争方式，向责任商家施加压力。在协商调解过程中，有理有据，特别是把向法院提出诉讼作为威慑武器，积极争取政府主管部门的支持，最终取得了较为满意的维权结果。

为权利而斗争，更多的时候权利是备而不用的。学会权利思维，并不是号召大家只要权利受到侵犯就要告上法庭，而是告诉你遇到纠纷时首先找“权利”，也就是老百姓通常所说的占住“理”。

法律规定的权利，在某种程度上就是最权威、最有说服力的道理。至于要不要选择诉讼的维权方式，对簿公堂，则需要结合纠纷实际，具体情况具体分析。

我的建议是：不到万不得已，不要选择诉讼途径。

你也许会很奇怪，“为权利而斗争”口号喊得震天响，怎么一动真格的就怂了？其实，诉讼并非当然就是解决纠纷的最佳选择。诉讼具有耗时长、程序复杂、执行结果难以预料的劣势，对一些案情简单、标的较小的案件而言，诉讼的“性价比”实在是不高。

真正运用权利思维的高手，是在找准权利的基础上，晓以利害，让对方权衡利弊，作出理性选择，实现“不战而屈人之兵”的最佳效果。再举一个我亲身经历的维权案例：

周末我们全家外出到一家饭馆就餐。一家人吃得很高兴，走的时候还把没吃完的两个菜打了包。回到家后，一家六口都出现了不同程度的腹泻，尤其是母亲的症状较为严重。我立刻意识到是这顿饭出了问题，立即与饭馆进行交涉。饭馆态度强硬，声称自己的饭菜绝对不会有问题。

我提出：第一，所有人都出现不同程度的腹泻，这是客观事实；第二，我是饭馆的会员，买单的时候有微信支付记录和会员积分记录，消费事实很清楚；第三，我们打包了菜回家，如果饭馆不给说法，我们立即把剩菜送到食品检疫部门检验。饭馆经理听完后立即“软”了下来，提出要有医院诊断证明。我带着母亲到社区医院做了检查，确诊为急性肠胃炎。我把诊断结论通过微信发给饭馆经理，饭馆经理终于在电话那头诚恳道歉，同意退还餐费310元，赔偿营养费500元，共计810元，并一次性通过微信转账支付。

这次维权与“福州鲜榨果汁案”相比更为高效。不仅权利思维的运用比较明显，而且解决策略更加具有针对性。整个维权过程并没有借助媒体监督力量，也没有政府职能部门的介入，完全凭借自己的力量达到了维权的效果。

特别值得借鉴的是，这次维权主张810元赔偿的方案也很有讲究。

退还310元餐费，理由依据是“合同权利”。到饭馆就餐可以视为订立了一个餐饮服务合同，一方提供服务，一方支付餐费价款，就餐后出现腹泻，属于履行合同服务出现重大瑕疵，所付餐费理应返还。

赔偿500元营养费，理由依据是“侵权责任”。饭馆提供的食物不洁，让就餐客人出现了腹泻，饭馆的行为侵犯了客人的身体健康权，属于侵权，理应赔偿。

这样的赔偿方案，围绕不同的权利内容进行构建，一个属于违约，一个属于侵权，有理有据，也让饭馆心服口服。

## 03　斗争维权手段必须合法

把权利思维顶在前面，维权的时候让权利说话，给人感觉就是占住了“理”。

但要警惕的是，即便是有权利，也要通过合法的方式行使，千万别把“为权利而斗争”曲解成“为权利不择手段地斗争”。让我们看看下面的案例：

小刘新买的小汽车被盗，报警后案件一直没有侦破。有一天小刘在商场购物时意外发现，停车场有辆车与自己被盗的车极为相似，车上的一道划痕的位置让小刘更加坚信自己的判断。为了印证自己的判断，小刘拿着备用的汽车钥匙回到停车场，不出所料，果然能够打开车门启动车辆。

新车失而复得让小刘喜出望外，急忙驾车打算驶离停车场，结果在停车场闸口处因找不到停车卡被管理员拦住。小刘反复解释事情的前因后果，可管理员就是不放行。小刘急火攻心与管理员发生争执，管理员立即报警求助。警察到场后以涉嫌盗窃罪将小刘带到派出所调查。

后来警方查明了事实真相，并顺藤摸瓜将盗车犯罪嫌疑人抓获。经查，犯罪嫌疑人在盗得小刘的车辆后，通过伪造单证的方法在二手车市场将车辆卖出。警察对小刘给予了批评教育，未追究小刘的刑事责任。

本案中小刘的教训是深刻的。公民在维权时一定要注意方式方法，确保维权手段合法。小刘在发现被盗车辆后，完全可以待在原地报警求助等待警方处理，却被一时的喜悦冲昏头脑，幸好没有发生肢体冲突造成他人人身伤害，否则可能酿成大错，受到法律的追究。

总结一下，“为权利而斗争”不仅仅是一句口号，更有丰富的法律思维内涵。“为权利”，要求公民要有维权意识，在权利受到侵犯时要善于识别出权利内容，用权利的语言表达；“斗争”，既要求公民有敢于维权的勇气，也要求公民善于运用权利思维权衡利弊，讲究策略，选择最佳的维权方案。同时“斗争”也要在法律的框架内去“斗争”，不能采用非法的方式，否则可能事与愿违，维权不成反而陷入新的麻烦。

为权利而斗争，你学会了吗？

## 第10讲　博弈：权利与权力的恩怨

在本章前三讲中，我讲到了在权利思维里，习惯用权利的语言解读纠纷事实，为了追求精准高效，权利的语言显得有些难懂。虽然难懂，但是权利有效地划分了人们行为的边界，当你的权利受到侵犯时，你可以选择“为权利而斗争”，真正把权利思维学以致用。在这一讲，我想告诉你的是，权利与权力的区别，以及权利思维在处理两者关系时，发挥出的重要作用。

## 01 有权利，意味着受法律保护

谈权利，就不得不提权力。

虽然只是一字之差，但在日常生活中却经常被公众所混用。然而，权利与权力可不是一字之差那么简单，它们背后蕴含着截然不同的法律思维。

在前面几讲中，我一直没有提出关于权利的定义，特意留在这一讲为大家介绍。

法律界有一本权威的词典，叫《布莱克法律词典》，里面对“权利”是这么定义的：“权利是一种法律上可以强制实施的主张，一旦有人提出了这种主张，其他人将会作出或不作出特定的行为。”①也就是说，权利是法律赋予的主张，一旦有人提出主张，其他人就得按照主张行动，而且权利主张是可以通过公权力来强制保障的。通俗地讲就是一句话：有权利，就意味着受到法律的保护。

权利是法律领域特有的名词和概念，权利还有个“孪生兄弟”叫作：义务。有权利必然有义务，别人主张的权利，对于自己就成了义务。这哥俩的关系虽然密不可分，但是地位在公众心中却不大一样，大家都喜欢权利多一点，义务少一点。

## 02 有权力，意味着受限制

那什么是权力呢？权力不是法律领域特有的概念。在政治学、管理学、国际关系学、国际政治学等各个学科中都能看到“权力”的身影。

法律意义上的权力，一般是指某个机构或部门对相对人的支配力和影响力，而且这种力量由法律加以规定，有法律强制力保障实施。

通俗地讲，从法律思维的角度理解权力，关键词就是：限制。有权力，就意味着要受限制。

法律上的权力，一般是指“公权力”，与之相对的叫“私权利”。公权力姓“公”，体现公共意识，维护公共利益和秩序，必须有法律明文规定，才可以行使；私权利姓“私”，体现个人主张，维护个人利益，只要不被法律所禁止的，都可以行使。

简言之，权力是有规定、才可为，而权利是不禁止、皆可为。

---

① 刘晗：《想点大事：法律是种思维方式》，上海交通大学出版社2020年版，第20页。

我们从生活事例中体会权利与权力的联系与区别：

> 大家在日常生活中都领教过权力的厉害。例如，如果违反交通规则被交警拦下，那就得乖乖掏出驾照，接受扣分罚款；如果你想迁移户口，必须到公安机关户政部门办理手续，不然你的孩子就可能因为户口问题上不了学；如果你是个生意人，就必须依法纳税，否则可能面临税务部门的处罚；如果你想出国旅游，就必须先办好签证，否则你就无法出入国边境。在权力面前，个人力量显得十分渺小。因此，法律要对权力进行限制，体现出法律保护弱势方、维护社会公义的价值取向。
>
> 假设权力不按规定办事，极有可能侵犯到普通人的权利。例如，如果村官拉票贿选，就会侵犯村民的选举权；如果交警任性罚款，就会侵犯公民的财产权；如果警察抓错了人，就会侵犯被捕人的人身自由权；如果司法人员没有依法告知犯罪嫌疑人有委托律师的权利，就侵犯了犯罪嫌疑人享有的辩护权；如果税务工作人员为了中饱私囊向企业多征税款，就会侵犯企业法人的财产权等。

## 03　权力任性的原因

权力有个奇怪的特性，一旦离开有效监督就会出问题。

我们常听到媒体报道讲到，“把权力关进制度的笼子里”“绝对的权力导致绝对的腐败”，说的就是权力如果不被约束，必然会被滥用。

权力为什么会是这副“德行”呢？我的答案是：既有先天的“基因”原因，也有后天的“成长”问题。

权力一出生，基因里就带有“公”的色彩。法律基于维护社会秩序的需要，会牺牲民众的一部分私权利让渡于公权力。例如，有的城市为了公共利益和良好秩序，缓解城市交通压力，出台规定城市车辆号牌“单双号”出行，就牺牲了城市一部分居民的自由出行权。

权力后天的成长，容易被宠溺导致很“任性”。因为权力的厉害，所以公民们总是小心翼翼地与权力相处。即便有时权力表现得过分，公民也会选择尽量容忍和退让，怕被权力“记恨”，将来带来麻烦，久而久之就滋长了权力的“任性”。

权力先天的"基因"和后天的"成长"，决定了如果权力不受监督和约束，必然会导致权力的腐败和滥用。从著名的"孙某刚事件"中，我们可以清醒地认识到这点：

2003年3月17日晚上，任职于广州某公司的湖北青年孙某刚在前往网吧的路上，因缺少暂住证，被警察送至广州市"三无"人员（即无身份证、无暂居证、无用工证明的外来人员）收容遣送中转站收容。次日，孙某刚被收容站送往一家收容人员救治站。在这里，孙某刚受到工作人员以及其他收容人员的野蛮殴打，并于3月20日死于救治站，这一事件被称为"孙某刚事件"。"孙某刚事件"推动了国务院废除收容遣送条例，是保护公民权利的著名案例。

"孙某刚事件"充分暴露出了权力的"任性"。要求公民办理暂住证，是为了城市更好地治安管理。但是在权力行使的过程中，由于缺乏有效的监督，慢慢地变了味道，一些执法者打着行使权力的旗号，谋取个人私利，侵犯公民的正当权利，终于酿成了"孙某刚事件"的悲剧。

## 04 权利与权力的冲突解决

权力与权利，一公一私，经常会产生冲突。那么当两者冲突时该如何解决呢？我的回答是：回到权利思维中去解决。

再来看一个案例：

县政府修建沿江高速公路工程占用了居民夏某的耕地，按每亩土地1万元的价格给予了夏某补偿，但是政府并没有公开征地有关的信息，也没有和夏某签订征地补偿协议书。因此，夏某多次要求政府公开相关信息，政府却以各种理由推托。

夏某先后两次提出正式申请。第一次申请，县政府在作出的《关于夏某申请信息公开的答复》中称："你申请公开的用于行政诉讼的信息，不适用政府信息公开的途径获取，你们可以依法委托律师或者申请人民法院调取。"

第二次申请，夏某委托了律师前去县政府调取信息，县政府仍不提供。县政府拒绝的理由是："同一申请人向同一机关就同一内容反复提出公开申请的，不予重复答复。”

面对县政府的“耍太极”，为了维护自身合法权益，夏某以不服县政府作出的《关于夏某申请信息公开的答复》为由，向法院提起行政诉讼，要求确认县政府对夏某的信息公开申请答复违法，并依法判令县政府公开土地征收审批手续，以及土地补偿实施方案。

法院经审理认为，行政机关对涉及公民切身利益的政府信息，应当主动公开。本案事关夏某的切身利益，沿江高速公路工程审批及征地情况属于县政府应当主动公开的信息。法院最终判决，撤销县政府作出的《关于夏某申请信息公开的答复》，要求县政府于判决生效之日起30个工作日内，对夏某申请公开的信息重新作出书面答复。

你看，当权利与权力发生冲突时，还是得回到权利思维的轨道上来。一方面，从法律上寻找权利的合法来源依据；另一方面，依照法律规定的渠道，寻求权利的救济方式。

在上述案例中，提起行政诉讼，就是一种以权利对抗权力的救济渠道，俗称“民告官”，也就是权利告权力。县政府征地，事关夏某的切实利益，夏某依法享有“知情权”，县政府按照法律规定的要求，应当履行信息公开的义务。但是县政府却拒不履行义务，于是在这场权利与权力的角逐中，权力吃了败仗。

夏某胜诉的原因就在于，准确找到了自身权利——知情权，提出政府应当公开相关信息的合法主张，并最终得到法院的支持。

在日常思维的基础上加点法律思维，当你面对“来势汹汹”的权力时，不要惊慌失措，要懂得运用权利思维寻找到自身权利的合法来源，并在法律的范围内维护自身合法权益。任何时候都要记住，权力尽管强势，也不能肆意为之，必须受到监督和限制。

## 第11讲　保护：没有救济就没有权利

在上一讲，我们讲到了权利与权力之间的“恩怨”，面对权力的强势，权利也能组织起有效的抗争，权利思维在这其中发挥出重要作用。这一讲，我将继续讲解，当权利受到侵害时，如何运用权利思维，维护自身合法权益。

## 01 没有救济，就没有权利

在法律圈内有句名言，叫作：无救济则无权利。

意思是说，如果一项权利得不到法律很好的保障，就等于没有这项权利。通俗地讲就是：没有保障的权利，等于一纸空文。

无救济则无权利，实际上强调的是救济对于权利实现的重要作用。你也许会觉得奇怪，难道法律在规定一项权利的时候，没有规定怎么去保障权利实现吗？

一般来说，法律规定一项权利，都会规定配套的保障制度。但是，确实存在一些情况下，法律对权利救济缺乏具体的规定，或者规定得不明确，导致人们在维护权利时不知道该如何是好。

举个例子：当你创作的作品、发明的专利、使用的商标受到他人侵犯时，情况紧急，你不仅要立即制止对方的侵权行为，避免自己损失的进一步扩大，而且要及时收集、固定对方侵权的证据，为下一步主张权利、追究对方侵权责任做好准备。

对于公民创作的作品、发明的专利、使用的商标，我国法律分别有《著作权法》《专利法》和《商标法》进行保护。当著作权、专利权、商标权面临侵权的紧急情况下，有效保全侵权证据，对维权而言十分的关键。我国法律对此也作出了明确的规定，为了制止侵权行为，在证据可能灭失或者以后难以取得的情况下，可以在起诉前向人民法院申请保全证据。那么问题来了，申请保全证据，具体该怎么操作呢？

这就属于权利救济的问题。没有具体的操作规定，申请保全证据的权利就根本实现不了。此时，你必须找到关于保全证据的法律程序性规定，搞清楚保全证据的方法、步骤以及可能面临的责任后果等，否则你就无法具体行使保全证据的权利，即使面对证据灭失的危险，你也只能干瞪眼。

要解决上述问题，还得回到权利思维上来。在权利救济的视角下看权利思维，不仅要找到关于权利来源的法律规定，还要找到具体行使权利的程序性规定。

权利救济的第一层含义：知道怎样具体行使权利。通俗地讲就是，既要找到权利规定，又要找到行使权利规定的“说明书”。

## 02 运用权利思维寻求权利救济

“有权利却不知道如何操作”的问题，固然有法律规定得不够完善的原因，需要靠立法者逐步去完善和解决，但在现有法律规定的条件下，我们不能一味苛求和等待立法者积极作为，更多时候还得靠自己灵活运用权利思维，寻找到权利救济的途径。

经常会有朋友咨询我法律问题，其中咨询得比较多的一类问题就是，明明知道自身权利受到了侵害，却不知道通过怎样的途径去维权。

我在回答问题的过程中发现，当今社会资讯非常发达，许多问题都能通过网上搜索找到答案。但问题往往在于：知道了问题的答案，但却不知道怎样具体操作，如何把问题的答案从纸面变成现实。

这就涉及权利救济的第二层含义：当权利受到侵害时，知道通过哪些途径救济。通俗地讲就是，如果对方不按法律要求办，你该通过怎样的途径讨说法。

举个例子：

> 有个学生咨询我，称自己遭遇电信诈骗，损失不小，但是去公安机关报案，公安机关答复不予立案，但又不出具不予立案通知书，该怎么办？
>
> 我国法律规定，每个公民都有权利就其发现的犯罪事实或者犯罪嫌疑人，向公安机关进行检举、告发、揭露。也就是说，公民具有报案、控告的权利。但是，实践中确实存在基于各种原因的考虑，公安机关不予立案，也不出具不予立案通知书的情形。那么，既然知道了自己有报案的权利，可公安机关就是不立案，那究竟该如何救济自己的权利呢？

此时，我们可以运用权利思维，寻求权利救济的途径。具体来讲，可以分为三步：

第一步，明确要救济的权利内容。这位学生报案所称的诈骗，属于刑事案件，报警寻求立案帮助是公民的一项权利。假设他的报案完全符合刑事立案的条件，那么公安机关就应当立案侦查。如果公安机关应当立案而不立案，实际上就侵害了这位学生的权利。这位学生寻求权利救济的具体内容，就是要通过合法的途径督促公安机关立案。明确要救济的权利内容，是寻找权利救济途径的关键一步。

第二步，查找权利救济的法律规定。通过查找法律相关规定，明确督促公安机关立案的救济办法。如果自己不会找，也可以向专业人士求助。我国法律规定，如果报案人不服公安机关不予立案的决定，可以向作出决定的公安机关申请复议，如果对复议决定还不服，还可以向上一级公安机关申请复核，这就是报案权利救济的程序规定。

第三步，穷尽权利救济的渠道。实际上，许多情况下法律规定的权利救济途径往往不止一条。在上述案例中，如果经过复议，公安机关仍然坚持不立案，那么作为报案人还可以采取其他救济渠道。例如，可以向公安机关的督察部门投诉，要求对立案工作进行督察；也可以到检察机关反映，申请检察机关对公安机关不立案决定进行监督；如果公安机关拒不说明不立案理由，也不出具不立案通知书，还可以向纪检监察部门反映，要求调查立案工作中存在的违纪违法问题。

权利救济的过程，其实也就是维护自身合法权益的过程。通过运用权利思维"三步走"，能够帮助我们更好地运用法律，救济自己的权利。

## 03　权利救济要及时行使

人们常说：自助者，天亦助之。这句话放在权利的语境下，可以化用为：积极主张权利的人，法律也会帮助他。

积极关心自己权利的人，必须懂得在法律规定的时限内依法主张自己的权利。法律只会帮助积极主张权利的人，而不会帮助懒得行使权利的人。用法律圈内一句名言来形容非常贴切：法律不保护权利上的睡眠者。

权利思维视角下，权利救济的第三层含义就是：当权利受到侵害时，必须及时主动地行使权利。如果超过了法律规定的时间，仍然不行使权利，法律就会认定你放弃了自己的权利。通俗地讲就是，权利救济，过时不补。

举个例子：

龙某向吴某借款5万元，并出具了借条，但在借条上并没有注明还款时间，未约定还款期限。一年后，龙某又向吴某借款20万元，这次龙某在借条上注明了还款期限，约定一年后归还。两次借款之后，一晃时间过了五年。五年间，龙某仅向吴某归还了第二笔借款中的10万元。吴某向法院提起诉讼，要求龙某归还第一笔借款5万元，以及第二笔未还完的借款10万元，共计15万元借款。

龙某在庭审中辩称，案件已过诉讼时效，自己不需要归还剩下的借款。吴某则主张，在案件起诉前，自己曾经多次要求龙某归还借款，案件没有过诉讼时效，但是自己却不能提供证据证明有向龙某催还借款。

最终，法院判决龙某向吴某归还第一笔借款5万元，但对吴某提出归还第二笔未还完的借款10万元的请求，以诉讼时效期间届满为由不予支持。

为什么对两张借条，法院却作出不同的判决呢？原因就在于是否及时地主张权利。

我国现行法律规定，权利人向人民法院请求保护民事权利的普通诉讼时效期间为三年。也就是说，超过三年时间不主张权利，法律就不再保护你的权利。

案例中的第二次借款，诉讼时效已经过了三年，所以法院判决驳回了吴某第二次借款的诉讼请求。至于案例中的第一次借款，由于双方当初未约定还款期限，根据我国法律规定，诉讼时效的起算时间，从吴某要求龙某还款之日起计算，吴某提出了起诉，也就是正式向龙某提出了还款要求，诉讼时效开始起算，没有过三年，当然没有过诉讼时效，所以法院判决支持了吴某第一次借款的诉讼请求。

类似的法律规定还有许多。例如，人们所熟知的关于上诉期限的规定，如果案件超过上诉期限被告人仍然不上诉，法律就认定被告人放弃了上诉权利。

法律之所以要求人们及时主张权利，根本目的就是督促人们及时救济权利。权利如果不及时救济，超过了一定时间，不仅证据方面会大受影响，直接关系到法律的精准裁判，法律保护的价值以及必要性也都会大打折扣。

这一讲，我们继续深入学习了权利思维，不仅要知道权利在哪里，还要知道权利怎么去救济。在日常思维的基础上加点权利思维，公众既要有权利意识，了解权利救济的途径，也要注意积极、及时地主张权利。自己的事，自己要上心，只有懂得权利救济，才能更好地维护自己的合法权益。

# 第12讲　边界：权利不得滥用

在上一讲，我们讲到权利思维在权利救济视角下的运用。权利思维，是法律思维中最具特色、最基础的思维之一。实际上，从某种意义上讲，法律，就是一种调整权利与义务关系的规则。

在前面几讲中，我从如何解读权利、怎样主张权利、怎么救济权利等角度，诠释了权利思维运用的要义。在这一章的最后一讲，我要告诉你，行使权利也要注意边界，任何人都不得滥用权利。

## 01　有权利，但不能损人利己

当今社会，人们的权利意识已经觉醒，尤其是在一些大中型城市，公民的权利观念普遍比较强。一个最直观的现象，就是当人们受到不公正的待遇时，选择用投诉的方式来解决。

大到对阵政府机关，小到面对店铺商贩，许多人在权利受到侵害时，第一反应不是大吵大闹，也不是选择息事宁人，而是通过投诉的方式维护自己的权益，这实际上就是一种权利思维和权利意识的体现。

权利意识觉醒固然是好事，但是，也要警惕另一种倾向，那就是：滥用权利。

比如，小区的大妈们热衷于跳广场舞，这本来是好事，可是晚上过了9点，大妈们仍然意犹未尽，歌舞升平，让附近的居民不堪其扰。有居民下楼提醒大妈们注意时间，大妈们跳得兴起，根本置之不理。跳广场舞是大妈们的权利，但显然过了晚上9点还在跳，就变成了扰民，这就叫作滥用权利。

生活中滥用权利的例子还有很多。例如，有的人喜欢跑步健身，但却不分场合，在马路行车道上跑步，造成险象环生；有的人喜欢养宠物，养了一大堆猫猫狗狗，可这些宠物夜晚狂吠，让邻居们头疼不已；还有的人为了自己用车方便，把共享单车变成了“独享”单车，损害了其他使用者的利益。这些都属于滥用权利的表现。

从权利不得滥用的角度看权利思维，就是要注意把握自身权利的边界，不能滥用自己的权利，造成对他人合法权益的损害。通俗地讲就是，不能借行使权利之名，损人利己。

生活中如果遇到滥用权利，一般可以通过投诉等方式协商解决。但是如果在诉讼过程中滥用权利，结果就没那么简单了。

请看下面一则案例：

商人王某申请注册了“歌力思”商标，该商标被王某申请用于钱包、手提包等商品上。随后，王某到杭州的“ELLASSAY”品牌专柜，购买了“ELLASSAY”品牌皮包，并向法院提出侵权起诉。

原来，“ELLASSAY”品牌的中文翻译名，就叫作“歌力思”。王某对“ELLASSAY”公司，以及销售“ELLASSAY”品牌的杭州银泰世纪百货有限公司提起诉讼，理由是两家公司生产、销售“ELLASSAY”皮包的行为，侵害了其注册拥有的“歌力思”商标权，要求两家公司给予经济赔偿。

法院经审理认为，“ELLASSAY”公司拥有“ELLASSAY”商标由来已久，而且经过了长期使用和广泛宣传，已经具有了较高的市场知名度。而王某注册的“歌力思”商标，不具有同样的知名度，普通消费者在“ELLASSAY”专柜购买商品，根本不会误认为是王某注册商标的商品。王某违反诚实信用原则，恶意取得、行使商标权并主张他人侵权，损害了“ELLASSAY”公司的合法权益。最终法院以构成权利滥用为由，判决对王某的诉讼请求不予支持。[①]

在上述案例中，王某以损害他人正当权益为目的，恶意取得并行使商标权的行为，就属于典型的滥用权利，当然得不到法律的支持和保护。

看来，运用权利思维也有正反两面。一方面，权利思维要求人们在法律规定的范围内行使权利；另一方面，权利人也必须在不损害他人合法权益的前提下，善意、审慎地行使自己的权利。

---

① 参见最高人民法院指导案例82号：王某永诉深圳歌力思服饰股份有限公司、杭州银泰世纪百货有限公司侵害商标权纠纷案。

## 02　运用权利思维防止权利滥用

日常生活中，我们可能会遇到一些侵害自身权益的不公平事。有些事虽然没有直接侵害到自己的权利，但是损害了社会公共利益，同样构成权利滥用。公民可以通过运用权利思维，防止滥用权利。再看一则案例：

某小区居民突然得知，小区附近要建一座变电站，地址离小区非常近。消息传开后，小区住户微信群内顿时炸了锅，居民们纷纷议论建变电站对小区的影响。有的居民担心变电站建成后会产生辐射，对身体健康不利；有的居民忧虑变电站的存在影响自己正常出行；有的居民烦恼一旦有了变电站，小区的房价会贬值，自己的财富也会跟着缩水。

于是，居民们自发组织起来，通过拉横幅、喊口号、封路、静坐等多种手段，阻挠施工队进场施工，引来警察的干预，连许多正常上下班出行的居民也受到影响。后来，政府出面与居民代表对话协商，向居民们解释了建设变电站的必要性，以及变电站选址的科学性。变电站的选址经过了合法公示等程序，与小区的距离保持在安全范围内，不会对人体健康产生影响。经过反复宣传科普，居民们才逐渐理解和接受了建设变电站的事实，消除了不理智的维权行为。

在上述案例中，居民们的维权行为可以理解，质疑建设变电站的合法性、合理性也无可厚非。但是，采取封路、静坐等方式维权，就超出了正当行使权利的边界，对道路交通运输秩序，以及小区其他居民出行的权利造成了影响，损害了社会公共利益，属于权利的滥用。

如果居民们懂得运用权利思维来思考问题，或许可以避免越过权利的边界。结合上述案例，我们可以运用权利思维实际操练一番，具体可以分为以下步骤：

步骤一：思考别人的权利来源。主要回答“别人有没有权利”的问题。具体来讲就是，电力部门有没有权利建变电站？答案是：有，但是要经过合法的公示程序，并且符合变电站建设安全距离等规定。

步骤二：思考自己的权利来源。主要回答“自己有没有权利”的问题。结合案例来说，小区居民作为利益相关人，当然有反对建变电站的权利，但前提是提出反对意见，必须有合法、合理的依据。

步骤三：思考权利冲突的原因。主要回答“别人的权利，有没有侵犯到自己的权利”的问题。在案例中主要表现在电力部门建变电站的权利有没有侵犯到小区居民的权利。答案是：不确定，需要具体明确侵犯了何种权利，究竟是侵犯了居民的健康权、出行权，还是财产权，必须依据法律规定确认，并且提供相关证据加以证明。

步骤四：思考维权行为的边界。主要回答“自己行使权利有没有违反法律规定”的问题。案例中封路、静坐等维权方式，明显超过法律规定的权利界限，损害了社会公共利益，情节严重的，还可能触犯刑法，构成犯罪。考虑到这一点，居民必须选择其他方式维权，避免权利滥用。

通过上述四个步骤的思考，公众基本上就能判断自己的维权行为是否属于滥用权利，有效避免行使权利越界，在法律允许的界限内合法维权。

## 03 任何人不能因滥用权利而获利

民间流传着一句顺口溜：“大闹大解决，小闹小解决，不闹不解决。”意思是说，讨说法要善于用“闹”的手段，这句话虽然反映出一定的社会现实，但是也误导了不少善良的群众。

想靠“闹”的方法解决问题，明显就不是法律思维的方式。“闹”不仅不利于在法治轨道内化解矛盾，而且极有可能出现权利的滥用，激化矛盾，甚至产生新的纠纷，结果往往得不偿失。

法律是不会鼓励人们滥用权利并从中获利的。权利不得滥用的另一层含义就是：任何人都不应从不当行为中获利。

看下面的案例：

李某、周某、王某三人签订借款协议，约定李某向周某借款15万元，王某承担连带保证责任。按照协议约定，周某将15万元借款交给了李某。转眼借款就到期了，双方经过协商，钱先不着急还，于是又续签了一份借款协议，同样是约定李某向周某借款15万元，王某承担连带保证责任。后来借款到期后，李某因故未能还清15万元欠款。

周某有两份借款协议在手，财迷心窍，打起了歪主意。他先拿着第二份借款协议向法院提起诉讼，要求李某归还借款及利息，经法院主持调解，双方达成和解，李某同意分期归还15万元欠款。之后不久，周某又拿着第一份借款协议提起诉讼，要求李某归还借款及利息，并要求王某承担连带责任。

法院经审理认为，两份借款协议，实际是续签的关系，双方实际上只发生了一笔借款，于是判决驳回了周某的诉讼请求。李某因为这起莫名其妙的诉讼案，不得已聘请了一名律师，支出了律师代理费12000元。

李某、王某认为，周某违反诚实信用原则，滥用诉权，给两人造成了经济损失，因此起诉到法院，要求周某赔偿律师代理费共计12000元。法院经审理认为，周某恶意提起诉讼，属于权利滥用，导致李某、王某被迫应诉，并支付了律师费，判决周某向李某、王某赔偿律师费损失12000元。①

在上述案例中，周某为了谋取不正当利益，明知没有事实根据和正当理由，故意提起诉讼，侵害他人的合法权益，属于滥用权利，结果偷鸡不成蚀把米。

讲到这里，“用权利的语言解读生活”这章就讲完了。在日常思维的基础上加点权利思维，公众可以学会用权利的语言解读生活现象，敢于为权利而斗争，既要善于运用权利思维维护自身合法权益，也要懂得防止权利的滥用。渐渐地你就会发现，权利思维已慢慢地植根于你的头脑，你已经开始像法律人一样思考问题了。

① 周倩：《恶意诉讼的认定与侵权责任》，载微信公众号“最高人民法院司法案例研究院”，2018年3月20日。

# 第三章　程序的能量超乎你的想象

正义不仅要实现，而且要以看得见的方式实现。

——丹宁

程序是法治和恣意而治的分水岭。

——法谚

**导读：**

公众思维中充斥着功利主义思维，认为过程并不是最重要的，结果好就行。甚至在法律人内部，也在一定程度上存在“重实体、轻程序”的思维痼疾。

本章主要向读者介绍法律思维里的“程序思维”，帮助读者认识到法律程序的价值，了解程序在保证各方公平参与、限制强势一方、提高裁判结果接受度等方面的重要作用，澄清日常思维意识里对程序认识的误区。

# 第13讲　权衡：程序与结果谁更重要

日常生活中，人们总是习惯“以成败论英雄”。例如，大家总是关心事情结果的好坏，过程做得再漂亮，结果不理想还是等于零。谁都不会给精彩的球赛过程颁个奖，观众们只会等到终场哨声响起时，给胜利者以热烈掌声。这种思维习惯养成了人们“结果比过程更重要”的观念。

日常语言中的“过程”，相当于法律世界里的“程序”。但在法律思维看来，程序与结果都重要。这一讲我们就来学习法律思维里的特有思维之一：程序思维。

## 01　法律之下，凡事讲程序

所谓程序思维，是指处理任何法律问题，都必须按照法律规定的程序办事，不可无视程序的存在，更不能不遵守程序的规定。通俗地讲就是：法律之下，凡事讲程序。

在法律圈有句名言：正义不仅要实现，而且要以看得见的方式实现。这里的“看得见的方式”指的就是正当履行法律程序。在程序思维看来，纠纷处理结果的好坏、案件判决是否公平固然重要，但是实现结果的程序同样重要。举个例子：

在法庭开庭前，法官都会重重地敲一下法槌，然后告知被告人依法享有以下诉讼权利：

1. 可以申请合议庭组成人员、书记员、公诉人回避；

2. 可以提出证据，通知新的证人到庭，调取新的证据，重新鉴定或者勘验、检查；

3. 可以自行辩护；

4. 可以在法庭辩论终结后作最后的陈述。

告知完后，法官会询问被告人“以上权利你是否听清楚了”。在得到肯定回答后，法官又会接着问被告人“你是否申请回避”，在得到的答案是“不申请”后，法官才开始正式的法庭审理。如果被告人认为审判员、书记员、公诉人与案件审理结果有利害关系，可以向法庭提出申请他们中的一位或几位不参加案件审理。

这样的开庭程序设计，背后蕴含的就是“回避制度”。

之所以有回避制度的设计，道理很简单，是因为任何人都不应成为自己案件的法官。在审判结果还不明朗的情况下，首先能让人感觉到公平正义的，就是法庭审理合法正当的程序。如果法官与案件审理结果有利害关系，就不能保证法官以中立的态度参与案件审理，极有可能导致审判结果的不公平。即便最终的审判结果实际上是公平的，但只要法官应当回避而没有回避，也会让人对审判结果的公正性产生合理怀疑。

## 02 程序可以提升裁判结果的接受度

司法是社会公平正义的最后一道防线。许多特别激烈、复杂、疑难的矛盾纠纷最终都会走司法裁判途径。法律不是无所不能的，即便是公正的审判结果，也经常会有一方不满意，皆大欢喜的结果往往是可遇而不可求的。

怎样才能让纠纷双方都能接受裁判结果呢？程序思维给出的答案是：把程序做好，最大限度地保证裁判结果的接受度。举个例子：

刑事申诉案件一直是矛盾特别激烈、顽固、复杂的一类案件。许多当事人不服刑事案件有罪判决结果，认为自己无罪。究其原因，有罪判决的结果，不仅直接影响到当事人的声誉，还会影响其家人出国、就业、参军等各种实际权利，所以让当事人特别在意。处理这类案件最好的办法，就是让申诉人心服口服，此时程序的设计就显得十分关键。北京市某法院对此做出了有益尝试，在申诉案件中引入公开听证审查程序，收到意想不到的良好效果。

听证程序设计，分为当事人提出申请启动、听证准备、现场辩论、意见陈述、最终决定五个环节。适用案件的范围主要包括群体性纠纷、涉及重大公共利益纠纷、社会关注度高、影响力大的案件，以及新类型案件等。根据案件需要，听证会可以邀请人大代表、政协委员、特邀监督员、相关领域专家、律师代表、新闻媒体等人员参加。除案件涉及国家秘密、商业秘密和个人隐私外，听证会一律向社会公开。

这样的听证程序设计，邀请各界人士参与，发动社会力量加入纠纷的解决过程中，最大限度吸收社情民意，自觉接受社会各界监督，也给当事人创造了一个充分阐述意见的机会，让事实更加清楚、是非更加分明。听证，形成了矛盾纠纷化解社会合力，收到化解申诉案件矛盾的良好效果。[①]

我们可以设身处地、换位思考一下，在这样的程序设计下，无论最终形成的处理意见如何，相信申诉人心里应该都是可以接受的。好的程序设计，可以有效疏解当事人心中的怨气，化解矛盾纠纷，增加裁判结果的可接受度，起到“减压阀”的作用。

## 03 程序的价值不可低估

在程序思维看来，正当履行法律规定的程序，可以有效吸收、容纳各方的不满，即使裁判结果不能让所有人满意，也能给诉讼参与人创造一个公平表达的环境，保证所有诉讼参与人公平参与诉讼。

老话说得好：人争一口气，佛争一炷香。许多时候纠纷本身似乎并不重要，关键是要把那口“气”捋顺。公正的程序保证了审判的中立，给争议创造了一个出“气”的平台，实际上就起到了化解纠纷的效果。

程序不仅可以起到“减压阀”的作用，还可以扮演“平衡器”的角色。通过程序设计，不仅能够节省司法成本和诉讼资源，还能提高诉讼效率，帮助受损的社会关系尽快复原。例如：我国法律特别规定了简易程序。适用简易程序的案件与普通程序相比大大简化。适用简易程序审理的案件，可以由一名法官独任审判，检察机关也可以不派员出庭，审判期限也大为缩短。对于许多争议纠纷不大、诉讼标的较小的案件，适用简易程序无疑是最佳选择。

---

① 《北京房山法院建立申诉审查案件听证制度》，载微信公众号“最高人民法院”，2016年7月23日。

精妙的程序设计，不仅可以“减压”出气，“平衡”诉讼成本，有时甚至可以防止纠纷的进一步恶化，把矛盾化解在裁判之前，起到“狙击手”的作用。举个例子：

我国法律对婚姻的解除规定了严格的程序。人民法院审理离婚案件，应当进行调解，如感情确已破裂，调解无效的应准予离婚，这样的程序设计确立了“离婚必调”的制度。

千万不要小看了这样一道程序设计。据有的地方法院数据统计，婚姻家庭类纠纷60%可以通过调解的方式化解[①]。多么惊人的数据，一道庭前调解程序的设计，居然可以将60%的案件“狙击”在诉讼裁判之前，这就是程序的力量。

既然是程序的要求，那就必须认真履行。优秀的法官在履行调解程序过程中，总结出许多行之有效的方法：

方法一：疏导法。对双方因为家庭琐事争吵、没有根本矛盾的，属于调解和好可能性比较大的情形，可以耐心听取当事人的倾诉和发泄，等双方气消了，再耐心劝解和好。

方法二：感化法。对有子女的、结婚时间较长的夫妻，在调解过程中帮助他们回忆以往美好生活，激发夫妻情意，唤醒子女亲情，促使重归于好。

方法三：换位法。通过了解离婚夫妇的感情经历，如果认为婚前感情基础比较好的，可以分析他们各自的闪光点，剖析矛盾产生的原因，扮演好“心理咨询师”的角色，帮助夫妻双方共同迈过心理坎。

正因为有了程序的设计和保障，才为矛盾纠纷的化解奠定了制度基础，创造了积极条件。

减压阀、平衡器、狙击手，程序思维的作用不可低估，也给大众思维很好的启发。在日常思维的基础上加点程序思维，当与人发生矛盾纠纷时，先把程序做足、做好，给对方一个充分表达不满的机会，也表现出自身一个友善大度的态度。

---

① 《有了这道程序，这个地方60%的婚姻纠纷诉讼通过调解化解》，载微信公众号“长安评论”，2018年9月3日。

说不定你对程序的重视，能够给对方留下一个“这人讲道理”的好印象，不仅能够防止矛盾进一步激化，还能换来问题的圆满解决。

程序比公众想象的更有价值，在法律的世界里，程序与结果同样重要。你也许会刨根问底地问我：程序与结果之间会不会出现冲突呢？如果出现冲突又该如何解决呢？这是很好的问题。在接下来的讲座中，我将带着你的问题，和你一起分享程序思维的精妙运用。

# 第14讲 取舍：不能牺牲程序换结果

上一讲中，我们讲到了日常思维中“重结果、轻程序”的顽疾，阐释了程序思维的价值和作用。在法律的世界里，结果与程序同样重要。在上一讲结束时我留下了一道思考题：程序与结果会不会出现冲突？出现冲突又该如何解决？这一讲我们就来一一回答这些问题。

## 01 程序与结果的冲突解决

第一个问题，程序与结果会不会出现冲突？

我的回答是：会。

这个问题用法言法语抽象一下，可以转化为：程序正义与实质正义会不会产生冲突？

在法律圈内，关于什么是正义、怎样实现正义的著作可以装满一卡车。简言之，我在这里所讲的“正义”，可以理解为客观公正的结果。

其实，在大多数时候，程序正义与实质正义是统一的。一般而言，程序正当，结果也会很好。许多案件审理的程序很公正，最后的审判结果也能被大家所公认。但是，确实在少数情况下，程序正义与实质正义会出现不一致的情况。

我有一位同学是资深检察官，在她13年的公诉经历中，只有两个案子被法院判无罪。她在自己所写的《办理碎尸案件的难点和要点》一文中提到，“当一个经办人内心确认就是他干的，却又找不出更多的证据时，是纠结和绝望的。相信辛普森案件的法官、检察官和很多民众都有这样的感受”。①

这里提到的辛普森案件是美国一个著名的经典案例。说的是黑人橄榄球明星辛普森涉嫌杀害前妻，在审判开始前，几乎所有证据都指向辛普森杀了人。但是，经过一系列法律程序之后，陪审团却宣告辛普森无罪。这个结果出乎所有人的意料，但整个诉讼程序却无懈可击。

我的同学之所以会产生“纠结和绝望”的感受，是因为程序正义与实质正义的激烈冲突带来的情感冲击。

## 02 程序正义优先于实质正义

下面回答第二个问题：程序正义与实质正义出现冲突该如何解决呢？

我的答案是：程序正义优先。

你也许会问，法律的终极目标不是追求公平正义吗？难道就不能牺牲一下程序正义迁就一下实质正义？

我的回答是：不能迁就。

程序正义与实质正义出现冲突，问题主要集中表现在证据上。我没有办理恶性杀人刑事案件的工作经历，但是，我在办理职务犯罪案件过程中，同样经历过因为程序不合法，导致犯罪事实无法认定的无奈。

例如，有的侦查员调查取证不符合法律程序的要求，导致取证程序不合法，证据不能在法庭上使用；有的侦查员因为疏于把握取证时机，或者办案周期拖得太长，导致许多证据灭失，关键证据找不到，无法构成证据链条，达不到证明标准的要求。通俗地讲就是：你明明知道就是他干的，但是因为程序就是拿他没办法。

法律虽然追求公平正义，却不能以牺牲程序正义为代价，这个口子不能开。为什么这么说呢？我们以辛普森案件为例：

在作案现场，警察发现了沾满鲜血的手套、袜子等客观证据，DNA鉴定意见结论是辛普森的血迹。但是，辛普森的辩护人却提出警察保管证物的方法

① 《办理碎尸案件的难点和要点》，载微信公众号“刑事办案札记”，2016年4月29日。

不当。因为按照规定，新鲜血痕要用专门的塑料袋来包装，而警察是用普通的纸袋，这就有可能使血痕受到污染，因此血液DNA的检验结果可能就不可靠。

由于警方的重大失误，导致有力证据的失效，辛普森最终逃脱刑事处罚。虽然辛普森案没有实现个案的实质正义，但是这场震惊美国的“世纪审判”让全世界的人们认识到了程序正义的价值。辛普森案向世人传递出这样一种程序思维：一切诉讼活动都必须在合法程序的框架内进行，如果不符合程序正义的要求，实质正义也会变得没有意义。

两害相权取其轻。在程序正义与实质正义不能两全的情况下，宁可牺牲一个案件的实质正义，也要维护程序的整体正义。程序正义能够最大限度地保障实体正义的实现，尽管并不是每一次都能实现。但没有程序正义，整个司法活动就会失去基本的秩序，更加难以保证实质正义的实现。

## 03　程序思维关心普遍正义

在现实的法律世界中，由于受种种客观因素的影响，例如证据灭失、关键证人找不到等，事实查不清的案件屡见不鲜。法律条文和规则也常常会出现模糊地带，容易让人产生认识分歧。那么，如何让人们最大限度接受最后的裁判结果呢？

我的答案是：依靠程序。

程序正义不能保证每次都能出现最好的审判结果，但起码能保证不出现最坏的审判结果。放过一个坏人与破坏一项法律规则相比，哪个后果对法律的伤害更大呢？显然是后者。只有坚持从程序正义的角度思考，才会对程序思维有更深的理解。

从理论上讲，每个公民都有可能成为案件的被告人，坚持程序正义就是坚持用合法的程序保护自己。特别是在刑事案件中，强大的侦查机关权力与普通被告人的权利相比，如同一个体形庞大的成人面对3岁幼童，普通人的合法权利随时都可能面临公权力的无情践踏。看下面这个真实的案例：

某市检察机关指控被告人郑某涉嫌受贿罪的犯罪事实如下：

郑某是某海关副关长，郑某接到报告称，该海关在处理一宗走私棕榈油、大豆油案件过程中，发现涉案的油料被盗。郑某调查后发现，涉案油料被油料的原货主李某盗走。于是郑某安排李某参加涉案走私油的公开拍卖，并确保李某竞拍成功，企图以此掩盖海关监管涉案走私油失职被盗的过错。竞拍成功后当晚，李某约郑某见面，向其贿送40万元，对郑某在处理该批油料过程中提供的帮助表示感谢。郑某收受钱款后，用于个人支配。

出人意料的是，在法庭上，郑某及其辩护人均否认检察机关指控的受贿犯罪事实。郑某提出，在侦查阶段，侦查人员不仅对他进行疲劳审讯，不让他休息，而且威胁他要抓捕他的女儿、女婿，并且以配合办案就办取保候审相诱惑。郑某及其辩护人提出：郑某在侦查阶段对受贿犯罪事实的供述，属于非法取证，应当依法排除。

法院经审理认为，郑某提出的侦查人员以取保候审相利诱，以及以抓捕其亲属相威胁，获取其有罪供述的事实，公诉机关对此未能提出反驳，也不能提交证据证明郑某的有罪供述属于合法取得的证据。因此，郑某的有罪供述依法应当排除。综合全案，在没有其他证据佐证的情况下，公诉机关指控郑某犯受贿罪证据不足，郑某犯受贿罪的指控不能成立。

一审判决后，检察机关提出抗诉。二审法院经审理认为，侦查机关没有提交充分的证据，无法排除郑某有罪供述存在被威胁、引诱的合理怀疑，依据法律规定不能采信为定案依据。二审法院依法裁定驳回抗诉，维持原判。①

我国法律规定，严禁以威胁、引诱、欺骗等其他非法方法收集证据，也不得强迫任何人证实自己有罪。对以暴力、威胁等非法方法收集的口供证据，应当予以排除。这样的程序制度设计，能够有效保护犯罪嫌疑人的合法权益，让侦查人员不敢乱来。

在上述案例中，检察机关的指控似乎十分可信，许多人的内心也都认定，郑某一定有受贿。理由是办事收钱，更合乎常理常情，况且郑某帮人办事的事实已经被证明确实存在，还有送钱人的口供予以证实，应该不会冤枉郑某。

---

① 参见《郑某贪污、受贿、滥用职权案［第1140号］——如何处理以威胁方法收集的被告人供述及司法实践中对“重复供述”如何采信》，载最高人民法院刑事审判第一、二、三、四、五庭主办：《刑事审判参考（办理贪污贿赂刑事案件专刊）》总第106集，法律出版社2017年版。

但是，万一郑某没有受贿呢？有没有这种可能性？这样一问，恐怕谁也不敢打包票。法院给出的回答就是“不能排除合理性怀疑”。

为了所谓的实质正义而牺牲程序正义，代价将是惨重的。一旦失去了程序规则的限制，侦查人员极有可能为了取得有罪口供而变得不择手段，谁敢保证郑某不会被冤枉？谁又敢保证下一个“郑某”不会是你？

程序正义与实质正义的博弈，让我们进一步认清了程序思维的重要意义。学会从程序思维的角度思考，能够让我们更加重视过程的重要性，做好程序性工作，争取获得最好的结果。

在日常思维的基础上加点程序思维，公众可以从两者的博弈中得到一点启发：在生活中，为人处世，既要追求结果的正当，也要注重过程的合理，不能为了追求结果正当而不择手段。牺牲程序换结果，绝对不是明智的选择。

# 第15讲　反思：大众思维为何质疑程序

在公众日常思维里，不仅觉得结果比程序重要，而且还会觉得程序不过是个“形式”，走程序等于“走过场”，甚至还有人会觉得，结果是明摆着的，走程序就是“瞎折腾”。

为什么人们总喜欢质疑程序？程序该如何摆脱“形式”“过场”“折腾”等标签？这一讲，我将解析日常思维对程序的各种成见，继续探寻程序思维的价值。

## 01　消除对程序的成见

人们习惯性地认为走程序就是“走过场”是有原因的。

一方面，程序确实表现出形式化的特点。许多程序看起来都不会产生实际作用，比如宣布法庭纪律、介绍人员构成、规定发言顺序等，表面上看起来更像是例行公事，不会直接影响到判决结果。

另一方面，违反程序好像也不会受到追究。很少听说违反程序受到处罚的情况，“程序”看起来就像是麦田里的稻草人，吓唬吓唬鸟罢了。

消除人们对程序的成见还得对症下药。程序表面上看起来似乎具有“形式化”的特点，比如讲究顺序、步骤，强调流程、规矩，按部就班，有条不紊等。但事实上，程序“形式化”表现的背后蕴藏着丰富的价值内容。程序甚至可以用法律的形式确定下来，而程序一旦上升到法律层面就被统称为：程序法。

例如，规定刑事案件诉讼程序的是刑事诉讼法，规定民事案件诉讼程序的是民事诉讼法，规定行政案件诉讼程序的就是行政诉讼法，这些诉讼法都属于程序法。

程序法背后蕴含着公平、正义、秩序、权威等法律的价值追求，远远不是看起来的“形式化”那么简单。

例如，在民事诉讼活动中，一般遵循“谁主张、谁举证”的举证原则。谁提出诉讼的主张要求，谁就负责提供证据证明自己的主张，这样的程序制度设计更符合常情常理，显得更加公平。但是，在某些特殊情况下，程序也会特意保护弱势群体的一方，作出精巧的设计和变通。请看下面这个案例：

家住广州的徐某带着孙女在小区散步，迎面遇到周某和他的宠物牧羊犬。当双方即将擦身而过时，牧羊犬突然朝徐某扑过来，徐某大吃一惊，摔倒在地。经医院诊断，徐某右肘关节脱位，韧带断裂，共花费医疗费4万余元。双方就赔偿问题协商不成，徐某一纸诉状将周某告上法庭，要求赔偿医疗费、护理费、营养费等经济损失。

周某辩称，宠物牧羊犬的行为是向人示好，从来不会咬人，徐某受伤是避让不当所致，自己本身并无过错，不应承担责任。

法院经审理认为，本案属于饲养动物致人损害纠纷，适用举证责任倒置规则，由周某承担举证责任。周某必须证明，宠物狗伤人一事，其本人不存在过错，否则就应承担侵权责任。

本案中，周某在遛狗过程中未能很好地控制宠物牧羊犬，导致徐某受到惊吓并受伤，动物侵权行为与徐某受伤结果之间存在因果关系。周某不能证明本人不存在过错，徐某的躲避行为并无不当，周某应对自己的宠物犬伤人事件负全部责任，依法应当赔礼道歉并赔偿徐某经济损失。

上述案例中提到的举证责任倒置，是一种特别的程序设计，是“谁主张、谁举证”原则的例外。我国法律特别规定了动物伤人、环境污染致人损害、医疗行为侵犯他人权益等八类案件适用举证责任倒置原则。

这是因为，在这些特殊类型的案件中，被侵害一方往往处于弱势地位，比如动物侵权纠纷中的被害人一方，于是，法律通过举证责任倒置的程序设计，减轻被侵害方的举证压力，加重侵权方的举证责任，以程序设计来保证这些特殊种类侵权纠纷中受害人的权利。如果违反举证责任倒置规则，负责举证的一方不能举证，那么就要承担败诉的后果。

你看，程序并不是“形式化”意义上的稻草人，而是实实在在地发挥着平衡作用，体现法律公平正义的价值追求。

## 02　违反程序法的行为无效

许多人认为，违反程序法不会受到法律追究，这种看法是对违反程序法承担责任形式的一种误解。

我们把程序法和实体法作个比较。刑法、民法、行政法都属于实体法范畴，生活中如果违反了这些实体法将承担实体法律责任，往往要受到相应的法律惩罚。例如：违反刑法，可能会坐牢；违反民法，可能要赔钱；违反行政法，则可能被拘留或罚款。

而违反程序法承担法律责任的形式与实体法不同，违反程序法，极少直接承担实体责任，通常违反程序法承担法律责任的形式是：宣告无效。

一旦违反程序法，不仅会导致整个程序行为无效，而且该程序行为所产生的结果也无效，后果很严重。举个例子：

中国脱口秀演员周立波在美国长岛深夜开车，车辆歪歪扭扭像蛇一样向前行驶，引起了当地交通执法人员的注意。执法人员随即拦下周立波的车，从车上搜出可卡因（一级毒品）与枪支，并当场逮捕了周立波。

警方指控，周立波涉嫌非法持有管制药物、非法持有武器、非法持有枪支罪名。开庭审理时，周立波只承认开车打手机，只字不提枪和毒品。庭审后，检方撤销了对周立波持枪和涉毒指控，之后法官判决周立波无罪。

周立波之所以被判无罪，关键在于其委托的律师抓住了警方在搜查程序上的违法问题。法官裁定，警方当晚截停周立波的车辆虽然合法，但是在搜查周立波车辆时，由于英语并不是周立波的母语，警方缺乏与周立波足够的语言信息沟通，无法证明是在周立波同意的情况下搜查车辆，在搜查程序上不合法。

因为美国法律规定，如果没有搜查证，在未取得车主同意的情况下，警察是不能对车主的人身和财物进行搜查的。在周立波案中，检方不能举证证明，警察是在取得周立波同意的情况下对车辆进行搜查的。如果警察在未取得周立波同意的情况下搜查车辆，即使搜到了枪支和毒品，也不能作为定罪证据使用。

上述案例提到的程序规则，就是美国法律中的“非法证据排除规则”。这一规则规定，违法程序法所产生的责任后果，是宣告行为无效，而且行为所产生的后果也无效。在周立波案中，搜查行为无效，搜查行为取得的证据也不能使用。我国相关法律规定也借鉴了这一规则，例如，我国刑事诉讼证据规则明确规定，采用刑讯逼供或威胁、引诱、欺骗等非法手段取得的证据，应当予以排除。

由此来看，程序并不是吓唬鸟的稻草人，而是能实实在在地发挥出作用。

## 03 摆脱程序“形式”的标签

是时候让程序摆脱“形式”标签了。

日常生活中，人们选择参加法律诉讼程序，以诉讼形式解决纠纷，根本目的是要公正、公平地解决问题。因此，法律程序的运行必须具有一个明确的导向性结果。

例如，如果没有经过合法的程序审理，那么裁判结果就不具有合法性。因为只有履行合法的程序，才能证明纠纷的审理经过了法律严格、严密的逻辑论证，这样的处理结果才合法，才具有合理性和说服力。也就是说，只要审判程序合法，即便审判结果与客观事实不完全相符，也能最大限度地得到公众的理解和接受。

摆脱程序“形式”的标签，还必须让程序更加充分地发挥作用，摆脱“走过场”“瞎折腾”的固有印象。

以前，公众对法庭开庭审理“走过场”颇有微词，认为结果都是明摆着的，律师辩护也没啥作用，法院一审后还可以二审，有时还发回重审，费时费力，纯粹是“瞎折腾”。

现如今，我国法庭庭审一改以往“未审先定”的弊端，实现庭审形式化向庭审实质化的转变。所谓庭审实质化，就是要在庭审过程中发现疑点、厘清事实、查明真相，彻底克服“庭审走过场”的形式主义，抛弃以往过分依赖开庭前看案件卷宗材料定案的倾向，回归到庭审的本质。

特别值得一提的是，很多群众看到律师为杀人犯辩护，也会觉得律师是“走过场”“瞎折腾”。但事实上，律师也是法律程序的守望者。不经过合法程序的审理，怎么能够严谨地判断一个人是否有罪？如何精准地裁量该如何处罚？如果没有律师的参与，怎样保证被告人享有充分的辩护权？如果这也算是“走过场”“瞎折腾”，那么中国法治的进步太需要这样高水平的“过场”和“折腾”了。

这一讲，我们分析了日常思维为什么喜欢质疑程序。在日常思维的基础上加点程序思维，一方面要摆脱对程序的成见，透过程序的表象，发现程序价值的深刻内涵；另一方面要从根本上扭转程序“形式”“过场”“折腾”的印象，让程序真正发挥“实质化”的作用。

## 第16讲 价值：没有程序就不会有正义

在本章前三讲中，我们从不同角度讲述了程序的价值，以及程序思维带给日常思维的启示。程序为什么能够得到人们的遵守和认可？法律如何在程序设计上凝聚公众共识？只有弄明白这些问题，才能帮助我们更深刻地理解和运用程序思维。这一讲，我们回到程序的本义，深入探寻程序价值的本源所在。

### 01 程序思维的精髓要义

程序不是专门的法律术语，在社会生活的方方面面人们都会用到程序一词。“程序”的语文定义是：事物发展的既有次序和脉络以及方式方法。《国家标准质量管理体系基础和术语》中对“程序”的定义是：为进行某项活动或过程所规定的途径。这两种对程序的定义，都体现出程序流程化的特点。

例如，到医院看病，要先挂号，后看病，再取药，这是看病的程序；到4S店购车，先选车，后谈价，再交费，等上牌，最后取车，这是买车的流程。显然，流程化并不是法律程序独有的、本质的特征。

其实，流程化只是法律程序的表皮，法律程序的血液里流淌着规则的特质。在法律的语境里，任何时候都要讲规则，也就是说，法律的一切都要按程序来办。

我对法律程序定义的理解是：法律程序，是人们寻求权威、公平解决纠纷过程中建立起来的一整套规则。程序思维最核心的精髓要义，就是寻求权威解决的方法，客观中立地解决纠纷。

## 02 权威与中立：法律程序的生命线

当今社会，人们都知道解决法律纠纷最权威的方法是得到法院的裁判。法院或者法官，在公众的心中就是法律的代言人，就是最权威、最中立的第三方代表。

但在古代社会，人们对现实的认知能力有限，在面对纠纷时常常无法作出解释和判断，人们便选择诉诸“神明”的方式，这样的裁判形式被称为“神明裁判”。

可是，“神明”并不会直接告诉人们谁对谁错，于是人们就“发明”出各种各样的方法表达出“神明”的裁决结论。

例如，找一只“神兽”牵到争议双方面前，“神兽”头上的角触碰到谁，谁就是有罪，这被视为“神的旨意”，被判有罪者也无话可说。现在我们许多法院门口的石雕，就是这只在古代传说中叫作“獬豸”（xiè zhì）的独角神兽。

“神明裁判”的方法还有很多。最常见的方法是利用水、火的特性，看被告人能否经受住水火的考验。例如，把被告人捆起来投入水中，淹死为有罪，没有淹死为无罪；要求被告人或双方当事人把手伸入沸水锅中捞取一样东西，看手是否被烫伤，或者烫伤后能否痊愈，以此来判断是否有罪。

在“神明裁判”中，“神明”在人们心中是绝对权威和中立的，当时的人们普遍相信没有什么比“神”更权威、更不偏不倚了，因此“神明”的裁决绝对是公平公正的。“神明裁判”在现代人看来很荒诞、愚昧，但是在古代却被人们广泛接受，这其中就道出了法律程序价值的精髓，那就是：权威与中立，才是法律程序的生命线。

在现代文明社会，人们引入法院作为权威、中立的第三方进行了裁判，从选择相信“神明”到选择相信法院，虽然形式有了巨大的改变，但是追求裁判者权威、中立的精髓要义，却始终没有改变。

## 03　围绕权威与中立设计程序

人们之所以遵守法律程序，是因为相信法律能够给他们带来公平公正，而公平公正，正是源于法律程序的权威与中立。因此，所有的法律程序都会紧紧围绕权威、中立来设计。

举个例子，我国实行“两审终审制”，案件一审如果败诉了，败诉方还可以提前上诉，如果二审还是败诉，还可以提出申诉。但是，如果败诉人坚定地认为判决结果不正确，没有得到自己想要的公平，是不是可以一直没完没了地走程序，直到把官司打赢，或者让自己满意为止呢？法律程序给出的答案是：不可以。

法律程序的权威与中立，要求追求公平正义的结果必须有一个限度，否则就变成了“耍无赖”。如果输了不认输，就可以一直把官司打下去，那简直太容易实现了，人人都可以选择耍无赖。如果真是这样，那谁还敢打官司呢？法律也就根本没有权威和中立可言。

因此，全世界所有的法律程序体系，都会设置终审制度。终审之后，程序就走完了，裁判结果就是最权威的，所有人都必须遵守，非因法定的事由，不能再次启动程序。这就是法律权威与中立的体现。

从维护裁判结果公平公正的角度看程序思维，就是要清醒地认识到，所有的程序设计都必须保证法律的权威、中立，不能以丧失中立性为代价，设计无休止的程序，影响法律的权威。

在法律案件审理的过程中，许多案件都会走完一审、二审的司法程序。二审改变一审判罚结果的案件比比皆是，那是不是就说明一审的判决不权威呢？

我的回答是：不是。司法实务中，对同一案件有不同的裁判意见很正常，只要法官做到客观、中立地裁判，裁判结果就是权威的，就是合法的裁判。举个例子：

被告人甲涉嫌强奸罪，负责一审的审判长是一名女法官。女法官在办理强奸、拐卖妇女、猥亵妇女等侵害女性的案件中，通常比较倾向于保护受害女性的权益，往往量刑会比较偏重。女法官经过认真审理，一审判决被告人甲有期徒刑五年，判罚刑期在法定范围内，女法官与案件判决结果没有利害关系，具有中立性。

被告人甲不服，提起上诉。负责二审的审判长是一名男法官，他认为被告人虽然实施了强奸行为，但认罪态度较好，能够认罪悔罪，依法可以酌情从轻处罚，于是二审判决被告人甲有期徒刑四年，虽然比一审少了一年，但判罚刑期也是在法定范围内，男法官与案件判决结果也没有利害关系，同样具有中立性。

那么，究竟是一审的判决对，还是二审的判决对？

答案是：两个判决都对，没有谁对谁错，都是合法的。两个法官对犯罪事实的认定一致，量刑幅度也都在法定范围内，只是因为我国实行的是二审终审制，所以以二审裁判结果作为最终裁判结果。如果一审后当事人没有上诉，那么一审判决就会依法生效，同样具有权威的法律效力。

## 04 用程序保障法律的权威

在上述的案例中，案件最终的判罚结果以二审判决为准，是不是就说明二审裁判的水平更高呢？

我的答案是：不是。只能说二审的判决更具有权威性。我来举个非常著名的案例说明判决的权威性问题：

被告人许霆到广州市某银行的ATM取款机上取款，在取出1000元后，他惊奇地发现自己的银行卡账户上只被扣了1元。天上真的掉下来“馅饼”，许霆喜出望外，连续一波操作，取款5.4万元。事后许霆回到住处后还将这个“好消息”分享给了同伴，并且和同伴一起再次前往ATM取款机上操作。许霆先后取款171笔，合计17.5万元，并携赃款潜逃，之后将赃款挥霍一空。一年后，许霆在陕西宝鸡火车站被警方抓获。

法院一审认为，许霆以非法侵占为目的，伙同同案人采用秘密手段盗窃金融机构，数额特别巨大，行为已构成盗窃罪，判处许霆无期徒刑，剥夺政治权利终身，并处没收个人全部财产。

许霆提出上诉，二审法院发回重审。重审后，一审法院认定许霆盗窃金融机构，依法本应适用“无期徒刑或者死刑，并处没收财产”的刑罚，但鉴于许霆是在发现银行ATM取款机出现异常后产生的犯罪故意，主观恶性不是很大，而且具有一定的偶然性，根据本案具体犯罪事实、犯罪情节和社会危害程度，对许霆可以减轻处罚，判处许霆有期徒刑5年，并处罚金2万元。许霆不服再度上诉，二审法院驳回上诉，维持原判。

这就是著名的“许霆案”。在许霆案的审理过程中，经历了一审、发回重审、再审一审、二审等一系列审判程序，最终尘埃落定。经典案件之所以能成为经典，就在于能够引发公众广泛的关注和思考，同时将深刻的法律问题诠释得清楚明白。

原审一审判决判处许霆无期徒刑，引起公众一片哗然，几乎一致认为法院判重了。再审一审判决改判许霆有期徒刑5年，二审维持一审判决，还是有人觉得不公平，认为许霆的行为不构成犯罪。但我想说的是，从程序的角度来看，许霆案已经实现了法律意义上的公平公正。

首先来看，一审判决认定许霆盗窃金融机构错了吗？并没有错。把银行的ATM取款机解释为金融机构的一部分，并没有超出一般普通人的认知范围，认为许霆通过ATM机盗窃，属于盗窃金融机构，是合法的、合理的解释。

其次来看，再审一审判决同样认定许霆盗窃金融机构，改判有期徒刑5年错了吗？同样没有错。因为改判不仅有明确的法律依据，而且合乎法律程序的规定。再审一审判决认定许霆构成盗窃罪，适用了刑法关于减轻处罚的规定，而且依法经过最高人民法院核准，程序完全合法。

那么，是不是就说明再审一审的判决就比原审一审判决更正确呢？我的答案是：不一定。假设，许霆案重新组成合议庭再一次审理，说不定又会出现新的判决结果，合议庭也许会判许霆有期徒刑6年、7年，或者8年，这都有可能，也都合法，那么你说谁判得更正确呢？

所以说，与其说再审判决比原审判决更正确，不如说再审判决更权威。这种权威正是来自法律程序的保障，在法律人看来，经过严谨的法律程序得出的裁判结论，无论具体内容如何，就是公平公正的结果。

程序即规则，尊重程序，就是遵守法律规则。程序不会无休无止，维权也不能没完没了。从维护法律权威、保障裁判中立的角度解读程序思维，能让我们更加真切地感受法律解决纠纷的局限，也让我们更加审慎地选择用法律的方式解决纠纷。

在日常思维上加点程序思维，能够帮助公众更加理解和敬畏程序。因为，没有程序，就没有正义。如果没有程序的限制，人们就会陷入自以为是、无休止的争斗之中，正义也就变得没有意义。法律程序的权威与中立，才是人们选择用法律解决纠纷的根本原因所在。

# 第17讲　预期：程序带来的安全感

在上一讲，我们从维护裁判权威、保障裁判中立的角度，向大家进一步介绍了程序的价值。这一讲，也是本章的最后一讲，我们先来小结一下本章的内容。在法律思维看来，程序与结果都重要，不能牺牲程序正义换取结果正义，大众之所以会质疑程序的价值，恰恰缘于对程序的成见和对违反程序责任的不理解。程序的价值毋庸置疑，没有程序，就不会有正义。

在这一讲，我们重新回到程序价值的本义，人们之所以会选择用法律的方式解决问题，除了相信法律的权威与中立，还在于程序能给人们带来稳定的预期。程序的价值，真的超乎你的想象。

## 01　程序能给人带来安全感

日常生活中，人们常说的安全感，实际上就是一种稳定的预期。在法律活动中，程序就是一种稳定的预期，能够给参加诉讼活动的当事人带来一种安全感。

程序给人带来的最基本、最稳定的预期就是：只要进入诉讼程序，就一定会有一个裁判结果，无论是好结果还是坏结果。

你也许会问，这算什么预期，每件事情最终不都有个结果吗？但是，相对于久拖不决的事情而言，尽快有个结果实在是太重要了。甚至在许多情况下，不知道什么时候有个结果，比知道有个坏结果更令人烦恼。请看下面这则案例：

> 龚某的爷爷在上海留下一座老洋房房产，房产证上记载的产权十分清晰，唯一产权人就是龚某。龚某因为生意资金周转不灵，无奈之下只好把房产挂牌出售，价值不菲。消息一出，原来借住在老洋房院子里的张某一家闻风而动，竟然跳出来主张，自己一家当年住在老洋房里的储物间，这也属于自己的房屋，现在龚家要卖房子，售房款也应分给自己一份。
>
> 龚某哭笑不得，事实上当年只是自己的爷爷好心收留张某一家人，把储物间借给张某一家暂住，现在居然要跟自己争房产。为了尽快交易房屋，以解资金燃眉之急，龚某反复去做张某工作，甚至雇用拆迁队打算强拆。结果张某一家软硬不吃，态度蛮横。眼见资金问题日趋紧张，而解决张某一家的问题却遥遥无期。龚某只好选择报警，诉诸法律途径解决。在警察的调查介入下，启动法律程序，以涉嫌敲诈勒索罪追究张某一家责任，事情终于得到妥善解决。

在上述案例中，如果龚某没有选择用法律的途径解决纠纷，什么时候能解决问题还真不好说，特别是在手头资金吃紧的情况下，真是倍感煎熬。而诉诸法律，不仅一定会有结果，而且会在规定的时间内产生结果，这就是程序带来的稳定的预期价值。

无论是刑事诉讼活动、民事诉讼活动，还是行政诉讼活动，只要诉讼程序启动，根据现行的法律规定，人们就能基本预见到可能出现的结果情形、大概需要的时间，以及所要经历的程序过程等内容。总之，一定会在一定的时间内有一个裁判结果。尽管这个结果并非是自己想要的，但总好过事情久拖不决。

程序能给人带来安全感的第一层意思，就是程序能给人们一个稳定的结果预期。通俗地讲就是，只要程序启动，结果一定会有，时间到，事情了。

## 02　程序的另一预期：解决纠纷的专业性

生活中，如果人们选择法律诉讼的途径解决纠纷，就会有胜诉或者败诉的心理准备。即便最终裁判结果是败诉，只要法官中立，程序合法，人们通常也会接受。

这是因为有了程序的保障，人们心里会产生另一个合理的预期，那就是自己的纠纷能够得到专业、严谨的审判。这就好比人们生病了，选择到正规的大型医院就诊，就是相信在正规的大医院里，能够得到更专业的救治。即使最后的结果与期望有差距，但因为相信专业，所以也无怨无悔。

程序能给人带来安全感的第二层意思，就是程序能给人们一个专业解决纠纷的预期。通俗地讲就是，相信符合程序的审判，一定是专业的。

解决纠纷的理想结果，就是双方对判决结果都能够接受，心服口服，皆大欢喜。但这一切如果没有程序的保障，是难以实现的。有了程序的规定，就能产生专业的力量，往往能够形成解决问题的合力。请看下面的案例：

尹某与贺某（女）是夫妻关系，双方育有一子一女，后因两人感情不和开始分居生活，儿子随尹某共同生活，女儿则跟着贺某一起生活。

经过一段时间的分居，双方都觉得婚姻已无法挽回，在离婚问题上没有异议，对财产分割问题也很快达成一致意见，唯独在子女抚养权问题上争执不休，谁也不肯让步。两人都希望两个孩子一起跟随自己生活，结果谁也说服不了谁。贺某只好向法院提交诉状，请求法院判决。

一审法院认为，尹某与贺某夫妻感情确已破裂，双方同意离婚，予以准许。对于离婚后子女的抚养，两人均希望孩子们随自己共同生活，法院认为，从有利于孩子稳定生活的角度考虑，维持目前的生活状态为好，由一人负责一个孩子的生活。结果尹某不服一审判决，提出上诉，请求二审法院改判两个孩子均随其共同生活。

二审法院认为，一审法院根据两个孩子生活现状判决夫妻双方各抚养一个孩子并无不妥，有利于维护孩子们相对稳定的生活环境，但考虑到本案中两个孩子年龄相仿，正是相伴成长的年龄，如果不考虑两个孩子的相处时间，将对孩子们的手足感情造成不利影响。因此，从有利于孩子们共同健康成长的角度，二审法官主持调解，就子女抚养权和探望权问题促成双方达成调解协议，尹某每单周周末把儿子送到贺某处，贺某每双周周末把女儿送到尹某处，保证两个孩子每个周末都有相聚相处的时间，本案纠纷得到圆满解决。

你看，这就是法院专业解决纠纷的方式。一审法院的判决合情合理合法，但是当事人不满意，还可以上诉到二审。二审法官又巧妙地安排探望权的行使方式，不仅缓和了离婚双方的对立姿态，也为两个孩子创造出共同成长的良好环境，最大限度降低父母离婚对孩子成长的负面影响。

有了一审、二审的程序保障，加上一审法官、二审法官的专业智慧，最终形成合力，体现出法院裁判解决家事纠纷的专业性，实现了双方当事人妥善解决纠纷的心理预期。

## 03 稳定：程序本身自带的光环

程序不仅能给人们一个稳定的结果预期，一个专业的裁判预期，而且程序本身也能够上升到法律的层面，具有极高的稳定性。

无论是刑事诉讼法、民事诉讼法，还是行政诉讼法，都是标准的法律。非经法定的程序，法律是不会轻易地变动和修改的。上述法律要想修订颁布，必须经过全国人大常委会的审议通过，修改的程序要求也是十分严格的。

程序能给人带来安全感的第三层意思，就是程序本身的稳定性带给人们的安全感。通俗地讲就是，程序一般不会轻易地改变，相信程序就是相信法律。

从程序稳定的预期角度看程序思维，就是相信程序结果的可期待性、程序专业的可信赖性，以及程序本身的稳定性。

法律界有句名言：法律必须稳定，但不能静止不变。[①]跟普通人的思维相比，程序思维似乎显得有些僵化。但是，也不用过于担心程序的僵化，因为僵化只是相对的，如果法律程序出现不合理之处，也可以通过合法的程序进行修改。

例如，法律证据的形式是法律程序规定的一项重要内容。随着电子网络技术的发展，电子证据作为一种证据种类，从无到有，已经正式列入了《民事诉讼法》，成为法定证据的一种形式。

紧跟时代发展的脚步，法律也在不断地修订完善，电子证据的类型也在不断地扩大。从早期的电子邮件、网上聊天记录、博客、手机短信、电子签名等，慢慢地扩充到了微信、音频、视频、数字证书、计算机程序等诸多内容。甚至法律还规

---

① ［美］本杰明·N.卡多佐：《法律的成长》，李红勃、李璐怡译，北京大学出版社2014年版，第16页。

定了“兜底条款”：以数字化形式存储、处理、传输的能够证明案件事实的信息，都可以作为电子证据使用。[①]

看来，程序既是稳定的，也是在不断发展变化的。法律程序给人们的总体感觉，是值得依靠和信赖的。法律圈内经常提到的一个词叫作“良法善治”，通俗地讲，就是既要有好的法律，也要很好地遵守和执行法律。相对稳定又不断发展的程序性规定，是让法律保持“良法”状态的必然要求。

程序思维是法律思维特有的思维之一。在日常思维的基础上加点程序思维，你会逐渐重视程序的预期价值，不仅会从内心认同程序，而且会开始欣赏程序。有了程序的保证，结果有了预期，会让你的行动更加充满自信，内心也会变得更加有安全感。

讲到这里，第一编“赋能：提升法律思维力”就讲完了。

我们小结一下，在这一编的三章内容中，我们分别介绍了法律思维中的抽象思维、权利思维、程序思维，以及与它们密切相关的价值判断思维、权衡利弊思维、精确思维、发散思维、逆向思维、底线思维等内容。

这其中，有些思维是法律人特有的思维模式，有些思维虽然并非法律人所独有，但在法律活动中表现得非常彻底、特别突出，发挥的效果也尤为明显，给人留下深刻的印象，同样可以视为法律思维的重要成员，值得我们认真学习和借鉴。

在日常思维上加上这些法律思维，不仅可以在我们原有思维之上开疆拓土、锦上添花，而且还可以扎根常驻、生根发芽，最终内化成头脑中的思维力，帮助我们在日常生活中想得更多、站得更高、看得更远，在激烈的竞争中洞悉先机、领先一步。

所有的技能都源于实践经验的总结。了解最基本的法律思维内容只是迈出了第一步，要真正养成法律思维必须靠反复的运用和实践。

在接下来的两编内容中，我将带你认识更多的法律思维新成员，从“攻”“守”两个角度，一起玩转法律思维，养成运用法律思维的好习惯。

---

① 参见《最高人民法院关于民事诉讼证据的若干规定》（2019年修订）第十四条。

# 第二编

# 模式：

## 运用法律思维的实践

**导读：**

“纸上得来终觉浅，绝知此事要躬行。”法律的生命在于实践，了解法律思维基本内容、提升法律思维力，只是完成了法律思维养成的第一步，要想真正拥有法律思维并能熟练运用，必须不断地、反复地强化训练。除此之外，别无他法。

法律思维养成的第二步，就是要学会运用法律思维，掌握基本的模式套路，结合具体案例不断加以训练，解决实际生活中的矛盾纠纷。

先学会“纸上谈兵”，再投入实战应用，运用法律思维的精髓，就在于懂得运用事实证据和法律规则，设计出最佳解决方案，在解决纠纷、化解矛盾过程中，实现利益的最大化。

本编重点讲述法律思维在实际案例中的运用，以实用、管用、好用的角度，打通日常思维与法律思维的壁垒，让公众从法律实践中汲取法律思维的通用智慧。

# 第四章　法律思维的实践技巧

要理解法律，特别是要理解法律的缺陷。

——边沁

有此上士，则必天网恢恢，疏而不漏。

——虞延

**导读：**

不仅日常生活中充满了各种“技巧”，法律思维实践也有“技巧”。

无论是刑事案件、民事案件，还是行政案件，都拥有各自具有特色的纠纷解决基本模型。掌握基本模型，运用法律思维，就能创造出千变万化、令人叫绝的解决策略。

实践有策略，运用有方法。本章主要向读者介绍用法律思维解决纠纷的典型模式，重点介绍法律思维里的逻辑思维、证据思维、逆向思维等重要内容。

# 第18讲 启动：法律思维从学会提问开始

从这一讲开始，我们正式转入法律思维应用阶段。第一编在讲“什么是法律思维”的过程中，为了讲解方便，列举了许多具体案例，实际上就是运用法律思维的一种实践。是什么、怎么做，本身就是一个知行合一的过程，只是为了讲解的需要，侧重点不同而已。

运用法律思维从掌握“技巧”开始。这一章，我们从实用、管用、好用的角度，一起把法律思维真正“挥舞”起来，第一讲重点来讲法律思维是如何“挂挡起步”的。

## 01 法律思维启动从找问题开始

思维是思想的活动方式。人们头脑中之所以产生想法，必定是受到外界信息的触动，当然空想除外。

法律思维，就是受到纠纷事件刺激时产生的思想活动。把“纠纷”进行一下抽象，纠纷的本质就是问题，也就是原本正常、稳定、健康的社会关系出现了问题。所以说，法律思维的启动，是从找问题开始的。

问题，既是所有法律思维背后产生的原动力，也是法律思维的一种方式，我称之为：问题导向思维。

问题是所有法律思维的起点。你也许会问，既然是起点，为什么现在才讲？为什么第一编不讲？那是因为，如果一开始就进入问题导向思维，可能会使我们找不到法律思维的方向。所以，我先讲清楚一些基本的法律思维，如抽象思维、权利思维、程序思维等，然后回过头来看问题导向思维，再把已经学过的思维代入进来，这样就不会迷失在“问题”之中。

为什么说“问题”是法律思维的起点呢？法律问题，在本质上就是法律关系之间的冲突。只要遇到问题，人们的思维就会下意识地发问：遇到的“问题”究竟属于什么性质的冲突？

我在“习惯：法律人思考的方式”一讲中讲到，法律人思考的习惯，就是先从识别法律关系开始的，而法律关系恰恰就决定了冲突问题的法律性质。只要通过对法律关系的比较，“问题”就会变得清晰起来：

刑事法律关系，是犯罪人行为与刑法所保护的权益之间产生冲突而形成的关系，对应的法律是刑法。例如，故意非法剥夺他人生命的故意杀人行为，是与刑法所保护的公民生命权之间发生了冲突。刑法的任务就是保护法益，保护的方法是禁止和惩罚侵犯法益的犯罪行为[①]。因此，从故意杀人的事实中，所识别出的“问题”是刑法需要解决的，属于刑事法律关系。

民事法律关系，是公民与公民、公民与法人、法人与法人之间人身关系、财产关系发生冲突而形成的关系，对应的法律是民法。例如，甲向乙借钱，到了还款时间，乙宣称还不了，理由是没有钱，此时就是一个借贷法律关系。甲的债权因为乙的不履行，导致无法实现，“问题”由此产生。根据这一“借钱不还”的事实，识别出的“问题”属于民事法律关系，是民法需要解决的。

行政法律关系，是行政机关与行政相对人之间因为行政活动而发生的权利冲突，对应的是行政法律法规。例如，甲驾驶汽车违章被电子摄像头抓拍产生电子罚单，甲认为自己没有违章，不服行政处罚，此时就形成一个行政法律关系。交管部门依据交通管理法规作出行政处罚，甲认为自己没有违反交通管理法规，不愿意接受处罚，“问题”由此产生。因此，通过不服行政处罚这一事实，识别出的“问题”属于行政法律关系，是行政法律法规所要解决的。

## 02 运用问题导向思维找问题

问题，是引发法律思维的动机与动力，所以说问题是法律思维的起点。光了解这一点还远远不够，不仅要明白法律思维的“起点”是什么，还要学会找到这个“起点”在哪里。

通常人们面对问题，会产生两种思维结果：一种思维结果是能够感觉到问题的存在，但却找不到问题在哪里；另一种思维结果是既能够察觉问题，也能够找到

① 张明楷：《刑法学（上）》（第五版），法律出版社2016年版，第21页。

问题所在。请看下面这个“画线条”的例子：

一家生产企业里的进口生产机器突然坏了，企业里的工程师们检修忙活了半天，也无法找到问题所在。无奈之下，企业只好向远在德国的机器工程师求助。德国工程师赶到以后，围着机器转悠了半天，在一个机器卷轴处停了下来，并在卷轴线圈上画了一条线，告诉工厂人员把线圈的匝数控制在线条以内。工人们照办后，机器果然恢复正常运转。德国工程师获得的酬劳是10000美元。企业的工程师们心理十分不平衡，调侃说画一条线就能值10000美元。德国工程师笑着说：“画一条线只值1美元，但知道在哪里画值9999美元。”

你看，善于找问题是多么的重要，法律思维同样如此。解决问题固然重要，但有些时候发现问题比解决问题更重要。

我给高校法学院的学生们讲授过一门法律实务课，课程的主要内容就是教会学生们如何在大量的卷宗材料中发现焦点问题所在。在教学过程中，我常常感觉到，许多法学院的优秀学生很善于分析解决问题，却不善于发现问题。为什么会出现这样令人费解的现象呢？

通过观察发现，法学院经常使用案例教学法，目的是训练学生们运用法律思维解决案例实际问题。学生们面对给出的具体案例事实，分析得头头是道，得高分的不在少数。但是，有一个关键的环节却容易被忽视，那就是给出的案例事实都是经过加工、剪裁、平整过的，事实清楚，逻辑清晰。问题就在于，现实中的案件绝不会一开始就以一个清晰、干练的形象出现在学生面前，往往是大量的事实、无规则信息堆积在一起，于是许多学生一接触到实务中的真实案例，往往就会头昏脑涨找不到头绪，摸不着头脑。

掌握问题导向思维，才是厘清事实头绪、找到关键问题的有效方法。我在讲授课程过程中，结合检察工作中的批捕起诉工作实践，为同学们讲授了如何在大量的案卷材料中发现问题的“套路”。例如，在办理职务犯罪案件过程中，要善于按照“人—事—罪—责”的思维路径去发现问题。请看下面一则案例：

林某是某国有不良资产公司副总经理，该公司在不良资产行业内享有较高声誉。张某是社会上一家经营不良资产业务的民营企业老板。张某见林某大权在握，感觉有利可图，便通过朋友牵线介绍结识了林某。经过酒桌上的推杯换盏，酒桌下的歌厅桑拿，一来二去，林某与张某便开始称兄道弟。张某见时机已经成熟，就向林某提出在不良资产业务上给予自己关照，并暗示事成之后绝不亏待林某。

林某在利益诱惑的驱使下，利用职务之便，多次把本属于公司的不良资产业务转介绍给张某，张某从中获利不菲。为了投桃报李，张某先后三次以“顾问费”的名义送给林某人民币115万元。后国有不良资产公司接到知情人举报，掌握林某的犯罪事实，并向公安机关报案。公安机关以受贿罪和行贿罪分别对林某、张某立案侦查。

在这个案例中，按照“人—事—罪—责”的思维模式进行分析，就把事实转化成了一个个具体的问题，即是什么人？因为什么事？实施了什么行为？构成什么罪？应当承担什么责任？

问题找到了，我们再对照案卷材料一个个来寻找问题的答案：

第一，是什么人？林某、张某。

第二，因为什么事？因为转介公司业务，具体有三项不良资产业务存在疑点。

第三，实施了什么行为？林某把属于本公司的业务介绍给了张某，张某分三次给了林某“顾问费”共计115万元。

第四，构成什么罪？根据刑法，林某、张某分别构成受贿罪、行贿罪。

第五，应当承担什么责任？林某、张某应当负刑事责任，具体刑罚交由法院判决。

按照问题导向思维，法律思维活动就开始“挂挡起步”，进入了解决纠纷的法治轨道。

## 03　掌握分析问题的“技巧”

认识到有问题，却找不到问题具体所在，就好比开车挂了空挡，汽车还是会原地趴窝，一动不动。因此，我们必须学会对问题进行深入分析，掌握分析问题的“技巧”。

司法实务中的绝大多数问题，并不是简单回答“是”或者“不是”那么简单。许多案件中的问题，都能够被层层分解，而且可能会出现转化，甚至发生变异，这正是办案实务工作的复杂性和难点所在。

例如，在上述案件中，“是什么人？”的问题，不仅仅是回答“林某、张某”这么简单。至少“林某是什么人？”这个问题，还必须继续往下分解出若干个新问题：

1.林某具有国家工作人员身份吗？怎样判断林某是否具有国家人员身份？

2.林某具体担任什么领导职务？有什么样的职权？

3.林某实施的行为与职权有关吗？是林某个人行为还是单位集体行为？

你看，问题并不是看上去的那么简单，大部分问题都不是一个简单的答案所能回答的。正如《学会提问》一书中提到的观点：在很多时候需要有一套相互关联、环环相扣的关键问题意识，恰如其分地提出和回答关键问题的能力，以及积极主动地利用关键问题的强烈愿望。[①]通俗地讲，就是需要通过不断地问问题，一层一层地往前推进，逐渐触碰到问题的深处。这时，你会惊奇地发现，你对问题的认识会越来越清楚、越来越深刻。那么我就会正式告诉你：恭喜你，你已经学会“分析”问题了。

万事开头难。这一讲我们回答了法律思维如何启动的问题。发现问题，并没有日常思维想象中的那么容易，分析问题，也没有像传说中的那么困难。法律思维活动可以由问题导向思维驱动，公众不仅可以掌握发现问题的套路，还可以学会层层分解、抽丝剥茧般的分析问题方法，只要勤加练习，必定有所收获。

## 第19讲　定位：按下法律关系“识别键”

上一讲，我们讲到了问题导向思维，介绍了发现问题、分析问题的方法和技巧。学会发现和分析问题，只是学会了按下法律思维“启动键”，接下来还需要学

① ［美］尼尔·布朗、斯图尔特·基利：《学会提问》，吴礼敬译，机械工业出版社2018年版，第3页。

会操作更多的法律思维“功能键”。

识别法律关系，是解决法律纠纷非常重要的一环。你也许会问我，我又不是学法律的，我怎么知道如何识别法律关系呢？这确实是个问题。法律关系识别确实需要建立在一定法律知识的基础上。例如，刑事法律关系和民事法律关系就会存在交叉，法律圈内称为“刑民交叉”问题，这就需要专业的法律人进行识别和梳理。

专业的事当然可以交给专业的人去办，但是社会大众仍然可以掌握一些基本的法律关系识别技巧。就好比我们不是学医的，但是依然可以理解和懂得如何区分细菌性感冒和病毒性感冒一样。这一讲，我们就来重点学习如何按下法律关系“识别键”，精准识别不同法律关系。

## 01　运用找法思维识别法律关系

日常生活中我们识别一项事物，最基本的依据是事物的特征表象。例如：病毒性感冒往往伴随有咳嗽、流鼻涕、浑身乏力等症状，而细菌性感冒多表现为发烧、炎症，伴随有绿色的浓痰和鼻涕，通过不同的症状特征我们可以作出自我诊断。法律思维里的识别同样如此，需要借助一定的表象特征进行判断。

社会现实中的法律关系总共有四种：宪法法律关系、刑事法律关系、民事法律关系和行政法律关系。

宪法法律关系主要调整的是公民基本权利问题，例如选举权、被选举权、言论自由权等，公民比较少遇到。社会生活中最常见的法律关系，就是刑事法律关系、民事法律关系和行政法律关系。要想精准识别这三种法律关系，就需要用法律思维中的“找法思维”。

法律条文写在纸面上，只要不是文盲，都会认得。但为什么人们总是抱怨不懂法、不会用法呢？原来，法律从“纸面”意思落实到实际“行动”，还有很长的一段路要走，其中最重要的一步就要运用“找法思维”识别法律关系。

找法思维的核心要义就在于：把“问题”与“法律”连接起来，通过“找法”活动，划定法律关系范围，避免思维的漫无目的，有的放矢地解决纠纷。通俗地讲，就是善于用排除法，针对问题会找法。我们可以通过“秋菊打官司”的案例，做一个法律关系识别的思维训练：

> 中国有一部著名的法律题材电影叫作《秋菊打官司》。讲述的是西北农村发生的一起纠纷。为了一些生活琐事，女主人公秋菊的丈夫同村长吵了起来。争吵愈演愈烈，什么话伤人就说什么话。情急之下，秋菊的丈夫脱口骂出让村长“断子绝孙”，正好戳到了村长心里的最痛处。原来村长已经生了四个女儿，一直没有儿子。在当时中国西北农村的社会背景下，骂人“断子绝孙”是非常伤人的话。恼羞成怒的村长与秋菊的丈夫扭打在一起。在撕打过程中，村长向秋菊丈夫的下身隐私处踢了几脚，导致秋菊丈夫受伤倒地。秋菊非常愤怒，她认为无论丈夫说错了什么话，村长千不该万不该，也“不能往那个地方踢”，她一定要讨个“说法”，故事由此展开。[①]

下面，我们就来运用“找法思维”来识别这起事件中的法律关系。

首先，运用问题导向思维，按下法律关系“启动键”。这起纠纷中的“问题”双方，是秋菊和村长，导致问题产生的行为，是村长踢了秋菊丈夫下身并致其受伤。问题的主要内容，是秋菊认为伤人行为很严重，必须讨个“说法”。

其次，运用找法思维，按下法律关系“识别键”。找法思维，顾名思义，就是遇到问题去找对应的法律，把“问题”与“法律”连接起来。在这个案例中，就必须弄清楚村长伤人的行为，涉及哪些法律。

在上一讲中，我列举了刑事法律关系、民事法律关系、行政法律关系的具体内容，现在我们就来一一对应进行检验。既然是检验，就要有个检验标准，法律关系的检验标准就是：在法律关系中，涉及的裁判者的性质。也就是说，秋菊选择向谁讨说法，就决定了纠纷属于何种法律关系调整。

例如，如果秋菊选择找法院，就决定了走司法途径解决纠纷；选择找仲裁委员会，就意味着选择仲裁途径处理问题；选择找公安机关，就确定是想引入公权力化解矛盾；选择村委会调解，那就是走人民调解途径解决问题。

选择不同的裁判者，就会涉及用不同的法律进行调整，对应的法律关系也就不一样。如果秋菊选择直接找法院，那么提起的就是民事诉讼。“伤人”行为涉及侵犯他人身体健康权，属于侵权行为的一种，由民事法律关系调整。

如果秋菊选择找公安机关报案，那么就启动了刑事案件追究或行政处罚案件

---

① 苏力：《法治及其本土资源》（第三版），北京大学出版社2015年版，第25–26页。

程序。“伤人”行为涉及刑法中的故意伤害罪，与刑法有关，轻微“伤人”行为也可能面临治安行政处罚，与行政法律法规也有关。电影中的秋菊，选择的就是向公安机关报案，因此这起纠纷可能涉及的就是刑事法律关系或者行政法律关系。

## 02 运用精确思维定位法律关系

如果说问题导向思维是法律关系的“启动键”，找法思维是法律关系的“识别键”，那么精确思维就是法律关系的“定位键”。

无精确，不法律。矛盾争议多源于事实的模糊和弹性带来的不确定。法律思维中的精确思维，其核心要义就是：以对事实，尤其是事实细节的精确把握，作为分析判断问题的基础和依据。

结合“秋菊打官司”案例，针对“伤人”这一事实需要作进一步精确认定。报案后，法医会对秋菊丈夫的伤情进行鉴定，如果鉴定意见得出的结论是轻伤以上，那么村长的行为就达到了刑事立案标准，需要承担刑事责任，此时就是一个标准的刑事法律关系。如果鉴定意见得出的结论是轻伤以下，则达不到刑事立案标准，村长的行为就不构成犯罪，但是可能面临治安行政处罚，此时就是一个行政法律关系。

看过“秋菊打官司”电影的读者都知道故事发展的结局。公安机关因为秋菊讨说法开始展开调查，发现秋菊丈夫受到轻伤害，依法应当对村长进行治安处罚，并处以15天行政拘留。

问题导向思维、找法思维、精确思维集体行动，最终准确识别出“秋菊打官司”纠纷的法律关系性质：适用行政法律关系调整。

## 03 刑事看行为、民事看关系、行政看授权

这套识别法律关系的方法，可以简单概括为“问题—找法—定性”的功能组合法。

如果你觉得这套“功能键”操作起来太复杂，那么还有一个“一键识别”法律关系的方法。简单来讲就是一句话：刑事看行为，民事看关系，行政看授权。

“刑事看行为”的意思是说，刑法管的对象是犯罪，犯罪是一个个具体的行

为，这些具体行为会对众多法律所保护的权益造成严重伤害。除了国家安全、社会管理秩序等抽象法益，与公民生活最密切的刑法法益可以概括为三个字：命、钱、色。命，指的是公民的人身权利；钱，指的是公民的财产权利；色，指的是公民的性权利。例如：伤人行为针对的是“命”，诈骗行为针对的是“钱”，猥亵妇女行为针对的是“性”。如果一个行为危害到公民的“命、钱、色”的，那极有可能属于刑事法律关系问题。

“民事看关系”的意思是说，民法调整的主要是各种社会关系，其目的是要把出现问题的关系调整回正常状态。例如：婚姻关系、抚养关系、继承关系等，这些本来正常的人与人之间的关系出现问题，就要靠民法来摆平；借贷关系、租赁关系、担保关系、赠与关系等，这些本来好好的财产关系出现纠纷，就要靠民法出面评理；宠物狗咬了人、孩子打伤小伙伴、家里阳台花盆坠落砸到人等，这些行为侵犯到别人的权益，由此产生的侵权纠纷也要依赖民法划清责任。如果一个纠纷，是因为人与人之间、人与单位之间、单位与单位之间的关系出了问题，那十有八九属于民事法律关系问题。

“行政看授权”的意思是说，评价一个行政行为是否合法，关键是看作出行政行为的机关有没有法律法规作为依据。行政法律行为的特殊之处在于，必须由有权力的行政部门按照法定的程序作出。行政部门的“权”是法律法规授予的，其种类、形式、程序等都是法定的，不是行政机关想怎么样就怎么样的。例如：征地，必须有明确的法律法规明确授权，履行公示、听证等一系列合法程序后才能作出；行政处罚，必须依照程序在法定的职权范围内作出，不得超越法定处罚范围。也就是说，如果一个纠纷是由一个权力行为引出来的，作出行为的一方是行政机关，那么很大概率就属于行政法律关系问题。

你看，学会使用法律关系“识别键”并没有想象中的复杂。也许我的讲述在法律人看起来并不严谨，但对非专业人士而言，应该是实用、管用、够用的。

其实，公众日常思维中的摆事实、讲道理、找依据，就非常类似于找法思维中将“问题”与“法律”相连接。公众口中的“把事情搞清楚”“打破砂锅问到底”，就类似于精确思维中的弄清事实，尤其是把握事实的细节。在法律人看来，“打破砂锅问到底”是一种很好的思维习惯。

许多外国人习惯对事情打破砂锅问到底，也会坦白地问出来，甚至每次聊天谈话都要讲究“根据”，在中国人看来似乎活得很累，但外国人却认为是理所当然的事[①]。

找法思维、精确思维给我们的日常思维带来一些启示：遇事既要懂得找依据（法），也要善于打破砂锅问到底（求精确），更要学会打“组合拳”。只有养成严谨、缜密的思维习惯，才能更加主动、精准地应对各种复杂问题的挑战。

# 第20讲　表达：当好案件事实的“搬运工”

公众面对法律纠纷，难免要摆事实、讲道理，如果遇到“事实不清”的情况，当然可以向专业的法律人求助，如果也想自己试试身手，练习摆事实、讲道理的技巧，那么正好就是这一讲我要重点讲的内容：在按下法律思维“启动键”和法律关系“识别键”之后，你还要学会当好案件事实的“搬运工”。

## 01　讲究精确的法律也有例外

细心的读者会发现，上一讲我们在讲如何识别法律关系的过程中，我经常用到“极有可能”“十有八九”“很大概率”这些不确定的表述。你也许会问，法律人不是讲究“精确”吗？怎么讲话没个“准星”呢？我想要告诉你的是，养成这样表达的习惯恰恰是法律人精确思维的体现。俗语常说：“话不要说得太满”，讲究精确的法律思维同样有异曲同工之处。

有原则，就有例外，法律也是如此。在讲究精确的法律里，不是没有例外，而是存在太多的例外，有时例外之外还有例外。

例如，众所周知，杀人犯法，但是也有例外，如果是正当防卫致人伤亡的，则不负刑事责任；正当防卫也有例外，如果正当防卫明显超过必要限度造成重大损害的，就属于防卫过当，应当负刑事责任；防卫过当也有例外，对正在进行行凶、杀人、抢劫、强奸等严重危及人身安全的暴力犯罪，采取防卫行为，造成不法侵害

① ［日］狩野未希：《哈佛的6堂独立思考课》，陈娴若译，江西人民出版社2017年版，第17页。

人伤亡的，不属于防卫过当，不负刑事责任。

你看，正是因为法律有如此多例外的存在，法律人才会变得谨言慎行，毕竟每个人都会有知识盲区。法律人讲话也就不会太绝对，以防冷不丁跑出个例外来，影响自身严谨的形象。

法律人语言和文字表达中往往带有一定的不确定，但是不确定并不等于不自信，相反恰恰是责任心的体现。一旦事实清楚，法律人就会自信满满地准确表达。可问题就在于，敢拍胸脯肯定“事实清楚”谈何容易，在许多疑难案件中，事实不清的情况比比皆是，学会“摆事实”显得尤为重要。要想当好案件事实的“搬运工”并不像日常对话那般容易，这正是法律思维可以帮助日常思维解决的问题。

## 02　学会梳理和表达纠纷事实

如果你的权利受到侵犯，你选择向公安机关报案，那你必须向民警讲述案件事情发生的经过，并且提供证明事实的证据；如果你想到法院提起诉讼，那你必须向立案庭的工作人员讲清事实，依据事实提出你的主张，并提供相关证明材料；即便你想找司法所、居委会、村委会调解，你也必须把事实摆出来，让大家评评理。无论你采用哪种方式，都必须把事实讲清楚。

把法律从“纸面”变成“行动”的关键一步，就是要学会梳理、表达纠纷事实，当好案件事实的“搬运工”，完整、准确地把案件事实交到裁判者的手里。你要注意的是：

首先，在“搬运”过程中你不能夹带私货，既不能偷工减料想当然地删减事实，也不能添油加醋想当然地“脑补”事实，一切“搬运”都必须坚持实事求是。现实生活中，经常有朋友向我咨询法律问题，其中不乏一些口才好的朋友，打开话匣子就收不住，常用的词汇的是“我估计”“我猜”“我觉得”“我认为”，这些表述都会极大干扰事实的客观表达。

其次，在尊重客观事实的基础上，你还得学会梳理事实。梳理事实是一个平整、提炼事实的过程，要懂得就事论事，而不是节外生枝。只能对事实去粗取精，而不能根据自己想法进行深加工。你不能为了讲吃饭，从播种说起，为了讲矛盾，还不忘介绍矛盾双方的生平事迹。法律人的时间都很宝贵，几乎没人愿意听你说与案件无关的“八卦”。有经验的民警、律师会客气地打断你，通过抛问题的方式引导你，“拣紧要的说”。

最后，梳理事实之后，你还要做到有逻辑、有层次地表达。表达要有逻辑和层次，目的是让听的一方更容易、更准确地接受。你不能东一榔头，西一棒槌，想到哪里说到哪里，听的一方跟着你的思路一定会被你弄得一头雾水。正确的做法是，表达要符合人的听说认知习惯，符合基本的逻辑。例如，描述一件事情，按照起因、经过、结果的逻辑；介绍事情背景，按照以前是什么、现在怎么样、为什么会这样的逻辑；表达对事情的看法，按照“首先、其次、最后”的层次表述。总之，要以有逻辑的表达让听的一方听得清楚，不漏掉要点，抓得住重点。

## 03　运用法律思维精准“搬运”事实

当好案件事实的“搬运工”听起来容易做起来难，需要具备法律思维里的“精确思维”和“逻辑思维”。上一讲，我们在讲到“精确思维”时，特别强调要注重案件的细节，那么对于“搬运”事实而言，就是要客观、全面、准确地表达事实，不能按照主观意志进行任意加工。

法律思维里的逻辑思维，其核心要义就是：在尊重事实的基础上，运用严谨的逻辑进行推理。对于“搬运”事实而言，就是要求你得出的观点必须建立在客观事实之上，而不是无根据地妄加猜测，避免你表达的内容干扰听取一方对信息的接受度。我们通过一则案例来进行说明，假设你是下列案件的报案者，你该怎样向警察表述案件事实呢？

> 你是一位投资者，有人通过QQ加好友的形式邀请你加入“财富投资”QQ群组。在群上有“财富导师”不定期向群友推送投资信息，以股票投资为主，受到许多群友的追捧。后来“财富导师”向你推荐了一个原油电子商务交易平台，并推荐群友们到该平台上买卖原油，声称获利颇丰。你很好奇，于是抱着试一试的心态也到该平台进行投资交易。
>
> 你了解了该平台的交易规则，平台采用与客户对赌[①]的模式盈利，平台数

① 所谓对赌，亦称对赌协议，是指交易双方对于未来不确定的市场行情进行约定，如果约定的条件出现，一方可以行使某种权利，如果约定的条件不出现，另一方则可以行使某种权利。

据号称与国际原油交易平台数据实时对接，平台上客户账户内的资金可以随时转入转出。你试着操作了几次确实如此，你还曾盈利出金离场。

后来你发现有点不对劲，“财富导师”的推荐越来越不靠谱，经常是反着来，推荐什么亏什么，而且鼓动群友加高杠杆[①]。你按照“财富导师”的操作指导，结果亏损越来越多，甚至出现爆仓[②]或被平台强行平仓[③]的情形，累计亏损80万余元。你通过了解得知许多群友都与你有相同的遭遇，你感觉自己被骗了，于是报警求助。[④]

先看错误的示范：你跑到公安局声泪俱下，痛诉该平台是个骗子，骗走了自己的血汗钱，并向民警讲述自己积攒这些钱多么不容易。你告诉民警，平台故意设套让你钻，起初让你赚了几笔，后来就一直亏损。那个“财富导师”更是坏得离谱，不停鼓动你加高杠杆翻本，结果让你越陷越深，有很多人都有跟你一样的遭遇。

你如果是这样讲述事实，假设遇到一位没耐心的警察很可能用两句话就把你打发了：“投资有风险，入市须谨慎”“一个愿打，一个愿挨，你这事怨不得谁”。警察不会关心你投资赚没赚到钱，也不会在意你亏损有多严重，因为这些问题都不属于他的职责范围。

如果你认真学习了前两讲的内容，你就会先以问题导向思维“启动”，然后精确识别法律关系，再来“搬运”案件事实。下面看正确的示范：

第一，找准问题所在。你面临的问题是，你认为自己被投资平台及“财富导师”给骗了，损失惨重，想要挽回损失。

---

① 北京石油交易所交易规则规定，原油期货可以进行买涨或买跌操作，但不可进行50倍杠杆投资操作。

② 爆仓，期货交易术语，指投资者账户中的亏损金额大于账户中的保证金的情形，客户一般需要追加保证金或自行平仓。

③ 强行平仓，指在期货行情变化过快、投资者没来得及追加保证金的情况下，客户账户上的保证金不能够维持原来期货交易约定，平台系统以保证金不足为由强行将客户账户中的保证金归零的行为。

④ 李涛：《利用虚假现货交易平台引诱他人交易构成何罪》，载《人民检察》2018年第6期（总第763期）。

第二，识别法律关系。你选择解决纠纷的方式是报警，选择公权力介入，那么就可能涉及刑事法律关系或行政法律关系，因此这可能是一宗刑事案件或治安行政处罚案件。

第三，精确事实细节。经过细心梳理事实细节不难发现，前有“财富导师”建群拉客，后有平台蹊跷强行平仓，致使多人受到巨额损失，如果不是巧合，那么极有可能是场骗局，涉嫌构成刑事犯罪，因此这起纠纷事实应当被定性为刑事案件。

接下来，就到了表述案件事实的关键环节，具体该怎么做呢？

第一，你不能随意增加和删减案件事实。例如，你不能想当然地向警官表述平台是正规的、合法经营的，买卖原油是被国家允许的，平台上的数据也是真实的。后来的警察调查恰恰证明，该平台是虚构的，数据也不能实时更新，我国买卖原油期货必须具备相关资质，你的表达极有可能干扰警察的判断。此外，你也不能刻意隐瞒你曾盈利出金的事实，要时刻记住：表述事实，实事求是。

第二，你在表述前要在头脑中对事实进行梳理。梳理的方法就是平整、提炼案件事实，把与案情无关的情节平整掉，把与你的主张紧密联系的细节提炼出来。在错误的示范中，你之前赚钱多么艰辛，被骗钱后境地多么糟糕，之前自己的投资成绩多么傲人等，这些事实细节跟案件本身没有必然联系。你必须紧扣关键问题进行提炼，例如你为什么感觉自己被骗，投资平台是怎么骗的，“财富导师”又是怎么骗的，你有什么事实依据等，这些内容是需要经过梳理、提炼，并且重点突出的。要时刻记住：与问题无关的细节，该省略的省略，该带过的带过。

第三，你要有逻辑、有层次地向警察表达事实。结合案例细节，你可以按照事情发展的顺序来组织表达。例如，事情的起因来自QQ群“财富导师”的推荐，事情的经过是加入平台，出现亏损，接着导师大力鼓动，加大杠杆，事情的结果是亏损加剧，被平台强行平仓，血本无归。

## 04　运用逻辑思维适当延伸表达

在讲完事实经过后，为了给警方提供更多有价值的线索，在与警察谈话互动过程中，你还可以有层次地延伸表达，有根据地发表意见和观点。结合上述案例，你可以紧扣“骗”字来进行事实表达：

第一层意思：这个交易平台很可能是个骗局。你的事实依据是，平台故意设计

“对赌”模式，并且引诱客户到平台上进行交易，平台有没有交易资质存在疑点。

第二层意思：所谓的“财富导师”可能是个骗子。你的事实依据是，“财富导师”先将QQ群友引导到投资平台，然后故意发布错误的投资指引，误导投资者进行投资交易，导致巨额亏损，很可能与平台之间有勾结。

第三层意思：自己的损失与平台和“财富导师”之间有必然的联系。你的事实依据是，对赌、杠杆等规则都是由平台制定的，而“财富导师”大力鼓动投资者加大杠杆，然后就出现爆仓或被平台强行平仓导致巨额亏损的情形，多人同时受骗，巧合的可能性很小，很可能是有预谋的骗局。

相信这样有逻辑、有层次地延伸表达，一定能对警察办案提供有益的参考。在精确思维和逻辑思维的帮助下，你也可以像法律人一样，当好案件事实的“搬运工”。上述案件的最终处理结果，是以诈骗罪追究了平台创建者和组织营销者的责任。

法律知识不是我想要讲的主要内容，实践中可以向专业的法律人士求助，法律思维才是我要说的重点。在日常思维的基础上加点法律思维，学会在法律思维的语境下“摆事实、讲道理”，加入法律思维的精确思维和逻辑思维，你也许会惊奇地发现，自己的言语表达变得精进许多，话也都能说到点子上，这就是法律思维的魅力，思维得到成长才是硬道理。

# 第21讲　争点：一眼看穿案件争议的焦点

在前面几讲中，我讲到以问题导向思维启动法律思维，以找法思维、精确思维识别法律关系，再以精确思维和逻辑思维表述案件事实。这一讲，我要向你介绍的是，善于运用逻辑思维，寻找到案件争议的焦点。

## 01　争点：裁判纠纷的关键

看到“一眼看穿案件争议的焦点”这个标题，你也许会在心里打上一个大大的问号。法律专业知识浩如烟海，如果能学会一眼看穿案件争议的焦点，那法律人的工作还有什么技术含量可言呢？

我的回答是：说得没错，但也不全对。

说得没错，是因为法律部门种类确实复杂，宪法、刑事、民事、行政四大法律关系之下是一个庞大的法律规则体系。不仅有海量的成文法条规定，还有司法解释、政策文件、指导性案例等，加上经过精心设计的程序法和证据规则，别说普通人，就连专业法律人士也不敢说样样精通。

说得不全对，是因为不能因为法律复杂就心生畏惧，陷入我一定不可能掌握的“不可知论”。这个世界复杂的学问多得是，哲学、数学、天文、物理，哪一门学科不是博大精深呢？然而普通人通过学习钻研，依然能够掌握许多不同学科领域的知识。思维同样如此，每个学科都有一些别具特色的思维方式，普通人同样可以理解、学习和掌握。例如，数学里的假设思维、转化思维，对我们法律工作者而言就很有启发，同样可以吸收和借鉴。

能找到案件争议的焦点，无疑就是抓住解决纠纷的“牛鼻子”。有经验的法律人都知道，经过法庭质证、法庭辩论环节后，法官的一项重要工作就是归纳双方争议的焦点，也叫作“争点”。

争点一出，控辩双方（原被告）的辩论发言，就一定要集中火力围绕争点展开，否则法官就会提醒和制止。找到争点，就是找到解决纠纷的关键。法官之所以要身体力行、千方百计地寻找争点，既是为了提高庭审效率，也是为了找准裁决纠纷的关键。

法官的工作方法普通人能学会吗？我给出的回答是“能”。普通人虽然不能拥有法官渊博的法律知识，但能够学会像法官一样思考。就好比我的数学成绩虽然很差，但是我依然懂得运用数学里的假设思维、转化思维一样。要想像法官一样一眼看穿案件争议的焦点，你必须学会运用法律思维里的逻辑思维。

## 02 逻辑思维：法律思维里的“母思维”

法律作为一门人文社会学科，特别强调逻辑思维的应用。人文社会学科不同于自然学科，它不能依靠大量的自然科学实验得出结论。法官没法儿拿法律条文做试验，法官也不能找个案件来检验一下法律是否管用。法官只能通过理性的思考、严谨的论证得出观点或结论，而理性的思考、严谨的论证是一刻都离不开逻辑的。从这个意义上讲，逻辑思维可以称得上一切法律思维里的“母思维”。

上一讲，我们讲到法律思维里的逻辑思维，其核心要义就是，在尊重事实的基础上，运用严谨的逻辑进行推理。推理的核心规则，就是大名鼎鼎的逻辑思维“三段论”。一般而言，三段论就是从两个前提推得一个结论的演绎论证。①

举个例子：法官在裁决一名被告人是否构成强奸罪过程中，会按照“大前提”“小前提”“结论”的逻辑思维三段论进行判断。首先，确定“大前提”。我国刑法规定，以暴力、胁迫或者其他手段强奸妇女的，构成强奸罪。其次，寻找“小前提”。法庭上的这名被告人有客观实施强奸妇女的行为。最后，得出“结论”。这名被告人依法构成强奸罪。大道至简，几乎所有的刑事案件都是遵从逻辑思维“三段论”作出的裁决。

你看，实际上你早就掌握了刑事案件审判法官的逻辑思维。你需要做的，只是更进一步，深入了解各类案件法官裁判的逻辑思维。其实，所有法官裁判的逻辑思维，就是你在生活中经常听到的：以事实为依据，以法律为准绳。

原来如此。“大前提”实际上就是法律条文的规定，“小前提”实际上就是案件事实，“结论”就是裁判结果。无论是何种法律关系性质的纠纷，都必须根据事实、依据法律作出裁决。在这个简单的逻辑思维背后，蕴藏着无数次的推理，每次推理的背后又拥有无穷的变化，这些变化最终结成了一张巨大的法律知识网，无边无际，如同浩瀚海洋，这就是现实的、真实的法律世界。

## 03 争议焦点之：事实认定争议

掌握了逻辑思维裁判原理，神奇的事发生了，你会突然发现，你真的可以一眼看穿案件争议的焦点。所有法律纠纷的焦点无非就是两大类：一类是事实认定争议，另一类是法律适用争议。

下面我们就结合案例一起来试一试，看你能不能像法官一样，准确找到案件“争点”：

---

① ［美］欧文·M.柯匹（Irving M.Copi）、卡尔·科恩（Carl Cohen）：《逻辑学导论》（第十三版），张建军、潘天群、顿新国等译，中国人民大学出版社2014年版，第243页。

一天清晨，王某（女）驾驶私家车前往医院看病。在车库入口处时，王某驾车从右车道缓缓变道进入左车道，不慎剐到一名行走的老妇人，造成老妇人倒地。由于车速较慢和剐蹭角度的原因，老妇人被剐倒后正好躺在车底下，头部卡在了减速带与车辆左后轮中间。正在车库入口处值勤的保安发现后，立即大声呼喊，提醒司机王某撞到了人。

现场视频监控录像显示：王某在听到保安呼喊后，停下车来，但并未与保安进行交谈，也未下车查看，而是在车上看了一眼后视镜，停顿了约3秒钟，右打方向盘两圈踩油门，驾驶车辆再次启动，结果车轮从老妇人头部碾过。后老妇人经医院抢救无效死亡，王某在事故现场等候交警处理，没有逃逸。交警部门最终认定，王某负此次事故全部责任。

经法医鉴定，第一次剐蹭，造成老妇人倒地致其肋骨受伤，第二次头部碾轧是致老妇人死亡的原因。王某辩称，自己知道撞到人了，也听到车外有人喊“轧到人了”，但自己在车上没有看到被害人的位置，自己误以为把车往右挪一下，会减轻对被害人的伤害，于是右打方向盘再次启动车辆。王某承认，当时未下车查看是因为自己十分惊慌，在判断上出现了失误，但否认自己是故意碾轧被害人。经查，王某是博士学历，在一家企事业单位工作，有三年驾龄，所驾车辆为SUV越野车型，平常由其驾驶，已购买机动车第三者责任险50万元。①

这个案件争议的焦点是什么呢?

在课堂上，有学员回答说，我不懂具体的法律罪名，但我知道王某肯定构成犯罪了，争议的焦点是构成什么罪；也有学员回答说，焦点是搞清楚王某第二次启动车辆时，是不小心碾轧到人，还是故意碾轧人；还有学员回答说，我觉得焦点在于王某在知道自己撞到人后，心里到底是怎么想的。

我在总结点评的时候说，大家说得都对，这些问题都有必要搞清楚。不过，本案争议的焦点其实很简单，就是：案件事实究竟是什么?

我们分析一下课堂上的各种答案：王某第二次启动车辆是不小心碾压到人还是故意碾轧人，这是一个典型的事实问题，需要结合王某口供，以及视频监控、证

① 李涛:《交通肇事后二次碾压行为的认定》，载《中国检察官》2017年第4期。

人证言、现场环境等证据综合认定；要判断王某知道撞到人后，到底是怎么想的，也需要根据王某的客观行为来推导她的主观故意，既要看王某的口供，也要结合本案其他证据和情节来认定；至于最终构成什么罪，那更需要先把事实弄清楚，再适用法条来定罪。

如果能够证实，王某确实不知道被害人在车底，那么就只能构成交通肇事罪。如果能够证实，王某知道被害人在车底而仍然为之，那么就可能构成故意杀人罪。

你看，裁判上述案件的关键，就在于彻底查清事实，这正是案件争议的焦点。至于怎么去查清事实，就得靠专业人士凭借专业法律知识去实现了。上述案例中，王某最终被判决构成交通肇事罪。案件处理结果并不是最重要的，找到案件争议焦点的方法才是我想要和大家讨论的重点。

## 04 争议焦点之：法律适用争议

除了事实认定争议焦点，还有一类争议焦点就是法律适用问题。在许多疑难案件中，案件事实已经查清楚了，但是如何适用法律，却让法官头痛不已。举个例子：

之前我们讲过的“许霆案”，许霆利用银行ATM取款机故障取款的事实非常清楚，但是对许霆案如何适用法律却引起极大争议。

在案件办理过程中，有的人认为，对许霆案应当按照刑事犯罪处理，适用刑法对许霆判刑；有的人则认为，对许霆案应适用民法处理，按照民法里的不当得利规则，只需要求许霆退还不当所得、赔偿利息损失即可。实际上，许霆案是按照刑事案件处理的，但即便是统一适用刑法进行审判，在法律适用上也出现了分歧。

一审法官适用的是盗窃金融机构法律条文，判决许霆无期徒刑；案件发回重审后，重审一审法官不仅适用了盗窃金融机构法律条文，还适用了减轻处罚的法律规定，判决许霆有期徒刑5年。许霆案争议的焦点都是围绕适用什么法、具体适用法律哪一条等问题展开的，因此许霆案争议的焦点就是法律适用问题。

在日常思维的基础上加点法律思维，你会惊讶地发现，你也可以学会一眼看穿案件争议的焦点，跟上法官的思维节奏。在掌握逻辑思维“三段论”的基础上，深入了解争议焦点“两大类”，以事实为依据，以法律为准绳，跟着法官的思维找到案件争议焦点，你也可以办得到。

# 第22讲　比较：法律世界里如何“比大小”

上一讲，我们讲到如何识别案件争议的焦点，提到争议焦点主要分为两大类：一类是事实认定问题，另一类是法律适用问题。限于篇幅，上一讲重点讲解的是事实认定争议问题，对法律适用争议问题没有展开讲述。这一讲，我们就来详细聊聊法律适用问题，以及处理法律适用争议背后的法律思维。

## 01　法律世界里如何“比大小”

在公众看来，法律就是一套完整的规则，只要是法律都必须遵守，否则就会受到法律的程序惩罚，因此没有所谓的“高低大小”之分。公众的想法道出了法律作为强制性规范，对社会大众均有普遍约束力和普遍适用性的特点。

其实，同样是法律，也是讲究“名分”和“出身”的。法官在适用不同法律时也会按照一定规则排个次序，分个“三六九等”。这就是我们这一讲要回答的核心问题：遇到法律适用争议，法律世界里是如何“比大小”的呢?

在社会生活中，许多场合都需要分出个大小，这既是人际关系交往的礼节要求，也是沟通和管理秩序的客观需要。在复杂的社会关系中，要分出大小就必须有个标准，这个标准在不同关系中有不同的体现。例如，在职场关系中，官阶职务决定了大小，同等职级情况下，还可以通过任职资历、工作年限、实际年龄等因素排定座次；在宗族关系里，家族辈分成为决定大小的标准，人们常说的“长幼有序、尊卑有别”，其中就暗含了“比大小”的标准。

总之，无论何种社会关系，分出大小一定要有个标准，法律也不例外。通俗地讲，法律世界里“比大小”的标准就是：法律的“出身”和“地位”。不信你看：

法律讲“出身”，是指在法律的大家族里，虽然大家都是家族中的一员，但是出处却不一样。有的出自全国人大及其常委会，他们有个统一的名字叫作“法律”；有的出自国务院和其下属的部委，他们分别叫作“行政法规”和“部门规章”；还有的出自地方人大及其常委会、地方政府，他们分别叫作“地方性法规”“地方政府规章”。“出身”不同不仅决定了“地位”不同，“出身”还可以作为判断“地位”高低的重要依据。

法律讲“地位”，是指虽然同属于法律大家庭，但“地位”也有高低之分。在我国，宪法是国家的根本大法，规定了国家体制、国家机构、公民基本权利义务等最重要、最根本的内容，拥有最高法律效力。宪法，就好比家族里面的长老，地位至高无上，而且遇事一般不轻易出面，全靠下面的宗族子弟摆平，自己只是定下最基本的规矩。法律大家庭的“宗族子弟”中，以“地位”高低排序，依次是法律、行政法规、地方性法规、部门规章与地方政府规章。这个规矩在法律的世界里就叫作位阶。

位阶，是解决法律内部价值评价冲突的工具之一，在出现价值评价矛盾时，上位阶的法优于下位阶的法[①]。由此，法律大家族定下了按照“出身”和“地位”比大小的规矩，这个规矩就是标准，这个标准还以法律的形式确立了下来，叫作《立法法》。

## 02　“比大小”不是件轻松的事

介绍完法律世界里“比大小”的规矩，回到法律适用问题。如果法官认识到案件争议的焦点是法律适用问题，就一定正在面临法律适用的难题。如果不能“比”出法律的“大小”，那么法官就会无所适从。

兹事体大，“比大小”一定要有个标准，法官的自由裁量权要受到标准的限制。我们通过一个案例，来看看法律世界里“比大小”的标准，这就是中国法律界

---

① ［德］魏德士：《法理学》，丁晓春、吴越译，法律出版社2005年版，第118页。

著名的法律适用案例：河南“种子案”[①]。这本是一起普普通通的民事合同履行纠纷案，结果却因为法律适用问题在法律界掀起轩然大波。

案件的起因：甲种子公司与乙种子公司签订合同，约定由乙公司为甲公司代为繁殖玉米亲本种子和玉米杂交种子。按照合同约定，甲公司接收种子的价格为基地收购价加代为繁殖费，基地种子收购价按当地市场玉米单价的2.2倍至2.5倍计算。

案件的经过：在履行合同过程中，乙公司见利弃信，将所育种子卖与其他人，赚取更大的利润。于是甲公司把乙公司告上法庭，请求法院判令乙公司承担违约责任，并要求经济赔偿。乙公司自知理亏，愿意赔偿，但在赔偿损失数额计算方法上双方产生分歧。甲公司认为，应当依据《种子法》规定，按市场价格计算赔偿损失数额。而乙公司则认为，赔偿数额应当依据河南省制定的《农作物种子管理条例》和《农作物种子价格管理办法》的规定，按照政府指导价计算赔偿数额。两种计算方法差价有近60万元。

案件处理争议：案件事实很清楚，案件争议的焦点是法律适用问题。审理案件的法官认为，《种子法》实施后，玉米种子的价格已由市场调节，河南省《农作物种子管理条例》作为法律位阶较低的地方性法规，其与《种子法》相冲突的条款“无效”，因此判令乙公司按市场价赔偿甲公司经济损失59.7万余元。乙公司不服提起上诉。该案引起制定《农作物种子管理条例》的当地人大常委会的关注，认为法官宣告地方法规“无效”严重违法，由此在法律界引发了一场史无前例的关于法律适用问题的大争论。

我们对照“位阶”标准进行分析，《种子法》是全国人大及其常委会通过的法律，《农作物种子管理条例》是地方性人大制定的地方性法规。在面对法律适用问题时，法官按照“出身”和“地位”的标准比大小，法律的位阶大于地方性法规的位阶，法官选择适用《种子法》本无可厚非。但是，法官却不能宣布地方性法规

---

① 河南“种子案”亦称“李某娟案”，是于2001年至2004年在我国河南省发生的一起普通民事案件，由于河南省洛阳市中级人民法院主审法官李某娟对所引用法规进行类似违宪审查审判，导致了一系列牵扯到中国法律制度的政治事件。

与法律相冲突的条款“无效”。也就是说，面对法律适用问题，法官只能决定怎么“用”，而不能对法律效力问题作出评判。

看来，“比大小”也不是一件轻松的事，稍有不慎就可能引发矛盾。就好比在家族内部，家族子弟之间“出身”“地位”不同，排座次可以分个“大小”，但你却万万不能评价谁行谁不行，这就涉及能力的评判，脱离了“比大小”的轨道。

河南“种子案”的最终结果，是最高人民法院出面对案件处理问题作出了答复。在答复中，最高人民法院一方面重申了“比大小”的规矩，强调了《立法法》规定“法律的效力高于行政法规、地方性法规、规章，行政性法规的效力高于地方性法规、规章”；另一方面明确了“人民法院在审理案件过程中，认为地方性法规与法律、行政法规的规定不一致，应当适用法律、行政法规的相关规定”。特别注意，只是“适用”，不涉及评判问题。按照最高人民法院的答复意见，二审法院判决维持了一审法院判决结果，此后不久河南省《农作物种子管理条例》废止。

## 03 运用找法思维“比大小”

“比大小”的规矩看起来似乎很明确，首先看“出身”，其次看“地位”，但实际操作起来却有点像中国的人际关系，无比复杂和微妙。

例如，地方性法规和部门规章属于同一效力位阶，它们之间产生冲突怎么办？法律给出的答案是：根据“出身”和“地位”找上家。地方性法规是地方人大及其常委会制定的，它的上级是全国人大及其常委会。部门规章是国务院部委制定的，它的上级是国务院。《立法法》规定，如果二者出现冲突，先由国务院裁决，如果国务院裁决适用部门规章，则需要再提交全国人大及其常委会裁决。

你看，这样的处理方式，是不是有点像中国微妙的人际关系处理呢？这就好比两个孩子闹矛盾，作为家长评理要公允，如果处理纠纷结果有利于自家孩子，为了澄清偏袒嫌疑，还得问问对方孩子的家长。

法律世界里的“比大小”的位阶标准，实际上蕴含着找法思维。前面我们讲过，找法思维的要义就在于把“问题”与“法律”连接起来，出现争议首先找法，避免思维方向跑偏。具体到解决法律适用问题，要“比大小”就要到《立法法》中去寻找答案，明确法律的位阶。

一切皆有法，一切皆有度。日常思维里，我们似乎缺少一点对规则的敬畏，以及对真知的坚持，常常陷入模糊的推测和各种臆想的假设之中，标准不明就容易出现思维方向的飘忽和摇摆。既然这样，那就在日常思维里加上点找法思维，在思维的海洋中扎下一根定海神针，把生活中遇到的“问题”与“法律”连接起来，让思维之船始终沿着法治的轨道航行。

# 第23讲　发散：好玩的法律逆向思维

这一讲是“法律思维的实践技巧”章节的最后一讲。在这一章里，我们介绍了运用法律思维实践的各个环节，我们先来回顾和小结一下。

## 01　解决纠纷的思维流程

面对法律纠纷，首先从问题导向思维开始，然后用找法思维、精确思维识别法律关系，接着借助精确思维、逻辑思维梳理和表述纠纷事实，然后再用逻辑思维寻找到案件争议的焦点，最后用找法思维解决法律适用问题，完成从查找问题、识别关系、梳理事实、寻找焦点、适用法律的解决纠纷思维全过程。

其实，上述流程还可以一言以蔽之，解决纠纷的思维流程，就是“以事实为依据，以法律为准绳”解决问题的全过程。

学习完你会发现，尽管你的法律知识不多，但是你仍然可以理解和掌握法律思维的“技巧”。艺术圈有句话叫作“艺术来源于生活，又高于生活”，这句话化用在法律圈里可以表述为：法律思维来源于日常思维，又超脱于日常思维。

法律思维既不是高深莫测的“不可知论”，也不是流于大众的“人云亦云”。在日常思维里加点法律思维，既是意料之外，也在情理之中。

## 02　有趣的法律逆向思维

在本章的最后一讲，我再为你介绍一种完全不同的法律思维技巧，让你能够体会到法律思维的多样性。条条大路通罗马，技巧也不止一种，有时法律思维通过逆向思维，同样可以完成“以事实为依据，以法律为准绳”解决纠纷的全流程。

法律思维里的逆向思维，是被法律人津津乐道的一项思维。让我们来看一则关于法律逆向思维的幽默小故事：

一宗盗窃案准备开庭。法官和被告人都已到庭，被告人的律师却姗姗来迟。等待过程中，法官与被告人进行了一番对话。

法官：“被告人，现在到了开庭时间，你的律师还没有来，你要等他吗？”

被告人：“是的，法官，他在会见我的时候告诉过我他要出庭。”

法官：“你是在盗窃作案现场被抓住的，你在口供中对盗窃事实也供认不讳，律师来了他还能说什么呢？”

被告人：“我也很奇怪，所以我也特别想听听他到底会说点什么。”

律师在开庭前一刻准时到庭，审判如期开始。当庭审进入到法庭辩论环节时，辩护律师开始发表辩护意见。

辩护律师：“被告只是把右手伸进窗户偷了几件东西而已。他的右手不等于他整个人，怎么能因为一只右手犯了罪而惩罚整个人呢？”

法官：“辩护意见有理，予以采纳。判决被告的右手一年徒刑。被告是否随右手一起入狱，由他自己决定。”

律师飞快地帮被告人把装在右臂上的木制假手卸下来交给法官，然后拉着只有一只手的被告扬长而去。

上述虽然是一则幽默段子，却能让我们感受到法律逆向思维的妙用。法律逆向思维的核心要义是：对司空见惯的、似乎已成定论的事物或观点，反过来进行思考的一种思维方式。通俗地讲，法律逆向思维，就是敢于“反其道而思之”，打破固定的思维方向，往往可能收到意想不到的效果。

日常思维里，人们总习惯沿着事情发展的正方向去思考问题，并寻求解决办法。在这一讲开头的回顾和小结中，我们总结的法律思维套路，就属于从问题到结论的正向思维，即从寻找问题开始，再到归纳分析事实，最后到适用法律作出结论结束。其实，如果我们把这套思维模式反过来运行，也可能产生解决问题的奇效。

例如，在面对案件纠纷时，我们先根据日常生活常识假设出一个结论，然后对案件事实进行分析归纳，接着再去寻找相关的法律条文，最后再对照结论进行验证。如果验证过程缺乏说服力，不符合常理常情，那么就再假设另外一个结论，再来一轮同样的操作，如此反复，直到验证得出具有说服力的结论为止。

你看，这就有点像数学思维里的假设思维：先假设一个结论，例如哥特巴赫猜想，然后运用数学知识和方法进行分析论证，最终经过验证得出令人信服的结论。法律逆向思维与数学思维里的假设思维有异曲同工之妙。

## 03 法律逆向思维的运用

下面我们就通过一个案例，一起来训练一下法律逆向思维：

小张以前一直开实体店卖服装，由于网上贸易的快速发展，特别是网上支付的快捷便利，让小张心动不已。于是，小张也跟随潮流开了一家网店，成了一名“微商”。有一天，一个微信名为“Miss R”的客户向小张购买了6款服装产品，售价共计3680元。付款时，“Miss R”声称自己微信转账金额超出了额度限制，让小张发个二维码过来让自己扫码付款。

小张知道微信确实有超额限制，也没有多想，就把自己的微信收款码发给了“Miss R”。但“Miss R”却告诉小张说不对，让小张进入微信钱包首页，将付款码的二维码发给她。小张刚做微商没多久，还没有弄懂收款码和付款码的区别，傻乎乎地按照“Miss R”的指示将付款二维码发给了他。

等小张发完付款二维码后，再联系“Miss R”时发现。自己已经被对方拉黑了。小张顿时慌了神，立即报警求助，警方经过技术侦查手段抓获了“Miss R”。犯罪嫌疑人“Miss R”供认，其利用被害人不懂付款码和收款码的区别，已经非法获得钱款数十万元。

我提出的问题是，如果你是小张，你该如何运用法律逆向思维来维权呢？可以分为“四步走”：

第一步：形成预判结论。根据日常生活常识，你的钱没了，你要么感觉被“骗”了钱，要么感觉被“偷”了钱，无论何种感觉你都应当选择报警。那么，当你向警察讲述事情经过的时候，你在头脑中必须要假设一个结论："我被骗了"或者"我被偷了"。你可以二选一，也可以不选，交给警察来作判断。

第二步：寻找法律依据。诈骗罪和盗窃罪是现实生活中易发、多发的侵财类犯罪。无论你是咨询法律专业人士，还是自行网上查询，再结合自身常识，你基本都可以判断出"Miss R"可能涉嫌诈骗罪或盗窃罪，无论是哪一个罪名，都属于刑事法律关系调整的范畴。通俗地讲就是，都是公安的事，都归刑法管。

第三步：归纳焦点事实。如果你假设的结论是"被骗了"，那么"Miss R"就涉嫌构成诈骗罪。接下来你要做的就是围绕"诈骗罪"梳理和归纳案件事实。本案的事实经过梳理可以分为四个环节：一是"Miss R"在网上假装向你买衣服骗取你的信任，其实本质上就是打着买衣服的幌子坑你的钱；二是"Miss R"捏造了一个微信转账金额超出额度限制的虚假事实，目的是骗你发出微信付款码；三是你不懂收款码与付款码的区别，上当受骗，向"Miss R"发出了付款码；四是"Miss R"转走你的钱，然后将你拉黑。通过一番梳理，你就可以还原"Miss R"虚构事实、隐瞒真相，诱使你做出错误行为，最终非法获得钱款的行骗全过程。

如果你假设的结论是"被偷了"，那么"Miss R"就涉嫌构成盗窃罪。接下来你就要围绕"盗窃罪"梳理和归纳案件事实。本案的事实经过梳理可以分为三个环节：一是"Miss R"虚构事实假装向你买衣服，骗你将付款码截图发给他；二是由于你不懂付款码与收款码的区别，按照"Miss R"指示发出了付款码；三是你突然发现手机微信钱包里的钱少了，后来经过警方调查才发现是被"Miss R"转走了。通过这种角度的梳理，你可以复盘出"Miss R"先是骗你发出付款二维码，然后通过你的付款二维码，偷偷转走你的微信钱包里面的钱这一盗窃全过程。

第四步：验证假设结论。是"被骗了"还是"被偷了"，是定诈骗罪还是盗窃罪，必须经过严谨的法律逻辑论证，这个案件是一个典型的"窃骗交织"的案件，具有一定的专业性，具体定什么罪交给警察、检察官和法官去判断，这种先假设结论，再梳理事实，最后验证问题的法律逆向思维，才是我想要表达的重点。上述案例中的"Miss R"最终被判盗窃罪，定什么罪不重要，重要的是你已经结合上述案例，完成了一次法律逆向思维的训练。

特别值得一提的是，正向思维和逆向思维并不是相互排斥的，也并无优劣之分，而是可以选择适用，甚至可以同时使用。对同一个法律纠纷，我们可以用两种完全不同的法律思维技巧去解决。这就好比解同一道数学题，你可以用两种完全不同的解题方法，哪种方法你更熟悉或感觉更好用，你就用那种。

在日常思维里，人们总习惯从问题、事实，再到结论的正向思维，而法律逆向思维走的是结论、事实，再到问题的反向思考。解决法律问题的思维技巧不止一种，原来法律思维是这么的发散、好玩。在日常思维的基础上加点法律逆向思维，你也可以学会像法律人一样逆向思考，正反双向，殊途同归，说不定也能灵光一闪，邂逅一个绝佳的好点子，秀出你高人一筹的智慧呢。

# 第五章　官司没证据，神仙也难助

有一分证据说一分话。

——胡适

事实胜于雄辩。

——鲁迅

**导读：**

打官司就是打证据。

证据思维是法律思维中最具特色、最有个性的思维之一。没有证据，即使占理也没法赢得官司；即便有了证据，不会运用也无济于事。

本章主要向读者介绍如何用证据思维解决生活中的棘手纠纷，从务实的角度，结合具体案例，让大家学会怎样找证据、如何用证据，懂得证据运用规则，掌握构建证据体系的基本方法。

# 第24讲　证明：有一分证据说一分话

从这一讲开始，我们进入新的一章“官司没证据，神仙也难助”。这一章，我将集中介绍法律思维中重量级成员：证据思维。证据思维的出场似乎很隆重，这不奇怪，因为证据思维实在是太重要了。

在前一章中，我们了解法律思维实践的技巧。但功夫再高，也怕菜刀，解决现实中的实际问题还得出实招，证据思维就是法律思维世界里最大的“实招”。

## 01　打官司，就是打证据

日常生活里有许多关于证据的俗语，例如“打官司就是打证据”，“有一分证据说一分话”等，都可以反映出证据在人们心中的重要地位。

即便你已经掌握了法律思维的实践套路，但要让法律走出“纸面”落地，离开证据就无从谈起，寸步难行。这一章取名“官司没证据，神仙也难助”，其意就在突出证据思维的重要性。

人们心中的案件事实，一般是指真正的、已经发生过的案件真实情况，法律界称之为客观事实。但是，案件事实一发生就成为历史，客观事实难以再现。因此要想向法官呈现案件事实，就必须依靠证据来证明，法律界把能够用证据证明的事实，称为法律事实。很显然，客观事实与法律事实之间，往往是难以画等号的。

“辛普森杀妻案”其实就是一个客观事实与法律事实不符的典型例子。按照警察找到的证据，几乎所有人都相信辛普森就是杀人凶手，客观事实很大概率就是如此。但是，在运用证据证明客观事实过程中出现了问题，具体来讲是取证程序出现了问题，警察取得的证据不能作为定罪依据，导致无法运用证据证明辛普森杀妻这一法律事实，最终辛普森被判无罪释放。

## 02　证据和证据思维

什么叫作证据？法律给出的回答是：可以用于证明案件事实的材料，都是证据。

那这里的“材料”又指的是什么呢？我国法律列出了“材料”的8种形式，包括：物证；书证；证人证言；被害人陈述；犯罪嫌疑人、被告人供述和辩解；鉴定意见；勘验、检查、辨认、侦查实验等笔录；视听资料、电子数据。

那么，什么是证据思维呢？通俗地讲，证据思维，就是从案件事实及主张出发，寻找和使用证据材料的思维方法。简言之，就是善于围绕事实和主张找证据、用证据。为了更好地理解证据和证据思维之间的关系，可以借用拼图游戏进行说明。

大家都玩过拼图游戏，规则是要用一块块形态各异、无规律的、零散的拼板，最终拼成一幅完整的图案。法律事实或主张就好比拼图要完成的图案，不同形状的拼板就好比不同的证据形式，而证据思维就是完成拼图游戏的方法和技巧。用不同形态的拼板拼出最终图案的过程，就是运用证据思维证明法律事实或主张的过程。也就是说，需要通过证据去证明事实，证据拼成什么样，法律事实就是什么样。从某种程度上讲，证据思维能力，决定了运用证据的能力。

我们在《律政先锋》《精英律师》等法律题材的电视剧中经常看到，让剧情出现重大反转的桥段，常常是主人公穷尽各种方法和手段，找到或者取得一份关键的证据，在法庭上冷静抛出，一击即中，最终力挽狂澜，实现逆转。这些影视桥段所展现的，就是法律人巧妙运用证据思维的高超艺术。

## 03　用证据呈现事实真相

你也许要问，法律的目标应当是寻找到客观事实真相，怎么能仅仅满足于证明法律事实就草草了事呢？

我要告诉你的是，如果法律事实能够与客观事实画等号，那当然是最理想的状态。但是，历史已经成为过去，案情也不会重现，你不可能带着法官坐上时空穿梭机到达案发现场，让法官目睹案发的经过，因此，我们只能按照证据和证据规则的规定，通过证据证明向法官呈现案件事实，尽可能地让法律事实无限接近客观事实。

理想很丰满，现实却很骨感。在司法实践中，法律事实与客观事实几乎不可能实现百分百吻合。事实上，在许多案件中，处于弱势的当事人一方明明是占着理，却常常是有理说不出，而问题往往就出在不具备证据思维、不会使用证据上。下面来看一则案例：

刘某是某物流公司大货车司机，入职两个多月来尽心尽力，早出晚归，十分辛苦。一天早晨上班时间，邓某在公司办公室内突然感到头晕目眩，被同事紧急送往医院急救。经医院诊断为突发脑溢血，于次日上午抢救无效死亡。

刘某的家属从老家千里迢迢赶来料理后事，物流公司却以未与刘某签订劳动合同为由，拒绝承认与刘某之间存在劳动关系，并借口刘某本人有高血压疾病，拒绝承认工伤，仅答应给予一定的“人道主义”赔偿。刘某的家属悲痛万分，却无计可施，不知从何下手，一时陷入维权困境。

类似这样的弱势群体辛酸维权的事件，在现实生活中屡屡上演。由于弱势群体不善于运用证据维护自身合法权益，也常常因为经济原因请不起律师，导致在维权路上举步维艰。选择这类案件讲解证据思维，具有非常典型的意义。

## 04 证据思维的操作

下面，我们就结合上述案件，做一次运用证据思维维权的实践演练：

首先，从案件事实及主张出发找证据。

第一，明确本案的维权主张。刘某的死亡属于工伤，物流公司应给予赔偿。

第二，明确需要证明的事实。刘某与物流公司之间存在劳动关系，刘某是在上班期间突发疾病属于工伤，以及刘某经医院抢救无效死亡的事实。

其次，围绕事实和主张使用证据。

第一，证明刘某与物流公司之间存在劳动关系。先看刘某与物流公司之间有没有签订劳动合同，如果没有，那就要证明刘某事实上有在物流公司上班，与物流公司之间存在事实上的劳动关系。怎么证明呢？可以找刘某的工作证、工作考勤记录、送货单据、工资发放凭证等，这是书证；还有李某的工作服，这是物证；还可以请刘某的同事作证，形成证人证言。这些证据组合起来就能有力证明，刘某与物流公司存在事实上的劳动关系，依法应当受到劳动法律法规的保护。

第二，证明刘某是在上班期间突发疾病，属于工伤。怎么证明呢？可以找案发现场刘某的同事，他们的话可以证明刘某上班时间的状态，作为证人证言；刘某头晕后是同事打电话叫的救护车，不仅有打电话同事的证人证言，还有通话记录、救护车出勤记录等书证予以证明。

第三，证明刘某经医院抢救无效死亡的事实。怎么证明呢？可以到医院找回病历材料，向医院索要医生的诊断书，保留好刘某住院至死亡期间所产生的费用单据，以及医院开具的死亡证明等书证材料，联系起来就可以证明刘某死亡的事实和死亡原因。

将上述事实串联起来，就能形成证据链条，用事实之间的逻辑支撑起维权主张，证明刘某因为工伤死亡的法律事实，向物流公司主张工伤赔偿责任。

你看，围绕“找证据、用证据”的核心问题，证据思维在其中发挥出重要作用。我们结合上述案例，再来复盘一下证据思维是如何发挥作用的：

首先是找证据。证据要从客观现实中去寻找，从维权主张中去发现。一方面，从与案件存在关联的现实中寻找证据，例如工作证、考勤记录、送货单据、工资凭证等，上面记载的信息能够证明刘某曾经在公司工作的事实；另一方面，从要求工伤事故赔偿的维权主张出发去发现证据，例如通话记录、救护车出勤记录、诊断材料等，能够证明刘某在工作时间突发疾病死亡的事实。

其次是用证据。要在案件事实和维权主张之间用证据架起一座桥梁，形成环环相扣的证据锁链。具体来讲，就是要运用发现和收集的证据，按照逻辑思维进行编排，有力证明维权主张的成立。客观事实不能只停留在当事人的哭诉中，而应当是实实在在地落到证据上。客观事实只有通过证据证明成为法律事实，才能最终成为法官裁判的依据。

完成这次证据思维的演练，你可以强烈感受到证据以及证据思维的重要作用。从证据思维的角度讲，没有证据就没有事实。我们反复强调“以事实为依据，以法律为准绳”，但如果证明不了事实的存在，“以法律为准绳”也就成了无源之水，无本之木，根本无从谈起。

证据思维是法律思维里最具代表性、最有法律特色的思维方式。普通人面对证明“我爸是我爸”这样的问题常常觉得不可理喻，但是法律人却不觉为怪，找户口本证明一下不就可以了。是否会找证据、用证据，可以视为评判法律人能力水平高低的重要标准之一。

日常思维中，其实人们心中已经形成了讲事实、重证据的观念，“有一分证据说一分话”等众多关于证据的金句就是大众证据观念的缩影。在日常思维上加点证据思维，重点落在了如何找证据、用证据上。在这一章接下来的讲座中，我们将从实践中来，到实践中去，重点讲解如何用好证据思维，一同进入更加精彩的证据世界。

# 第25讲　质量：我要证据，能上法庭的证据

上一讲我们隆重推出了证据思维，证据思维的核心要义就是找证据、用证据的思维能力，这一讲我们就来细细咂摸证据思维中“找证据”的思维能力。

## 01　证据质量的“三性”要求

找证据，必须要了解证据的属性。好比钓鱼要了解鱼儿的习性，采摘松茸要了解松茸的生长特点，否则找来的证据就可能会出问题。

在刘德华主演的电影《风暴》中，刘德华扮演的警察为了抓捕罪犯殚精竭虑，明知道罪犯是谁，却苦无证据，无法将罪犯定罪。好不容易找到了几个关键证人，结果在两次即将开庭前，一次证人莫名其妙地失忆，一次证人被车撞身亡，罪犯还反告警察诬陷。刘德华在盛怒之下迁怒下属，喊出一句经典的台词：“我要证据，能够上法庭的证据。”当我听到这句台词时不禁眼前一亮，这句台词正好形象地表达出证据思维中“找证据”的要求，即既要寻找证据本身，又要确保证据质量。

能够上法庭的证据，必须达到证据的质量标准。任何一个证据从被发现，到依法调取，再到进入法庭成为法官定案的依据，必须符合法定的取证要求和质量标准。

首先，证据必须具有真实性。在一些案件中，当事人为了达到胜诉目的，不惜捏造事实、伪造证据，企图蒙混过关。例如，在借款纠纷中，被告为了达到赖账

的目的，模仿原告笔迹和签名，在借据上注明“已还款”，并利诱相关见证人做虚假证言，最终结果往往是竹篮打水一场空，吞下败诉的苦果，情节严重的还可能构成伪证罪，偷鸡不成蚀把米。伪造证据因为不符合证据真实性要求，不仅证据本身无效，行为人也可能会受到法律追究。

其次，证据必须与案件事实具有关联性。案件一旦发生，便会产生许多与案件事实有联系的材料，但是这些材料并非都能成为上法庭的证据，符合质量要求的证据必须与案件事实具有逻辑上的关联性。例如，刑事案件的打斗现场一片狼藉，既有沾满鲜血的尖刀，又有散落一旁的木棍，被害人倒在血泊之中，身体上只有一处刀伤，没有棍击的伤痕。木棍虽然在案发现场，但是与被害人死亡事实之间没有关联性，因此木棍不能作为定案证据使用。

最后，证据的取得必须具有合法性。在一些刑事案件中，侦查人员为了获取证据，急火攻心，不顾法律规定的取证程序要求，采用非法手段获得证据。例如，对犯罪嫌疑人采取冻、饿、晒、烤、疲劳审讯等非法手段，迫使嫌疑人作出有罪供述，这种通过非法手段取得的证据，即便内容真实、与案件事实有关联，也不能进入法庭作为证据使用。

真实性、关联性、合法性，这就是法律对证据质量的“三性”要求。只有了解掌握了证据质量的“三性”要求，我们才能在“找证据”的过程中打起十二分精神，既要找到证据，也要确保证据质量。

在日常思维的基础上加点证据思维，记住刘德华的这句经典台词“我要证据，能够上法庭的证据”，让千辛万苦找到的证据，能够进入法庭成为定案的依据。

## 02 用证据思维保证证据质量

我们先通过一个案例，实际感受一下，证据思维在保证证据质量方面的重要作用。

小王有个5岁的儿子刚上幼儿园，邻居家的小孩豆豆与小王的儿子年纪相仿，经常到小王家来玩。两家关系很好，小王很喜欢聪明伶俐的豆豆，把他当作自己的孩子一样对待。这天，小王突然发现，放在卧室床头柜抽屉里的3000块钱不见了，连同装钱的盒子也不见了，这是小王当天刚取出来准备给父母的生活费。小王检查了家里的门锁完好，没有被盗的迹象，妻子和儿子也确定没有拿。小王回忆了一下，当天只有豆豆来过卧室，并且看见自己放钱在抽屉里。当时正好有一位邻居过来串门，也看到豆豆在卧室玩。

小王立即到豆豆家与豆豆父母商量，豆豆的父母当面问了豆豆，豆豆回答没有拿。正当小王准备离开豆豆家时，突然发现地上有个盒子，捡起来一看正是自己装钱的盒子。找来豆豆一问，豆豆终于承认拿了装钱的盒子和里面的钱，有心的小王偷偷用手机录了音。豆豆父母认为，豆豆年龄太小，根本分不清钱的数目，说的话不能作数，现在的证据只能确定豆豆拿了装钱的盒子，不能断定就是豆豆拿了钱。假设你是小王，你该如何找证据向法官证明事实的真相呢？

要找到一个合格的证据，必须围绕证据质量“三性”要求，问自己三个问题：一是证据是否客观真实，二是证据跟案件事实有没有关联，三是取得证据的程序合不合法。在上述案例中，如果你是小王，你可以这样做：

首先，找到装钱的盒子。这是一个最直接的物证，客观真实，跟丢钱的事实之间有直接的关联性，找盒子的过程中没有使用非法手段。

其次，打印取钱的凭证。你可以去银行柜台或柜员机打出3000元的取款凭证，证实你在丢钱当天确实取过钱，这是一个直接的书证，取证程序合法且客观真实，上面记载的信息跟丢钱的事实有关联性。

再次，获取证人的证言。你还可以向当天来串门的邻居作一份笔录，证实当天他确实看到豆豆在卧室里玩耍，这属于证人证言，跟丢钱的事实存在关联性。需要注意的是，如果邻居不愿意作证，你不能勉强，因为一旦违背证人意愿，可能涉嫌违反取证程序，导致取证不合法，证据就不能用了。

最后，调取手机的录音。你要好好保存你手机里的录音资料，通过合法的技术手段调出留存，并保留好原件，因为法院或鉴定机构可能会要求提供原始录音材料。你可能会问，偷偷录音取得的证据合法吗？电话录音属于视听资料证据，我国法律规定，私自录音的资料，私自录音证据，只要没有侵害他人合法权益，也没有违反法律禁止性规定，就是合法有效的证据。

在众多证据面前，豆豆的父母也觉得理亏，后来在法官的调解下，豆豆的父母同意支付1500元给小王，和谐的邻里关系没有受到大的破坏。

案件处理的结果并不重要，重要的是小王运用证据思维的过程。在证据思维的指引下，小王能够牢牢把握证据的“三性”要求，不仅找到了多个证据，而且保证了证据质量，完成了一次高质量的取证操作。

## 03　运用证据思维创造新证据

在现实生活中，许多纠纷想找到直接的、有力的证据往往很难。比如，在没有写借条的借贷纠纷中，对方翻脸不认账，由于缺乏书面借条证据，真是感觉“神仙也难助”。

怎么办？此时就可以大胆运用证据思维，创造性地“找证据”“找证据”的过程，实际上也是一个创造新证据的过程。在缺乏书面借据的借贷纠纷中，用电话录音作为证据，证明双方存在借贷关系，是非常管用的一招。切记，一定要注意保证录音证据的质量，真实性、关联性和合法性一个也不能少。下面，我们进入案例情景模式：

小王借给小刘1万元，小刘明确表示出赖账不还的意思。由于小刘没有给小王写借条，因此小王想通过电话录音获得证据。他用自己的手机直接拨打了小刘的手机，在听到电话接通提示音后按下手机录音键。

小王：喂，你好，是小刘吗？我是小王。

小刘：嗯，你好，什么事？

（点评：这轮对话是要明确借贷双方身份信息）

小王：我跟你商量一下，之前某年某月你不是找我借了1万元？

小刘：是啊。

（点评：这轮对话是要确认双方存在借贷关系）

小王：是这样的，我最近想报名考驾照，比较缺钱，你看这钱你打算什么时候能还？

小刘：啊，不好意思，我现在也没钱，我最近……

（点评：这轮对话表明小王有积极主张权利，而对方确实有不还钱的意图）

小王：没关系，我理解。我们是哥们儿，我借钱给你，你也没有写借条对吧？

小刘：是的，没写借条。

（点评：这轮对话既再次确认了双方存在借贷关系，以及没有写借条的事实，同时也解释了没有写借条的原因）

小王：我之前是直接拿现金给你的，钱你已经收到了，你可以给我补个借条吗？

小刘：我你还信不过啊，好吧，我有空补个借条给你。

（点评：这轮对话是确认对方有收到钱，也提出了补写借条的要求）

小王：好的，那你补借条的时候记得跟我联系，有钱就尽快还给我吧。好吧，那就这样。

（点评：这句话进一步固定了借贷关系，同时主动结束对话，避免节外生枝）

结合上述案例情景，我们可以运用证据思维进行分析。你看，在录音开始的时候，小王用自己的手机直接打给小刘本人手机，既保证了证据的真实性，也保证了证据的关联性；在录音对话内容中，始终围绕借贷关系展开，没有多余的废话，也没有不合适的恐吓语言，既保证了证据的关联性，也保证了证据的合法性。有了这样一份电话录音证据，即便没有借条，小王也能完全占据诉讼主动权。

在日常思维的基础上加点证据思维，记住刘德华的那句经典台词，你就能记住证据质量的"三性"要求。既要证据，也要证据质量，只有这样才算是真正学会了"找证据"。

## 第26讲　数量：有多少证据才算够

上一讲，我们讲到证据思维的应用，不仅要学会找证据，而且要确保证据质量。那么是不是证据越多越好呢？有多少证据才算够？其实，证据既不是韩信点兵，多多益善，也不是比武切磋，点到为止，找证据不仅要保"质"，也要保"量"。这一讲，我们继续运用证据思维"找证据"和"用证据"，重点谈谈证据在

“量”上的要求。

## 01 证据数量多少算够，法官说了算

证据，并没有一个明确的数量要求，需要多少证据要结合具体案件具体分析。证据数量多少究竟谁说了算？我的答案是：法官说了算。

专业的裁判工作必须交给法官去做，但是公众可以通过了解证据思维，学会像法官一样思考。我们通过下面的案例，看看法官究竟依据怎样的标准来判断有多少证据才算够。

沈某是一名23岁的女大学生，为了求职找工作来到某市。当天晚上，沈某租住在一家私人公寓里，公寓的房东王某是一名45岁的中年男子，见沈某年轻漂亮便主动搭讪，并以房东管理为由多次进入沈某租住的公寓查看。

当晚11时许，王某购买夜宵敲开沈某房门，要求与沈某一起喝啤酒吃烧烤，沈某没有拒绝。夜宵一直吃到12点半，王某借着酒兴提出要与沈某发生性行为，沈某明确表示拒绝。双方发生推搡、撕扯等动作，后来王某按住沈某胳膊，扒下沈某裤子，与沈某发生了性关系，其间，沈某没有剧烈反抗。

案发后第二天中午，沈某在其家属的陪同下到当地派出所报警称被王某强奸。当天下午，王某主动到派出所说明情况，称当晚与沈某发生了性行为，但沈某是自愿的，自己没有暴力强迫，沈某亲属找到自己要求经济赔偿，自己没有答应，他们才报的警。警察找到沈某调查当晚情况，沈某称当时自己已经明确表示不愿意，但行为反抗确实仅限于用手推和闪躲，因为当时已到深夜，自己感到很绝望，觉得喊叫也不会有人来帮忙，反抗没有意义，还可能招来人身伤害，所以就放弃了反抗。

我国刑法规定，使用暴力、胁迫或者其他手段，强行与妇女发生性行为的，构成强奸罪。也就是说，强奸不一定必须使用暴力，采用胁迫等非暴力手段，只要违背妇女意志，使得妇女不能或不敢反抗的，同样可以构成强奸罪。

上述案例就属于非暴力型的疑似强奸案。双方都承认发生了性行为，但在这起案件中，没有发生明显的、剧烈的暴力行为，因此没有产生伤痕、衣物撕扯等证

据。那么，究竟怎样才能证明发生性行为时是违背沈某意志的呢？我们看看法官是怎样运用证据思维找证据、用证据，并最终作出裁判的。

本案中，可以找到的证据分为三类：第一类是强奸行为本身产生的证据。这类证据包括双方性别身份信息、双方发生过性行为的证据（如体液、毛发、穿着衣物等）、案发地点信息、双方当事人对强奸事实的陈述等。第二类是由强奸行为衍生出来的证据。这类证据包括被害人报警记录、犯罪嫌疑人投案记录、被害人亲属的陈述等。第三类是其他与强奸行为有关联的证据。这类证据包括入住公寓登记信息、案发现场周边环境、案发公寓周围邻居的证言、双方当事人的职业身份及教育背景等。

找到的证据数量确实是挺多的，但是多少才算够呢？这就要靠"用证据"的思维能力，具体就要看：有没有达到案件事实的证明标准。

本案需要证明的关键事实在于：发生性行为当时，究竟有没有违背沈某意志。也就是说，沈某有限的肢体反抗，当时是抱着一种"半推半就"的心态，还是真心拒绝的意思。

结合上述证据信息，法官在判决书中作出如下分析：

第一，看案发时双方的关系。沈某与王某完全是陌生人的关系，沈某到达广州当天才认识王某。沈某是正规本科大学生，在大学交过男朋友，有过性经历，很难想象沈某会轻率答应与比自己大22岁的王某发生性关系。

第二，看案发时双方的力量对比。沈某身高1.58米，体形偏瘦，体重105斤。而王某身高1.67米，体形偏胖，体重155斤，双方力量对比较为悬殊，王某在力量上完全可以压制沈某。

第三，看案发时的特定情境。案发时已是深夜，地点是在封闭的公寓单间内。王某是房东，对周围环境非常熟悉。而沈某是第一天到广州，对案发环境完全陌生。在特定的时间和地理环境里，王某的行为完全可能对23岁的沈某心理产生足够的压力，使之不能或不敢反抗。

第四，看案发后双方的态度和反应。案发后第二天上午沈某找来其亲属与王某交涉，距离发生性行为的时间不足10小时，强烈表达出发生性行为时非自愿的心态，并在协商未果的情况下选择报警。而王某拒绝经济赔偿，不愿对发生性行为一事负责，在知道沈某报警后主动到派出所说明情况，有很大可能是知道沈某报警后的应对反应。

综合全案证据进行分析，法官最终消除了疑虑，排除了沈某“半推半就”同意发生性行为的可能性，依法判决王某构成强奸罪。

## 02 判断证据数量足够的标准

在上述刑事案件中，法官打消疑虑的思维过程，就是适用刑事案件证明标准的过程。在刑事案件中，判断证据数量足够的标准就在于：能否达到证据确实充分，且能够排除合理怀疑的证明标准。

证据只有达到证明标准的要求，法官才敢落槌认定事实，适用法律作出裁判。那么，怎样判断是否达到证据确实充分，且能够排除合理怀疑的证明标准呢？以上述“房东强奸案”为例：

一方面，有强奸行为本身产生的证据、强奸行为衍生出来的证据，以及其他与强奸行为相关联的证据，环环相扣，并能形成证据锁链，证明沈某在当晚不能或不敢反抗王某强奸行为的事实，这就叫“证据确实充分”。

另一方面，综合分析案发时双方的关系、力量对比、特定的情境，以及案发后双方的态度和反应，能够排除沈某“半推半就”同意与王某发生性行为的可能性，得出王某违背沈某真实意愿，强奸沈某的唯一结论，这就叫“排除合理怀疑”。

## 03 证明标准中的“排除合理怀疑”

那么问题又来了，什么叫作“合理怀疑”？怎样才能“排除合理怀疑”呢？

所谓合理怀疑，就是有事实证据，符合逻辑推理的怀疑。通俗地讲，就是有根据的怀疑，而不是捕风捉影的想象和猜测。那么，怎样才能排除合理怀疑呢？这就需要用到证据思维中“用证据”的能力，善于对证据进行排列组合，通过比较，排除其他所有的可能性，得出唯一的事实结论。

为了说清楚这个问题，我们再来看一个“情侣强奸案”，通过与之前的“房东强奸案”进行对比，就能弄明白什么叫合理怀疑以及怎样排除合理怀疑。

刘某与张某（女）曾是男女朋友关系，双方已经同居一年多时间。但两人因为性格不合的原因经常发生争吵，在一次激烈争吵之后，两人正式分手。分手后的第五天下午，刘某返回同居的出租屋内打算取回自己的衣物。恰逢大雨，见天色已晚，张某同意刘某在屋内避雨。当晚，两人发生了性行为。一大早，张某就到派出所报案称自己被刘某强奸。警方接到报警后在出租屋内将正在收拾衣物的刘某抓获。

经查，张某当晚所穿透明薄纱睡衣完好无损，双方身上没有伤痕。张某称，当晚是刘某主动提出要与自己发生性关系，自己并不愿意，但夜深人静怕反抗无效，自己还可能会遭受人身伤害，所以没有激烈反抗。刘某则辩称，因为大雨原因，自己提出留宿在出租屋内避雨，张某是同意的。当晚虽然是自己提出与张某发生性行为，主要原因是看到张某身着透明睡衣十分性感，情不自禁所致。但是他与张某发生性行为时张某是自愿的，仅仅推搡了两下就没有再抗拒，反而很配合。

这又是一起非暴力型强奸案。双方都承认发生了性行为，案件中也没有发生明显暴力，现有证据完全可以组合证明得出两种可能性结论：究竟是“半推半就”鱼水合欢后负气报警，还是前男友假借避雨之机“霸王硬上弓”呢？

法官在判决书中作出如下分析：

第一，看案发时双方的关系。刘某与张某曾是同居一年多的情侣关系，两人分手才5天，双方彼此之间较为熟悉。从人之常情的角度想，很难想象张某会强烈抗拒与仅仅分手5天的前男友发生性行为。

第二，看案发时的特定情境。事发地点是在两人熟悉的、曾经同居一年多时间的出租屋内。案发当晚，张某身着透明薄纱睡衣，不仅完好无损，身上也没有任何伤痕。在这样的实际情境下，很难想象张某会面临不能或不敢反抗的心理压力。

第三，看案情发展的前因后果。案件的起因是分手后刘某返回出租屋取衣物，理由较为正当；案件的经过是恰逢大雨，张某同意刘某当晚留宿出租屋，合乎一般情理；案件的结果是当夜双方发生了性行为，次日张某报警，警察在出租屋内当场抓获正在整理衣物的刘某。从事实经过来看，很难相信这是一起有预谋、有计划实施的恶性强奸案。

第四，看案发后双方的态度和反应。张某报警时声称之所以不反抗，是因为害怕夜深人静反抗无效，自己反而会遭受伤害，在反抗态度上缺乏相关证据进行印证。而刘某被抓捕时正在出租屋内收拾衣物，没有任何逃避抓捕的迹象，不像一个强奸犯罪分子应有的反应。

综合全案证据分析，法官无法排除张某“半推半就”同意与前男友刘某发生性行为的可能性，最终判决刘某无罪。相较于“房东强奸案”而言，“情侣强奸案”中刘某之所以被判无罪，就在于案件证据达不到“确实充分，且能排除合理怀疑”的证明标准，无法得出唯一的事实结论。

所谓合理怀疑，就是通过证据组合，可以得出两种以上的可能性结论。在“情侣强奸案”中，可能是前男友强奸了前女友，也有可能是前女友泄愤诬告前男友强奸，总之不能得出唯一的事实结论，属于不能排除合理怀疑。而在“房东强奸案”中，根据现有证据，能够排除女大学生“半推半就”同意与陌生房东发生性行为的可能性，得出唯一的事实结论，属于能够排除合理怀疑。因此，看似相似的案情，却对犯罪嫌疑人有截然不同的判罚结果。

在日常思维的基础上加点证据思维，不仅要学会“找证据”，更要懂得“用证据”。证据数量多少才算够，要看证据能否达到案件事实证明标准。日常生活中，人们经常会因为各种原因产生猜忌和怀疑，那就不妨尝试运用证据思维深入分析，排除合理怀疑，减少不必要的烦恼和困惑，让生活变得更加阳光和洒脱。

# 第27讲　规则：证据最怕寂寞与孤独

在前面几讲中，我们讲到证据思维中的“找证据”和“用证据”。其实，“找”和“用”并不是截然分开的，“找”的过程有时也是“用”的过程。这一讲，我们重点来谈“用证据”，聊聊证据规则的应用。

## 01　证据之间讲究相互印证

证据有个非常鲜明的特点：最怕寂寞与孤独。

证据怕寂寞，表现在证据不喜欢独处，总喜欢找“小伙伴”，有时还不止找一个；证据怕孤独，表现在证据一旦落“单”，再优质也不能作为定案的依据。

证据为什么最怕寂寞与孤独？这是由证据规则决定的。

生活中我们常听到一句话，叫作："口说无凭，立字为据。""口说"可以看作证言，"立字"可以视为书证，为什么大家都觉得"口说"搭配"立字"更靠谱呢？这是因为，"口说"如果没有记录成文字，犹如一阵风吹过，留不下任何痕迹，给举证带来困难。更关键的是，"口说"很容易改变，内容无法固定和确认。但是，如果能将说过的话"立字"为据，就能与"口说"相互印证，想反悔就没那么容易了。

生活中的俗语道出了证据运用的基本规则，那就是证据之间讲究相互印证，也叫证据印证规则。

在公众心中，事实只有经过印证才更安全、更保险。于是，人们在生活中总在潜意识地运用印证规则。例如，"口说无凭，立字为据"，是当事人陈述与书证之间的印证；凭身份证和购买凭证领取奖品，是书证与物证之间的印证；借钱给别人要写个借条，还要找个见证人，就是书证与证人证言之间的印证；等等。

## 02　证据印证规则的重要性

在证据思维看来，学会"用证据"必须懂得证据之间的相互印证。一个证据如果缺乏印证，不仅难以证明案件事实，而且还有可能对办案结果产生干扰，容易造成错案，后果很严重。

给大家举一个检察官办案遇到的案例，一起体会一下证据印证规则的重要性。

杨某因涉嫌盗窃车内财物被捕。案发现场监控显示，杨某在经过一辆未关窗的小汽车时，从驾驶员座位一侧的车窗探身进入车内，偷走了车主存放在车内的现金。车主报案称，自己在车内副驾驶座收纳箱内放置的4300元现金全部被盗。但奇怪的事出现了，检察官在讯问杨某时，杨某坚持声称自己只偷了在中控台位置放的300元，不是4300元。检察官第一反应是杨某在说谎，猜想杨某可能知道盗窃3000元以上才构成盗窃罪的立案标准。但是经过多次提审发现，杨某对涉案金额问题表现出极大的抵触情绪，感到十分冤枉，举动十分反常。检察官又找到车主核实，车主信誓旦旦地确定，被盗金额就是4300元。车主陈述与杨某的供述在盗窃金额上不能相互印证。

检察官深感事有蹊跷，决定还原作案现场，模拟杨某盗窃经过。根据现场模拟，从驾驶员座位一侧伸手，无论如何也够不着副驾驶座收纳箱里的钱。这样看来，车主和杨某似乎都没有说谎，难道还存在第三种可能吗？为了验证自己的疑问，检察官重新回看事发监控录像，经过8个小时的仔细审看，果然有新的发现。原来在杨某盗窃后2小时，又有另外一名男子钻进车内行窃，案件至此真相大白。[①]

在这个案例中，如果不是通过证据印证发现问题，极有可能杨某就会被追究刑事责任，还为真正的犯罪分子背了锅，使真正的窃贼逍遥法外。最终，杨某由于盗窃金额没有达到盗窃罪立案标准，没有被追究刑事责任。

## 03 证据规则之：孤证不能定罪

证据怕寂寞，也怕孤独。

在一个刑事案件中，如果只有被告人认罪的供述，没有其他证据印证被告人的供述，哪怕被告人信誓旦旦、言之凿凿地认罪服法，法官也不能定罪。

也许你会问，被告人自己都承认了还有什么好担心的呢？谁会那么傻往自己身上泼脏水呢？我要告诉你的是，司法实践中认罪顶包的案件屡见不鲜。有的是司机给老板顶罪，有的是哥哥为弟弟开脱，如果只相信被告人的一面之词，极有可能造成冤案。再举个现实中真实发生的，仅凭单个证据定罪的冤案：聂树斌案。

河北省石家庄市西郊发生一起强奸杀人案。侦查人员根据群众报告线索抓捕了犯罪嫌疑人聂树斌。聂树斌开始时并不认罪，后来才认了罪。拿到聂树斌的口供后，侦查人员认为大功告成，可以顺利结案。案件进入诉讼程序之后，虽然办案人员提供的证据包括：案发现场勘查笔录、法医鉴定结论、被

---

① 李梓：《办好每一宗大小案　用公诉匠心传递司法温度》，载微信公众号“深圳市人民检察院”，2019年8月28日。

害人的衣物、证人证言等，但这些证据都只能证明被害人被强奸杀害的事实，真正认定聂树斌有罪的证据就只有聂树斌的口供。聂树斌最终被法院判处死刑并执行。后来强奸杀人案的真凶落网，最高人民法院宣告撤销原审判决，改判聂树斌无罪。

聂树斌案就是“依口供定罪”造成的典型冤案。我国法律规定，对一切案件的判处都要重证据，不轻信口供，只有被告人供述，没有其他证据的，不能认定被告人有罪和处以刑罚。这条规则在法律圈内被称为“孤证不能定罪”。

## 04 证据规则：既是限制，也是保护

证据怕寂寞和孤独，既是对证据使用的限制，其实又何尝不是对当事人利益的保护。如果证据缺乏印证，事实真相就有可能走样，容易造成错案；如果孤证也能定罪，证明事实的过程就会变得简单、粗糙，容易造成冤案。

再举个现实中发生的案例：

阿海在回老家办理无犯罪记录证明时，突然被警察告知他参与了一宗抢劫案，并当场被抓获。阿海从侦查阶段到整个庭审过程，都始终坚称自己在案发时从未到过犯罪现场，更别说参与抢劫了。

原来，事情的起因是有一名被害人驾驶摩托车经过案发地点时，被三名犯罪嫌疑人拦下抢劫。民警接到报警后迅速赶到现场，抓获了其中的两名嫌疑人，另一名嫌疑人骑着被害人的摩托车逃脱。被抓的两名嫌疑人是阿海曾经的工友涂某和小学同学何某，涂某、何某到案后均指认阿海参与了抢劫。

值得一提的是，警方并没有在案发现场发现阿海留下的任何痕迹。阿海坚称，案发当晚他在溜冰场溜冰，后来和朋友阿伟一起回宿舍睡觉。关键证人阿伟则说，因为时间间隔太久，已经无法记得案发当晚是否和阿海在一起。案件中除了涂某、何某两人的供述，再也没有证据证明阿海参与了抢劫。法院一审判处阿海有期徒刑1年6个月。

阿海的妹妹阿茹坚信哥哥是清白的，坚持上诉。二审法院裁定撤销原判，发回重审。最终检察机关认为阿海犯罪事实不清，证据不足，作出不起诉决

定，阿海被无罪释放。释放当天距离阿海被关押已超过了500天。[①]

这又是一起“依口供定罪”造成的冤案，所幸法院、检察院及时发现并予以纠正。在这起案件中，能够证明阿海有罪的证据只有涂某、何某两人的供述，没有其他证据印证两人的供述，无法形成完整的证据链条，达不到证明标准的要求，不能排除合理怀疑，因此不能证明阿海参与了抢劫的事实，这就是证据规则的重要作用。

证据之所以怕寂寞与孤独，是对事实和法律的敬畏，也是防止冤假错案的客观需要。其实，公众日常思维里早就有了印证的观念，只不过证据思维能够把它们从潜意识里唤醒，并不断加以强化。

## 第28讲　主导：让证据思维成为庭审“主播”

上一讲，我们讲到证据规则以及基本的应用，这一讲，我们接着讲怎样运用证据思维“用证据”，着重介绍证据思维里的两位重要成员：形象思维和抽象思维。

### 01　证据思维之：形象思维和抽象思维

证据进入法庭后只有一个任务，那就是证明事实。

法庭上的证据跟法庭前的证据相比判若两人。打个比方，证据平常就像一个性格腼腆的小姑娘，害怕寂寞与孤独。可是一旦到了法庭就像换了一个人，变得自信满满，成为法庭上的焦点，令人刮目相看。进入法庭后的证据思维运用，更多体现出形象思维和抽象思维的特点。

证据思维，必须遵循人们认知活动的一般规律，是一个由浅入深、由表及里

---

① 《揭阳16岁女孩四处奔波为兄洗脱罪名　500天后其兄获释》，载《广州日报》2016年4月30日刊。

的过程。好比我们认识一个人，首先看到的是外表，例如性别年龄、高矮胖瘦、颜值美丑等表面特征，这些特征生动形象，富有视觉冲击力。看过网络直播的朋友都知道，女主播大都颜值较高，哪怕长得很一般，也要用美颜软件好好包装一番，这恰恰是形象思维的要求和体现。

形象思维，是以具体的、直观的形象特征为内容的思维，其思维焦点主要集中在事物的形象上[①]。但如果我们想深入了解一个人，就得透过形象看内在。就像网络主播，光有一副甜美的外表往往被称为“花瓶”，只有美貌与智慧并存才配得上“女神”的称号，这恰恰是抽象思维可以发挥的空间。

抽象思维，是对客观事实进行间接的、概括反映的过程。与形象思维直观形象的特点不同，抽象思维具有概括性、间接性的特点。从形象思维到抽象思维，就是从感性认识上升到理性认识的过程。

学会证据思维，就必须灵活运用好形象思维和抽象思维，一个注重直观形象，一个讲究抽象概括，两者缺一不可。

## 02 证据思维之：形象思维的应用

众所周知，检察机关是刑事案件的控方，作为检察官，承担着指控犯罪的职责，对犯罪事实的存在负有举证责任。也就是说，在法庭上，主要由检察官负责运用证据证明犯罪事实的存在，被告人及其辩护人只需要辩解和反驳即可。

下面就请大家跟随我一起去开庭，感受一下检察官在法庭上是如何运用形象思维和抽象思维的。

这次开庭的任务，是指控一名厅级官员梁某构成受贿罪。在本案中，行贿人数、次数多，涉案事项广，有大量证据需要向法庭出示。如何把这些数量庞大的证据清晰、有序地展现在法官面前呢？这就可以让形象思维来帮忙。

对于一个受贿案件而言，什么是最生动形象的呢？当然是行贿人送钱牟利、受贿人收钱办事的过程了，也就是“权钱交易”的事实经过。因此，公诉人按照“什么人、因为什么事、送了多少钱”的逻辑顺序把证据整理好，给法官留下非常形象、直观的事实印象。公诉人是这样举证的：

---

① 何家弘：《司法证明方法与推定规则》，法律出版社2018年版，第72页。

公诉人：被告人梁某利用担任某市地方税务局局长、某市委常委、某区区委书记等职务上的便利，为他人谋取利益，先后收受黄某、范某、梁某等人给予的财物，共计折合人民币900万余元、港币1775万元、美元50万元。

（点评：先做总述，开门见山，直接亮明事实，让法官一目了然）

公诉人：下面举证的是梁某收受黄某贿赂的事实。梁某利用担任某市地方税务局局长职务上的便利，为黄某承揽地方税务局新办公楼装修工程项目提供帮助，于2011年至2016年间三次收受黄某送款港币300万元。

针对上述事实公诉人提供如下证据：1.行贿人黄某的供述；2.被告人梁某的供述与辩解；3.相关证人证言；4.某市公安局提供的户籍证明；5.某省、某市组织部门提供的人事任免文件等证据。

（点评：后做分述，列举单项事实以及相关证据，符合认知的一般规律）

公诉人：1.行贿人黄某的证言。证实在2011年，黄某通过梁某的帮助拿到了该市地税局大楼装修工程，后来黄某分三次送给梁某共计300万元港币表示感谢。第一次是在2011年春节前，黄某在某酒店送给梁某100万元港币；第二次是在2012年春节前后，黄某在已装修好的某市地税局送给梁某100万元港币；第三次是在2012年中秋节前后，黄某在梁某的办公室送给梁某100万元港币。这300万元港币面额都是1000元的，是用塑料袋包装好的，外面再用一个手提袋装好。

（点评：先证明“什么人”中的“人”的表现，列举行贿人证言，并按照时间、地点、人物、事件的逻辑顺序进行表述）

公诉人：2.某市地方税务局办公楼资料。证实该市地方税务局办公楼招标及装饰工程的相关情况。

（点评：再证明“因为什么事”中的“事”客观存在）

公诉人：3.证人李某等人证言。证实李某等人作为地税局工作人员，因为梁某打过招呼，在项目上给过黄某各种关照。

（点评：接着证明梁某是“因为什么事”给过黄某关照，具体是怎么操作的）

公诉人：4.被告人梁某的供述。证实在2010年初，其刚上任某市地税局局长，当时地税局的办公楼在一个夜总会的楼上，对单位影响很不好，于是梁某就向市政府反映，想换一下办公地点。因为梁某和黄某平时交往就比较多，当黄某提出想做这个工程时，梁某就答应了。后来梁某还把李某等工作人员先后叫到办公室，交代他们对黄某多关照，并最终通过招投标的方式确保黄某的公司承接到工程。

事后，黄某分三次送给梁某共计300万元港币表示感谢，梁某在收到这些钱后，先是放在家里用于家庭日常生活开支，后来将其中的120万元交给亲戚保管和做生意使用。

（点评：最后列举被告人梁某的供述，串联起事情的前因后果，体现出形象思维形象直观的特点）

综上，运用证据形象思维，按照“什么人、因为什么事、送了多少钱”的逻辑顺序组合运用证据，生动直观，给法官留下了清晰、深刻的印象。

## 03　证据思维之：抽象思维的运用

运用证据思维，不仅要生动直观，体现出形象思维的特点，也要善于以抽象的逻辑论证，得出令人信服的结论。

抽象思维，是运用概念、判断、推理等思维方法，把对客观事实的认识从感性上升到理性高度的思维活动。运用抽象思维的要义就在于，善于透过现象看本质，并能运用逻辑规则进行科学的判断、推理和论证。

以上述案件为例，在法庭上，检察官除了运用形象思维举证“什么人、因为什么事、送了多少钱”，还要运用抽象思维论证“什么人构成什么罪、要接受怎样的处罚”。公诉人在法庭上是这样发表公诉意见的：

公诉人：公诉机关认为，被告人梁某身为国家工作人员，利用职务上的便利，为他人谋取利益，非法收受他人财物，数额特别巨大，其行为触犯了《刑法》第三百八十五条第一款之规定，犯罪事实清楚，证据确实、充分，应当以受贿罪追究其刑事责任。根据《刑事诉讼法》第一百七十二条的规定，请法院依法判处。

（点评：采用逻辑三段论的论证方式，先论述事实，再适用法律，论证了“梁某构成受贿罪”）

公诉人：被告人梁某在调查部门掌握其主要犯罪事实后，主动交代了调查部门部分尚未掌握其他问题，属于坦白，依法可以酌情从轻处罚。被告人梁某在接受调查期间，能够如实供述其犯罪事实，并向调查部门反映有关人员的重大犯罪线索，经调查部门查证属实，属于立功，依法可以对其从轻或减轻处罚。

（点评：先论述事实，再对照坦白、立功等法律规定，论证了梁某“要接受怎样的处罚”，即具有从轻或减轻的处罚情节）

最终，梁某被法院判决构成受贿罪，判处有期徒刑15年。判决结果本身并不是最重要的，重要的是学会运用证据抽象思维，完成从形象到抽象、从感性到理性的思维过程。

日常生活中，人们常常对内外兼修、表里如一的人称赞有加，在潜意识里就是形象思维和抽象思维的综合反映。在日常思维的基础上加点证据思维，既懂得运用形象思维“摆事实”，又善于运用抽象思维“讲道理”。证据思维，就像一位既有颜值又有内涵的庭审主播，引领我们不断地用证据去证明客观事实的存在，这样有才华的主播你喜欢吗？

## 第29讲　例外：没有证据也有办法逆袭

这一讲是证据思维的最后一讲。我们先来小结一下，在前面的几讲中，我们从不同角度讲解了什么是证据以及证据思维。证据思维，是从案件事实及主张出发，寻找和使用证据材料的思维方法，也就是“找证据”和“用证据”的思维过程。证据思维，包括对证据质量的要求，以及证明标准、证据规则等重要内容，蕴含着逻辑思维、形象思维、抽象思维等多种思维方法。

这一章的主题叫“官司没证据，神仙也难助”，但在这一章的最后一讲我却要告诉你，没有证据也有办法逆袭。

## 01 不能举证也可能“躺赢”

法律思维就是这么好玩有趣，充满了辩证和博弈。既要懂得运用证据思维“找证据”和“用证据”，也要学会在“没证据”的困难情况下，合理利用证据规则，最大限度地维护自身合法权益。

在前面几讲涉及举例时，我都喜欢选择以刑事案件为例。主要是因为检察机关以办理刑事案件为主，作为一名检察官，对刑事案件相对比较擅长。不过在这里，我要特别提示大家的是，生活中不仅仅只有刑事案件，还有大量的民事案件和行政案件。民事案件、行政案件的证据要求、证明标准、证据规则等内容与刑事案件相比，不尽相同。

例如，在证明标准问题上，刑事案件证明标准是“证据确实充分，能够排除合理怀疑”。但在民事案件中，证明标准是“优势证据原则”，也就是说，在事实证明问题上，只要一方提交的证据比另一方提交的证据更有优势，就能获得法庭采纳作为定案的依据。至于怎样才算是更有优势，这就要交给法官来裁量。

不过，虽然说刑事案件、民事案件、行政案件存在诸多不同，但在证据思维上却是相通的。没有证据，只要符合举证责任倒置规则，也可能“躺赢”。

例如，民事诉讼活动一般遵循“谁主张、谁举证”的举证原则。但是，在动物伤人、环境污染损害、医疗行为侵权等八类侵权案件中，适用的却是举证责任倒置原则。也就是说，在这八类案件中，作为原告只需要证明有侵权事实的存在，由被告举证自己没有实施侵权行为。在这样的证据规则下，原告即便不能举证证明被告有实施侵权行为，也能够“躺赢”，获得相应的经济赔偿。

不仅是民事诉讼活动，在刑事诉讼活动中，也有适用举证责任倒置证据规则的情况。看下面一则案例：

某市房地局原副局长殷某被检察机关提起公诉。公诉机关指控，殷某犯受贿罪、巨额财产来源不明罪、滥用职权罪、私藏弹药罪。殷某受贿金额达人民币3671万元，另有812万余元人民币、4万美元来源不明。殷某利用职务便利，为该市房地产业多家单位与个人在土地利用、拆迁许可等事项上，谋取利益；在审批旧区改造项目时，滥用职权，造成国家经济损失4657万元。

殷某还将其在部队服役时获取的军用子弹52发藏匿于家中。[1]

在这起刑事案件中，检察机关指控殷某犯受贿罪、滥用职权罪、私藏弹药罪，都必须承担举证责任。但例外的情况是本案中的“巨额财产来源不明罪”，检察机关不负有证明殷某财产有合法来源的举证责任。殷某必须举证证明自己巨额财产的合法来源，如果殷某不能证明，即使检察机关也不能举证，殷某同样构成巨额财产来源不明罪。

## 02 没证据也可能打赢官司

如果没有证据，也不符合适用举证责任倒置的条件，还能实现逆袭吗？我给出的答案是：并非不可能。看下面一则案例：

冯某和张某是生意上的朋友。2013年，张某因资金周转需要向冯某借款，并在约定的日期前还清了本金和利息。之后，张某又先后5次向冯某借款，每次都写有借条，每次都能在约定的时间内及时还款，然后拿回借条。最后一次还款30万元之后，因为事情耽搁，也出于对冯某的信任，张某没有及时拿回借条，后来渐渐淡忘了取回借条这回事。

也不知道是冯某记忆出现差错，还是别有用心，突然有一天，冯某联系张某并宣称，张某仍欠自己30万元本金及利息未归还。张某顿时傻了眼，此时距离上一次找冯某借钱已达7年之久。现在冯某有借条在手，而张某由于当时是现金还款，没有留下任何已还款的证据。

张某定了定神，马上向专业法律人士咨询求助。律师告诉张某，虽然张某没有证据证明还了30万元，但是根据我国《民法典》关于诉讼时效的规定，向法院请求保护民事权利的诉讼时效期间为三年，自权利人知道或者应当知道权利受到侵害以及义务人之日起计算。也就是说，如果冯某知道张某借了自己30万元，在三年时间内不主张张某返还，法律就不再保护张某的权利了。

---

① 陈光中：《证据法学》（第三版），法律出版社2015年版，第350页。

你看，证据举证还会受到时间时效的限制，这就是证据思维中的时限思维。本案中，无论张某是否还了30万元，即便冯某手中留有张某写的借条，也已经过了诉讼时效，不受法律保护，张某没有证据也能打赢这场官司。

## 03　没证据，破解对方证据链也能赢

如果你想打破砂锅问到底，既不能适用举证责任倒置，又没有超过诉讼时效规定，没有证据还有招翻盘吗？还真有。此时你就要运用证据思维中的对抗思维，从对方的证据上做文章。

对抗思维，顾名思义，就是根据对方的思维活动针锋相对的思维方法。简言之，就是给对方的证据“挑刺”。

进攻在某种意义上就是最好的防守，既然没有证据，守是守不住了，那就索性攻出去，打破对方的证据链条，让对方的证明不能成立。对抗思维，在被告方应用得最为普遍，原告方在反击被告时同样也可以运用。

在刑事案件中，检察机关作为公诉方，绝大多数情况下承担着举证责任。作为被告人及其辩护律师不需要举证证明自己无罪，只需要反驳指控不成立即可。也就是说，即便在没有任何证据的劣势下，也可以通过反驳控方的证据，达到自证清白的目的。

下面，请大家跟着我一起去开庭，感受一下法庭上的唇枪舌剑，看看控辩双方如何应用对抗思维：

官员何某为社会老板戴某谋取不正当利益后，戴某送给何某一套房屋供何某实际居住，但未办理房屋过户手续，围绕这一受贿事实双方展开了辩论。

公诉人：何某收受戴某价值711万元房产的事实，有何某妻子谭某、儿子何某某的证言，证实何某以及其妻儿有实际居住在某市某小区的该套房产中。

辩护人：何某只是借住，对所居住的房屋并无实际控制权，房屋产权证依然登记在戴某名下，戴某还有该套房屋的钥匙。

公诉人：这属于典型的“以借代送”行受贿手法，我国法律及相关司法解释明确规定，国家工作人员利用职务上的便利为请托人谋取利益，收受请托人房屋，未变更权属登记或者借用他人名义办理权属变更登记的，不影响

受贿的认定。

（点评：这一回合辩方试图以“借房”为由，打破控方的证据链，控方则通过区分“借用”与“受贿”，以法律明确规定予以回应）

辩护人：戴某目前在香港，已向法院提交《陈述书》，提出其没有向何某提出任何要求为其谋取利益，“借”房屋给梁某民是为了还梁某民的人情，没有“送房”的故意。

公诉人：戴某人在香港，没有在法定的场所接受调查机关的询问或讯问，因此戴某的这份《陈述书》依法不能作为证据使用。

（点评：这一轮辩方抛出《陈述书》，继续攻击控方的证据链，控方则通过否定《陈述书》的证据效力进行有效防守）

辩护人：戴某与何某两家是世交，是非常好的朋友关系，何某的小孩还管戴某叫叔叔，双方存在“借”的感情基础。

戴某应何某要求，将房屋暂时借给何某一家居住完全合乎情理。

公诉人：何某与戴某并不是简单的朋友关系，而是有不正当的利益关系。何某利用担任该市领导的职务之便，帮助戴某取得该市某区街道改造项目。事后何某授意让戴某购买了该套房屋，并参与过该房屋的装修设计，实际居住在该房屋中。是否有利用职权为行贿人谋利、是否有归还的真实意思是区别“借”与“送”的关键。本案中，现有证据足以证明何某主观上具有受贿的故意，依法应予认定。

（点评：这一回合辩方试图以“感情牌”打破控方证据链，控方则运用透过现象看本质的分析方法，揭露了“以借代送”行受贿的犯罪本质）

上述庭审过程中，控辩双方都运用了对抗思维，辩方一次次试图攻击控方的证据链，否认收受房屋的受贿事实，而控方则是牢牢防守，寸步不让，根据对方攻击有针对性地予以回应。精彩的法庭辩论，就是对抗思维的激烈碰撞。即便没有证据，只要破除对方的证据链，同样可以实现逆袭。

无论是举证责任倒置、诉讼时效，还是破解对方证据链，都是另外一种视角的证据思维。在日常思维的基础上加点证据思维，一切让证据说话，能够帮助我们克服凭感觉、想当然的思维惯性，及时识别真相和谎言，是非常行之有效的思维工具。

# 第六章　法律思维眼中的最佳方案

法是关于人世和神世的学问，关于正义与不正义的科学。

——盖尤斯

善良的心是最好的法律。

——麦克莱

**导读：**

日常生活中，人们遇到纠纷时都知道摆事实、讲道理，并在此基础上辨是非、谋解决。在法律思维的世界里，法律人是用“证据思维”摆事实，用“逻辑思维”讲道理，用“找法思维”辨是非。在“谋解决”这个关键环节中，法律人更是绞尽脑汁，殚精竭虑，努力寻找最有利的解决方案。

本章主要向读者介绍运用找法思维、权衡利弊思维、发散思维、逆向思维等方法，寻找解决纠纷最佳方案的路径。

# 第30讲　双赢：通往最佳解决方案的路径

从这一讲开始，我们进入新的一章“法律思维眼中的最佳方案”。掌握法律思维实践套路，学会证据思维应用方法，好比一位武术高手，既能熟练打出招数套路，又懂得运用内功心法。但此时仍停留在武术之“术”的层次，有待更进一步，参透武术之“道”，才可能破茧成蝶，成为一代宗师。这一章我就来与大家分享，如何运用法律思维寻找解决纠纷之“道”。

## 01　回归日常思维，寻找解决之“道”

道，即是规律。如何发现制定最佳方案的规律呢？我们可以回归到日常思维中去寻找答案。

人们在面对纠纷时，都希望能够找到最好的解决方法，迅速解决问题，恢复正常的生活状态。那么，什么才算是最好的解决方法？在日常思维看来，最好的解决方法至少包含以下三个方面：第一，是能够妥善解决问题，不留首尾；第二，是能够尽快解决纠纷，省得闹心；第三，是能够控制成本，节省花费。小结一下，就是又妥、又快、又省，这样的解决方案才是人们心中的最佳方案。

可惜公众心中的最佳方案并不是每次都能实现。要想更“妥”地解决纠纷，“快”可能就保障不了。例如，到法院打官司，虽然能够较好地定分止争，但是诉讼程序走下来少则数月，多则一年半载。要想“快”速解决问题，速战速决，钱可能就“省”不下来。例如，到仲裁机构申请仲裁，裁决过程一般比法院要快，但是费用也会比法院高。

公众的心理需求就是法律人努力的方向。我们可以抽象一下公众心中解决纠纷最佳方案的标准，那就是：稳妥、高效、经济。

法律思维既根植于日常思维，又能超脱日常思维。那么法律人心中的最佳解决方案是什么呢？既不是一击即中，让对手俯首称臣，因为对方还可能卷土重来，下一局孰胜孰败还很难说；也不是制造障碍让对方知难而退，这样虽然不失为上策，但是对方仍然可能憋着一股气，待时机成熟还可以旧事重提。

法律人心中的最佳解决方案，是促成双方内心真正的和解，实现“双赢”。

## 02　法律思维之：找法思维和权衡利弊思维

你也许会很纳闷，法律世界里也存在“双赢”吗？官司有胜就有败，能存在“双赢”的局面吗？这是个好问题。最佳解决方案中的“双赢”，不是指有两个赢家，而是指双方对解决问题的方法和结果都能够坦然接受。

例如，在民事纠纷中，为权利而斗争，将官司打到底，未必是最佳的解决方案。有时候点到为止，给对手一个教训，就势收手，不失为上上之策。既维护了自身颜面，也给对手台阶下，赢得坦荡潇洒，输得没有怨气，还保住了和气，不失为一种“双赢”。请看下面这则案例：

暑假期间，刘女士带着儿子一起报名参加了某旅行社组织的上海迪士尼乐园、香港海洋公园精品游。当刘女士和儿子来到深圳准备过关时，被海关工作人员告知其香港个人旅游签注已过期，拒绝其入境，导致刘女士被迫取消了香港行程。

刘女士十分生气，认为旅行社作为专业服务机构，工作人员在组团时没有尽到检查证件的义务，于是与旅行社协商要求退回赴香港旅游费用，并给予一定经济赔偿。旅行社认为，组团时已经申明旅客对个人证件真伪及有效期负责。双方经过反复沟通协商，仍不能就退赔问题达成协议。

刘女生非常气愤，向法院提起诉讼。旅行社顾及自身商业声誉，提出与刘女士和解。刘女士起初憋着一股气，坚决不同意和解。在法官的调解下，刘女士意识到自己没有认真检查证件日期，也存在一定过错。经过再三权衡，刘女士决定在赔偿金额上作出让步，但要求旅行社当场赔礼道歉。结果双方迅速达成调解协议，旅行社负责人在法庭上专门向刘女士道歉，并当场支付了赔偿金。

在这起旅游合同纠纷中，旅行社的过错是显而易见的，如果法院判决，刘女士胜算很大，但是刘女士并没有意气用事，而是得饶人处且饶人，既赢得道歉和赔偿，也节省了自己的时间和精力。旅行社也得以保全自己的商誉，减少了一定的经济赔偿损失，这样的处理结果双方都能欣然接受，实现了“双赢”。

值得一提的是，最佳解决方案，一定是先立足于法律事实，在权衡利弊之后作出的选择。如果不讲“找法思维”，一味讲“权衡利弊思维”，就可能变成毫无原则的和稀泥。如果不讲“权衡利弊思维”，只强调“找法思维”，就可能成为机械用法的“一根筋”，还有可能把事情弄得更糟。现实生活中就发生过这样的真实案例：

在一起山林承包纠纷中，原告方是村民岑某，被告方是某村委会。由于当地政府发展经济的需要，重新调整了土地规划，村委会想提前收回岑某承包的土地，如此一来就违反了村委会与岑某签订的山林承包合同约定。岑某不服，将村委会告上法庭。

法官一看，山林承包合同上写得清清楚楚，合同明确约定了承包期限以及违约赔偿问题。法官也没多想，严格依照法律规定判决村委会败诉。结果判决作出后产生一系列连锁反应。原来，村委会是一个集体自治组织，村民每年可以享受村集体组织的收入分红，如果村集体赔偿了岑某经济损失，村民的分红就会受到影响。

不仅如此，像岑某这样的山林承包合同还不止一例，看到岑某胜诉获利，其他村民纷纷效仿，村民集体分红利益受到的影响越来越大。村民转而迁怒于作出调整土地规划的市政府，结果引发了新的行政纠纷。这起案件的判决结果，不仅让原告岑某受到村民们千夫所指，村委会也有苦说不出，村民们群情激奋，当地市政府也很不满意。①

你看，一个纠纷的处理不能仅仅考虑“找法思维”，问题往往没有想象中的那么简单，必须充分考虑各方因素，用“权衡利弊思维”作出理性选择。这起案件最终在法院重新出面协调各方后，才把问题彻底解决。解决问题的法律知识不是最重要的，重要的是学会运用“找法思维”与“权衡利弊思维”，并实现

---

① 陈斯主编：《法官视野中的司法》，厦门大学出版社2010年版，第5页。

两者的圆融。

## 03　刑事案件也能实现“双赢”

最佳的解决方案是“双赢”，不仅体现在民事案件、行政案件中，在刑事案件中同样有所体现。

你可能会感觉很奇怪，犯罪分子被判有罪怎么可能对判决结果满意呢？我要告诉你，完全有可能。

例如，在立足事实和法律的基础上，检察机关可以告知犯罪嫌疑人自愿选择认罪认罚，如实供述罪行，接受检察机关提出的量刑从宽处罚建议。如果犯罪嫌疑人愿意认罪认罚，检察机关就可以按规定从宽处理，节省宝贵的司法资源，而嫌疑人也可以得到从轻处罚，实现“双赢”。看下面这则适用认罪认罚从宽制度的真实案例：

犯罪嫌疑人武某某在KTV唱歌时结识了被害人唐某某，之后二人确立了恋爱关系。2018年9月11日下午5点，武某某去唐某某住处为自己庆生，二人喝酒到次日凌晨，因感情问题发生争执，武某某骑自行车回家，唐某某随后乘坐摩的到达武某某家中，两人继续喝酒。至凌晨3点左右，二人再次发生争吵，武某某拿起床头柜里的尖刀朝唐某某身上捅刺，导致唐某某失血性休克死亡。武某某酒后昏睡直至警察将其抓获。

检察机关认为，本案证据确实充分，能够形成完整证据链，证明武某某得知唐某某与他人发生不正当关系后心生不满，使用锐器扎刺被害人要害部位，涉嫌故意杀人罪。武某某能够基本如实供述自己的罪行，只是在行为性质、行为手段上做辩解。经过教育转化，武某某接受检察机关指控的罪名，向被害人家属真诚悔罪，积极赔偿。被害人家属接受了武某某的道歉和赔偿，出具了谅解书。

检察机关认为武某某与唐某某系恋爱关系，因感情纠纷引发本案，武某某认罪悔罪，积极赔偿，取得被害人家属谅解，可以依法适用认罪认罚从宽制度，以武某某涉嫌故意杀人罪向法院提起公诉，并提出对武某某判处无期徒刑的从宽量刑建议。最终法院以故意杀人罪判处武某某无期徒刑。武某某当庭表示不上诉，认罪服法。[①]

这样一起故意杀人的重罪案件，对于被告人武某某、唐某某、唐某某家属而言都是一场悲剧。检察机关在明确事实证据的前提下，权衡利弊，依法适用认罪认罚从宽制度，对武某某进行教育转化，鼓励其真诚悔罪并积极赔偿，争取唐某某家属的谅解。之后检察机关再提出从宽量刑的建议，促进了各方矛盾的化解，既实现案结事了，也节约了司法资源，实现了另一种意义上的“双赢”。

日常思维里，最佳解决纠纷的方案是又妥、又快、又省，法律思维的超脱就在于，能够在明确事实和法律的基础上权衡利弊，找到实现双赢的解决问题之“道”。

有的时候，妥协往往是一种更为勇敢的举动，只要这种妥协并没有放弃自己内心深处最神圣的原则[②]。在日常思维的基础上加点法律思维，先用“找法思维”明确事实依据，再用“权衡利弊思维”作出理性选择，你也可以找到解决纠纷的最佳方案。

## 第31讲　导向：超级务实的法律思维

上一讲我们讲到运用“找法思维”“权衡利弊思维”，找到解决纠纷的最佳方案，实现“双赢”。法律人眼中的最佳方案，与公众心目中的最佳方案不仅是统一的，而且还自带加强，能够实现超越。从这一讲开始，我们就从不同的视角看看，法律思维超脱日常思维解决纠纷的表现。

---

① 2019年10月24日，最高人民检察院召开“准确适用认罪认罚从宽制度”主题新闻发布会，会上发布了3件检察机关适用认罪认罚从宽制度典型案例，武某某故意杀人案是其中一件。根据表述需要，案件内容略有删减。

② 罗翔：《圆圈正义：作为自由前提的信念》，中国法制出版社2019年版，第37页。

## 01 法律思维之：务实思维

在公众的思维意识里，务实的解决问题方案总是很受欢迎。“不管黑猫白猫，只要能抓到老鼠就是好猫”，就是人们潜意识里务实思维的体现。

在公众看来，法律人似乎有些理想主义，阳春白雪，为了追求公平正义不辞劳苦，不达目的誓不罢休。这固然是法律人优秀的职业品质，但其实，法律人也很务实，而且务实起来比公众有过之而无不及。

法律人对自身的定位，既是日常纠纷的解决者，也是社会矛盾的化解者。无论是解决纠纷还是化解矛盾，都必须以解决问题为最终目的。所以，法律人一出场就是要解决问题的，这就决定了法律思维里必然包含有务实思维。

法律思维语境下的务实思维，是指一切从法律问题本身出发，以解决问题、实际有用作为目标导向的思维方法。在务实思维看来，纠纷和矛盾的内容都不是重点，关键是把涉及矛盾纠纷的问题解决。而法律途径只是解决问题的方式之一，只要能解决问题，是否选择用法律途径、是否实际用到法律，都显得没那么重要了。

你也许会感叹，法律人务实起来真可怕，连“法”都可以不要了。这话是对法律人务实思维的误解。法律思维视野下的务实思维，是在合法的框架内，以事实为基础，以法律为依据，不局限于用“法”来解决问题，而是从实用角度寻找解决方案的思维方法。简言之，就是用“法”而不拘泥于“法”。

在电视剧《精英律师》中有这样一个片段：

主人公罗槟律师的好朋友、前姐夫冀遇，为了帮助罗槟的姐姐、自己的前妻罗琦母女渡过生活上的难关，背着妻子荣蓉偷偷给了罗琦一笔钱购买住房。

荣蓉得知后非常生气，找到罗琦要求归还这笔钱，双方协商不成，荣蓉到法院起诉了罗琦，要求归还赠款。与此同时，愤愤不平的罗琦也到法院起诉了冀遇，要求法院判决剥夺冀遇对女儿的探望权。因为赠款一事，荣蓉和冀遇还闹起了离婚。一时间矛盾重重，剑拔弩张，双方互不相让，让作为律师的罗槟夹在好朋友和亲姐姐中间好不为难。

荣蓉的律师提出了解决问题的方案，就是一定要拿回赠款，除非荣蓉和冀遇离婚，否则不撤诉，当然罗槟替姐姐归还赠款也行。罗槟无奈之下只好答应，条件是这件事绝不能让姐姐罗琦知道，而且荣蓉必须撤诉，并且承诺永远不能以同一理由起诉。荣蓉的律师也要求罗槟说服姐姐撤回对冀遇的起诉。双方达成了共识，事情似乎得到了妥善解决。

聪明的罗槟意识到这并非解决问题的最佳方案，于是另辟蹊径，找到荣蓉沟通，告诉荣蓉关于冀遇童年的辛酸往事。冀遇的父母在冀遇很小的时候就离了婚，每当需要交学杂费的时候，冀遇的父亲总是推三阻四，给冀遇的童年留下不可磨灭的阴影。冀遇之所以赠款给罗琦母女，就是不想让自己的女儿成为当年的自己。

知道事情真相的荣蓉原谅了冀遇，三方最终达成和解。三方约定，罗琦和孩子可以一直住在用赠款购买的房屋里，如果罗琦出售房屋获得房款，视为冀遇支付给孩子的抚养费。荣蓉、罗琦分别撤诉，矛盾纠纷得到完美解决。

你看，剧中的罗槟是精通法律的精英律师，但在处理这起家事纠纷时却并没有选择用“法”去解决，而是选择以“情”动人，促成和解。各方心平气和地接受和解方案，不用对簿公堂，见面也不再是冤家，这就是法律人的务实智慧，有人形象地戏称为“搞定就是稳定，摆平就是水平”。

## 02　在情、理、法中寻找最佳平衡

你也许要问，如果法律人变得如此务实，会不会置法律的尊严于不顾呢？我想告诉你的是，法律人的务实一定是建立在事实和法律的基础上的，绝不是毫无原则的煽情和交换。

古人言：世事洞明皆学问，人情练达即文章。法律人既是精通法律的专业人士，也是通达世情的社会精英，只有懂得情、理、法的交融，才能进退自如、游刃有余地解决各种疑难问题。

如果只是纯粹的适用法律问题，法律人一定能帮你分析得头头是道，因为法律知识是可以完全理解和认知的。但是生活中的问题不只停留在法律知识层面上，许多问题甚至是完全超越法律，是书本所不能尽述的。此时解决问题不在于法律知识多么渊博，适用法律多么严谨，而在于法律人丰富的人生阅历和社会经验。请看下面的案例：

周某兄妹三人的亲生父亲去世，留下一套房产。周某三兄妹与继母因为房产继承问题产生了纠纷。按照我国《民法典》关于夫妻共同财产的规定，这套房产有一半是继母的，剩下的一半房产才产生继承问题。按照《民法典》关于继承的规定，房产继承第一顺位继承人包括配偶、子女，同一顺序继承人原则上按人头平分。也就是说，周某三兄妹依法可以分得八分之三的房产继承份额。

案件事实虽然很清楚，但问题却没有那么简单。继母已经80多岁了，身体也不太好，不同意让三兄妹继承，并讥讽三人“跟死人抢钱”。周某三兄妹聘请了律师将继母起诉到法院，法院经过调解，提出让老太太继续住在房屋，但必须支付周某三兄妹房价的八分之三。事情似乎已经得到解决，但问题又来了，当时的房价天天在涨，房价的八分之三究竟折算多少钱才合适呢？双方为此争论不休、互不相让。

僵持阶段，律师向周某三兄妹提出了解决方案，房价再涨也是房子，不能当钱花，老太太身体不太好，老太太本人还有子女，久拖不决，恐生变故，事情宜速战速决，拿到手里才是钱。这确实是务实的解决方案，周某三兄妹接受了律师的建议，最终双方达成调解协议，房产归老太太，但老太太必须在7日内给出50万元房屋折价款。

正当双方准备签署调解书时，律师又提出来，能不能让老太太一方先给钱再出调解书，并委婉地表示老太太80多岁的，不想给执行法官添麻烦。法官一想也有道理，经过再次协商，老太太同意一个月内付清50万元，为保险起见钱先打到法院账户，等签署调解书后，周某三兄妹再从法院账户领取继承款。最终案件得到圆满解决。①

法律人就是这么务实，上述案例中的律师就是立足于事实和法律规定，从务实的角度提出了解决方案。房价虽然天天都在涨，但是事情不能久拖不决，因此可以考虑做点让步。而且老太太已经80多岁了，如果不先把钱拿在手上，万一老太太拒绝执行，法院强制执行起来会很困难，事情又会变得很棘手，因此要提出先拿钱再签调解书的方案。

---

① 沈大生：《精彩也在胜负外》，法律出版社2017年版，第387–403页。

案例中的事实证明，律师的务实思维起到了关键作用，律师的担心并不是杞人忧天。你看，原协议商定的7天支付期限变成了后来的一个月，细节之间，既透露出法律人的务实，也体现出解决问题不能仅仅靠“法”，还得在情、理、法中寻找最佳的平衡点。

## 03 法律思维之：经验思维

法律圈内有句名言：法律的生命不在于逻辑，而在于经验。这句名言特别强调突出了经验思维在处理复杂问题中的重要性。

所谓经验思维，是以生活经验为依据决断问题的思维方式，也是普通人思维中最基础的思维。法律思维语境下的经验思维，是将法律规定与生活经验相融合，实现对日常生活经验的超越。

为什么法律人这么强调经验思维呢？一方面，因为法律本身就是来源于日常经验的总结，公众普遍接受的经验，才逐渐上升为法律层面；另一方面，因为现实生活实在是太复杂，而法律人收到的信息又十分有限，问题又迫切需要在短时间内得到解决，要在如此高的要求下每次都作出一个完美决策，几乎是一个不可能完成的任务。因此，许多时候法律人只能在法律框架内，借助经验作出判断，选择最为直接、最为有效的务实方案。

一个优秀的、成熟的法律人，一定是既懂得法律规定，又懂得社会运行的规律规则，还特别善于察言观色，深谙人情世故。细心的你总会发现，法律人都是雪中送炭，极少锦上添花。因为，光解决问题就耗去了法律人绝大部分精力，哪还有工夫锦上添花。有时候法律人的务实中，还会包含一种妥协。例如上述案例中的律师，建议周某三兄妹不要纠结于房价会天天上涨，自己的利益不能实现最大化，而是要以务实的心态处理问题，这就是运用经验思维作出的判断，学会接受不完美，也可以看作另一种意义上的务实。

在日常思维的基础上加点法律思维，你会更加深刻地理解务实思维和经验思维。既懂得用“法”，又不拘泥于“法”。既坚守原则底线，又能根据生活阅历经验，懂得人情世故的变通。“如非必须当为，切勿节外生枝”，生活本来就是不完美的，追求最佳，但不苛求最佳，这就是法律思维给出的务实方案。

# 第32讲　成本：法律人如何算好经济账

上一讲，我们讲到法律思维是如何从务实角度思考解决问题的。讲到务实，就不能不提到实惠。在公众意识里，最佳解决问题的方案不仅要务实，而且要经济实惠。

公众的期盼就是法律人努力的目标，在法律思维里寻找最佳解决方案，必须考虑方案的成本和收益。在这一讲里，我并不想告诉你怎样花最少的钱去解决纠纷，而是想向你介绍法律人是如何运用法律思维来算经济账的。

## 01　法律人算账不只算经济成本

法律人的工作免不了各种经济花费。去法院打官司要诉讼费，到仲裁委仲裁要仲裁费，伤情鉴定要鉴定费，证据公证要公证费，哪哪都要用钱。但是，金钱并不是解决问题的最大成本，比金钱更大的成本，是法律人的时间和精力。

法律人工作的本质是提供法律服务，解决纠纷、化解矛盾才是硬道理。如果当事人花钱请了位律师，虽然感觉到很经济，但是如果问题没解决，这个钱实际上是花得不实惠的。相反，如果请了位律师虽然感觉有些贵，但如果能顺利帮助当事人解决问题，这个钱就花得很值。

你看，用法律思维中算经济账，花费多少钱并不是唯一的标准，钱既要花得合适，还必须能够解决实际问题，这才是一笔划算的经济账。法律人算账不只算经济成本，既是回应公众解决问题的实际需求，也是由法律工作性质和特点所决定的。

法律人作为法律服务的提供者，如果服务的对象是社会个体，当然要尽可能考虑为个体当事人减少办案成本支出。但如果服务的对象是国家和社会公共利益，有时候就不能仅仅考虑经济成本因素。请看下面一则网络上流传的小故事：

一位中国女大学生在德国留学，在当地一家图书馆看书时，她的钱包被扒手窃走，包里有20欧元。她向图书馆保安反映了情况，保安在现场并没有发现小偷的踪迹。女大学生心想算了，反正钱也不多，自认倒霉。可是图书馆保安却报了警，警察赶到现场，向女大学生询问了情况，并给她做了笔录。

警察说："图书馆的自动安全系统已经录下了小偷的样子，警察局今天就可以将小偷的照片张贴到全区各个警察局。如果仍找不到小偷，我们会把录像带送电视台反复播放，直到破案为止。"

女大学生说："这么复杂啊，我看算了，只有20欧元，不必兴师动众。即使抓到了小偷，所花费的成本也太大了。"

警察却说："不，我们是警察，不是商人，只有商人才讲值不值，法律的尊严不能用金钱衡量。小偷触犯了法律，就必须受到法律的惩罚。"

警察执意展开调查，结果当电视台播出小偷偷钱录像的第二天，小偷就落网了。

这则小故事反映出法律人的执法经济观。从金钱的角度计算，为了20欧元大张旗鼓地抓小偷是有些得不偿失，但从维护法律尊严和社会公平正义的角度看，花多少钱都是值得的。

法律人算账，不能只看经济成本，还得考虑公共秩序价值。为了倡导公平正义的社会价值观，有时必须适当忽略经济成本因素，坚持严格执法，释放出"不惜代价，也要将犯罪分子绳之以法"的强烈信号，这也是法律人运用博弈思维的体现。

## 02　运用法律博弈思维算好经济账

法律思维语境下的博弈思维，是指在遵守法律的前提下，实现法律利益最大化和风险成本最小化的思维方法。在博弈思维里，既有日常思维中追求经济实惠的一面，又有超脱金钱因素，为了社会公共利益不惜经济成本的另一面。

法律人几乎都免不了要算经济账。对于从事公共法律实务的警察、检察官、法官来说，办案所需的金钱花费已经不是首要考虑的因素，追求办案社会效果、实现法律利益最大化，同时尽可能地避免风险，才是他们考虑的重点。

作为一名检察官，在履行公诉职能时也要算一笔经济账，运用博弈思维，努力实现办案效果的最大化、办案风险的最小化，在权衡之后找到提起公诉的最佳方案。下面看一个真实的案例：

> 这是一起发生在国有企业改制过程中的职务犯罪案件。被告人赵某，是某国企负责人，其所在的国有企业经过改制转变为民营企业。赵某在改制过程中产生了为自己留后路的想法，于是利用担任国企领导的职务便利，挪用单位公款，伙同他人成立另外一家关联业务公司，谋取私利。直到企业改制全部完成，赵某仍未能归还单位公款。在改制过程中，为了谋取不正当利益，赵某还以现金形式，贿送给某官员人民币共计25万元。
>
> 赵某选择作无罪辩护，他认为自己挪用单位公款，经过了单位领导集体决策，并没有谋取个人利益。而且，企业改制以后，自己已经不再具有国家工作人员身份，因此不构成公职人员职务犯罪。本案中，自己送钱给官员的行为，是为了给单位谋取不正当利益，并没有谋取私利，因此也不构成行贿罪。

案件有些棘手，检察官甲、乙、丙围绕公诉方案问题展开了讨论：

甲检察官说：我认为以贪污罪和行贿罪起诉比较稳妥。因为改制原因，赵某是否具有国家工作人员身份存在一定争议。而且，贪污罪是重罪，如果法院能够认可贪污罪的指控，就能给赵某处以法律上的严厉惩罚，社会警示效果好。

乙检察官说：我认为起诉贪污罪存在一定风险，万一法院不认可这个罪名，赵某又不承认行贿罪的指控，整个案件就可能判无罪，风险太大。我建议，以挪用资金罪和行贿罪起诉比较理想。因为无论企业是否改制，赵某挪用单位资金不还的事实都是客观存在的，即便赵某被法院判定不具有国家工作人员身份，那么定挪用资金罪也是没问题的。

丙检察官说：放弃一个最大限度追究犯罪分子责任的机会，似乎有点可惜。我认为，以贪污罪和单位行贿罪起诉最为理想。赵某承认为单位谋取不正当利益向官员行贿，我们可以把起诉罪名由行贿罪变更为单位行贿罪，几乎有百分百的定罪把握。有了保底，我们就不用担心案件会判无罪。赵某是否具有国家工作人员身份，属于有争议的事实，我们可以按重罪来起诉，即便法院不认定重罪，也可以把重罪改判成轻罪，而不会定无罪，最坏的结果是法院把贪污罪改判成挪用资金罪，最终以挪用资金罪和单位行贿罪对赵某执行数罪并罚，办案效果也不错。

看了上述的讨论你会发现，检察官们在讨论公诉方案时，都在运用博弈思维算经济账。一方面，要争取最大限度追究被告人刑事责任，让犯罪分子得到应有的惩罚；另一方面，也要把公诉风险控制在最小，避免公诉罪名选择失误，影响办案社会效果。一大一小之间，充分展现出法律人的博弈智慧。

法院最终判定赵某构成挪用资金罪和单位行贿罪，实行数罪并罚。判决结果并不是最重要的，追求法律利益最大化和风险最小化的博弈思维，才值得我们细细品味。法律人算经济账的思维过程，往往也是通往最佳解决方案的思维路径。

## 03　运用法律底线思维算好经济账

在博弈思维中，其实还蕴含着另外一种法律思维，那就是底线思维。

法律思维中的底线思维，是指预设最坏的法律后果，综合运用各种法律方法，避免最坏结果出现的思维方式。博弈思维追求法律利益最大化和风险最小化，其中的“风险最小化”往往就演变成了底线思维。“凡事想到最坏结果”“遇事留一手”几乎是所有法律人的思维习惯。

底线思维和博弈思维就像是孪生兄弟，相伴相生，常常以搭配的形式出现，广泛应用在各类案件的处理中。下面看一个运用博弈思维和底线思维的民事维权案例：

蒋女士是一位年轻的爱美人士，她看到某商场店家售卖丰胸产品，宣称该丰胸产品经过了美国食品与药品监督管理局（以下简称FDA）认证，丰胸效果良好。蒋女士信以为真，花费2万元购买了全套丰胸产品。结果使用后不久，蒋女士胸部出现皮肤过敏，产生大量红色疱疹。蒋女士立即向商家提出退货并全额退款的要求，结果商家矢口否认是产品质量问题，而是蒋女士个人使用不当所致，拒不退货。一气之下蒋女士聘请律师将商家告上法庭。

律师提供两种起诉方案供蒋女士选择。第一种是以产品质量问题为由提出起诉，要求商家全额退款，并赔偿医疗费损失；第二种是以产品宣传欺诈为由提出起诉，主张商家存在消费欺诈行为，要求商家按照商品价格双倍赔偿损失。

接着，律师对两种方案分别给出评估意见。选择第一种方案获得赔偿的利益较小，但是败诉的风险也相对较小，几乎可以确保胜诉；选择第二种方案获得赔偿的利益较大，但是败诉风险也较大，不过败诉风险在可控范围内。因为根据经验，FDA认证非常严格，商家极有可能是欺诈消费者，胜诉的可能性较大。如果商家拿出证据证明产品通过了FDA认证，那么蒋女士还可以选择撤诉，再以第一种方案重新起诉，尚有回旋的余地。

蒋女士接受了律师提出的第二种方案，果不其然，商家拿不出丰胸产品经过FDA认证的证据，蒋女士成功获得双倍赔偿，案件得到圆满解决。[①]

律师比较两种方案的思维过程，就是博弈思维和底线思维的体现。一方面要最大限度地维护蒋女士权益，另一方面也要尽可能减少诉讼风险，同时还要想到最坏结果。万一第二种方案实施不成，还留有后手，可以撤诉再以第一种方案重新起诉。如此一来，进可攻，退可守，不失为一种最佳的解决方案。

法律人的经济账，并不以金钱作为唯一衡量指标，而是在利益最大化和风险最小化之间进行博弈，同时还要考虑到最坏结果。在日常思维的基础上加点法律思维，既追求经济实惠，也要讲究办事效果，防范风险，避免最坏结果的出现。用博弈思维搭配底线思维，法律人的算账方式，你学会了吗？

## 第33讲　变换：最佳方案也许就在拐角处

上一讲，我们讲到法律人是如何运用法律思维来算经济账的。生活中，人们头脑中会突然冒出一个解决问题的好点子，人们常常称之为灵光一闪。其实，所谓的灵光一闪都是长时间、深层次思考的结果，只不过是以灵感的形式一瞬间表现出来而已。

法律思维里也有“灵光一闪”，不过它不是灵感的产物，而是法律思维客观作用的结果。这一讲，我就来向你介绍，法律思维里的转换思维和发散思维，看看法律人是怎么遇见“灵光一闪”的。

---

① 沈大生：《精彩也在胜负外》，法律出版社2017年版，第37–63页。

## 01 法律思维之：转换思维

法律思维语境下的转换思维，是指站在对手视角审视矛盾纠纷，在法律框架内恰当转换矛盾纠纷的性质，从而解决问题的思维方法。

人总是习惯从自我出发，先为自己着想，这是普通人的一种本能思维。生活中，人们常常抱怨自己不被人理解，指责别人不会换位思考，也许我们自身也并未真正懂得换位思考。法律人也是普通人，法律思维之所以能够超越日常思维，就在于法律人经过了专业的思维学习和训练，能够有力对抗人的本能思维惯性。其实很多时候，人们只要稍微懂得转换思维角度，往往就能打破矛盾僵局，遇见一片新天地。请看下面这则发生在银行的案例：

一位老太太与银行客户经理发生了争吵。老太太称，她刚刚在柜台取了8000元钱，回去一数发现少了100元。客户经理通过向老太太了解情况，调看银行监控录像，心里也认为老太太没有说谎。但是，碍于银行声誉，如果银行承认自身犯了错，可能会给银行经营带来负面效应，影响客户对这家银行的印象和信任，也会影响到银行柜员的业绩考核。

于是客户经理打定主意坚决不认错，以“离开柜台，概不负责”为由拒绝补款。老太太不依不饶，双方陷入了僵局。

银行的法律顾问律师闻讯赶来，在了解清楚情况后，他笑着对老太太说：“不管是不是银行的错，都特别感谢您给我们银行提供宝贵的服务建议，我们有则改之无则加勉。但是银行也有银行的规定，为了感谢您的建议，我们赠送您一份我们银行最新推出的精美纪念品，价值688元，您看好不好？”老太太顿时眉头舒展，感觉自己一点也没吃亏，欣然同意，事情得到圆满解决。

在这起纠纷中，律师就巧妙运用了转换思维，把储户与银行之间取款少款的矛盾关系，巧妙转化为储户向银行客服提意见的良性关系，不仅极大地缓解了对立情绪，而且照顾到双方的颜面和利益，不失为解决问题的最佳方案。

## 02　转换思维：从尊重人性、换位思考开始

现实中的法律问题可比上述案例中的纠纷复杂得多。法律工作之所以难，难就难在与人打交道。因为人性是较为复杂的，往往难以捉摸和把握。

当出现矛盾纠纷时，虽然说事实上存在对错之分，但许多时候也并不是一眼看上去就对错分明，往往双方都会占一些理。此时你想让人认错，简直比登天还难。因为你不是跟某个人为敌，而是与人性作战，人的本性是不愿意承认自己犯错的。这时就需要运用转换思维，从尊重人性的角度，学会换位思考。请看下面这则案例：

陆军与亲哥哥陆勇因为房产继承问题产生了纠纷。兄弟俩父亲早逝，母亲生前曾当着众亲属的面明确表示把房子留给陆军。但是，房子陆勇一直住着，房产证也没有过户，一直在母亲名下。

后来母亲过世，陆勇的儿子想创业急需用钱，陆勇就想把房子卖掉。陆军得知后连忙与哥哥协商，希望陆勇不要卖掉房子。由于没有书面遗嘱，在利益面前，兄弟俩各执一词，各不相让。无奈之下，陆军只好请律师介入。

律师找到陆勇说明来意，表示自己并不想通过法律途径解决问题。这件事其实是兄弟之间理解上的误会。母亲在世时确实当着大家面说过房子归陆军，那是因为陆军当时经济状况不太好，生活不如陆勇富裕，母亲想多照顾弟弟一些。现在陆勇的儿子急需用钱，陆军作为叔叔理应支持。陆军可以给陆勇一笔钱让侄子创业用，但希望陆勇能够把房子过户到陆军名下。房屋继承虽然没有遗嘱，但是母亲在天之灵一定希望兄弟俩能够相互理解、相互扶持。

陆勇一听，顿时感慨不已，当即表示房子可以过户到弟弟名下，弟弟陆军给自己儿子的钱当作投资款，将来创业有收益可以按投资比例分红。兄弟俩重归于好，冰释前嫌。

你看，律师把一起房产继承法律纠纷，转化为兄弟俩对母亲真实意图理解上的家庭纠纷。这起案件如果真上法庭，由于没有书面遗嘱，胜负难料，陆军想拿到房屋产权恐怕没那么容易。但通过转换思维，从尊重人性的角度换位思考，弟弟体会到哥哥的经济难处，主动提出给侄儿适当的经济支持，最终也换来哥哥的理解和

让步，实现了“双赢”。

## 03 法律思维之：发散思维

转换思维运用的精髓，就在于转换角度，尊重人性，换位思考。但有时“换角度”还不够，如果某个问题按正常处理方式很难从根本上解决，你就需要换个思路来考虑问题，另辟蹊径，这种“换思路”的思维方式就是发散思维。

法律思维语境里的发散思维，是指面对纠纷时，在法律框架内多角度、多维度、多方向立体式思考，头脑思维呈现出发散状态的思维方式。

发散思维与转换思维往往结合起来使用，优秀的法律人会灵活运用两种思维交叉互动，屡屡献出精彩的解决方案。请看下面这则保险公司与“人伤黄牛”周旋的案例：

> 随着我国保险行业的迅猛发展，利用保险制度漏洞实施欺诈骗取保费的案件时有发生。特别是在交通肇事等涉及人身伤害的事故发生后，一些不法分子在第一时间获取到伤者信息，同时密切接触伤者，嘘寒问暖，承诺代理伤者向保险公司索赔，争取获得高额保险理赔金，骗取伤者及家属的信任，保险圈内把这些不法分子形象地称为“人伤黄牛”。
>
> 在与伤者签署委托理赔代理协议后，“人伤黄牛”通过伪造伤者病历、行贿伤情鉴定人、提高伤残等级等非法手段，从保险公司骗取到高额保险理赔金，但只按照委托协议约定向伤者支付少量的保险理赔金，从中赚取巨额非法利益。
>
> 据媒体曝光，广东省个别地区“人伤黄牛”已形成一条灰色产业链，严重侵害到保险公司的利益，让保险公司头疼不已。起初保险公司在发现“人伤黄牛”后，多采取报警方式处理。但是警察到场后，“人伤黄牛”立马拿出与被保险人签订的委托理赔代理协议。警察一看有协议，只能认定为经济纠纷，不能按刑事诈骗犯罪处理，拿“人伤黄牛”也没有办法。[①]

---

① 引自广东保险学会2018年立项课题《“人伤黄牛”造假骗保行为定性及应对策略研究》，课题组成员：李琪、李涛。课题部分成果形成文章：《警惕另类“黄牛”，斩断人伤骗保灰色产业链》，载广州市法学会编：《法治论坛》2018年第3辑（总第51辑），中国法制出版社2018年版，第392页。

在上述案例中，事实证明，保险公司按照传统的报警解决纠纷的思路已经行不通，那么就必须运用发散思维，转换思路，另寻他途。保险公司法务部门经过认真研究“人伤黄牛”常见手法，集思广益，采取了一系列措施转换思路：

首先，摆脱保险公司与“人伤黄牛”一对一作战的单向思维，打开与医院、公检法等机关群防群治的多向思维。一方面，积极与医院沟通衔接，共同整治病历、鉴定意见造假等行为，剪除“人伤黄牛”诈骗制假之手；另一方面，通过与公检法等机关协调配合，建立人伤事故损害赔偿纠纷一体化处理机制，加强案件办理协作，就民事纠纷与诈骗犯罪定性问题达成共识，精准打击“人伤黄牛”诈骗犯罪行为。

其次，转变一味追求打击“人伤黄牛”的思路，转而从根本上清除“人伤黄牛”滋生的土壤。把工作重心从被动打击单个“人伤黄牛”，转换为主动根除“人伤黄牛”生存环境，采取的最核心措施，就是让人伤理赔程序更透明、更便利。保险公司逐步建立起以伤者为中心的全流程理赔体系，为伤者提供垫付医疗费、理赔指引等贴心服务，彻底解决了伤者理赔难的问题，免除伤者后顾之忧，让“人伤黄牛”无机可乘。

最后，把工作视角从对外防范“人伤黄牛”，转换为对内审视制度漏洞。“人伤黄牛”之所以屡屡得手，并不是手段有多高明，而在于利用了保险公司内部的管理漏洞。有鉴于此，保险公司一方面加强了科技信息手段的运用，运用大数据分析人伤理赔异常数据，建立起预警提示机制，提升对“人伤黄牛”造假识别的水平；另一方面加强了对公司内部人员的法治教育，通过办理一批典型案件，教育工作人员自觉抵制“人伤黄牛”的金钱诱惑，提高依法办事的法律意识。

思维一换天地宽。在上述案例中，保险公司法务部门灵活运用发散思维与转换思维，两相结合，多管齐下，打开了解决问题的思路，彻底遏制住了“人伤黄牛”的嚣张气焰，最终找到了解决问题的最佳方案。

在日常思维的基础上加点转换思维，能够让我们更加懂得换位思考，将心比心，再加上一点发散思维，能够帮助我们开拓思路，推开思维的另一扇窗，努力实现思维能力的新超越。也许，就在思维变换的拐角处，你也能“灵光一闪”，邂逅心目中的最佳方案。

# 第34讲　美化：案件事实的“颜值”很重要

在这一章的前几讲中，我们沿着日常思维对最佳方案的认识，介绍了法律思维对最佳方案的理解和定义，以及灵活运用多种法律思维实现对日常思维超越的做法。这一讲，我要为你介绍一种新的思维视角去寻找解决问题的最佳方案，我称之为“美化思维”。

## 01　把事实打扮得美美的，交给法官去裁判

民间有句俗语，“三分靠长相，七分靠打扮”，欣赏一个人，往往始于颜值，可见打扮的重要性。人们都不会抗拒高颜值的事物，这是人的审美本能，放之四海而皆准。

在这一讲里，我并不是想告诉你，怎样把自己打扮得美美的去见法官，而是如何把案件事实进行“美化”，使之更加符合法官的审美。案件事实有“颜值”，法官接受和认可的概率就会大大增加，诉讼获胜的概率也就会随之上升。

我在“表达：当好案件事实的‘搬运工’”一讲中曾讲到，梳理、表述纠纷事实一定要完整、准确。在这一讲，我特别强调案件事实的“颜值”，绝对不是企图歪曲事实欺骗法官，而是通过“美化思维”的作用，把粗糙的案件事实打磨得更加美观，更加能赢得法官的青睐。你想，若法官都能高看一眼，不就离我们苦苦追寻的最佳方案不远了吗？

## 02　法律思维之：美化思维

法律思维语境下的美化思维，是指在法律的框架内，对案件事实进行情境设定，使之更加契合裁判规则的思维方法。通俗地讲，就是把案件事实好好包装、打扮一番，使之更符合法官的审美观，然后交给法官去裁判。

可能你会问，“素颜”多好，为什么就不能素面朝天呢？那是因为，如果不借

助美化思维的打磨和包装，仅靠事实本身粗糙的模样，不仅不会引起法官的瞩目和好感，甚至还会因为“不修边幅”影响法官对案件事实的精准判断。请看下面的案例：

> 李女士是一家保险公司的员工，通过公司双向选择竞聘到该公司团险部工作。本来岁月静好，前途光明，不料公司突然提出要将李女士调到客服部工作，李女士的收入不仅会降低，工作地址也发生了变化，上下班多有不便。李女士很不满意，向公司明确表示不想去客服部工作。公司不同意，依旧将李女士调入客服部，并限期报到。
>
> 李女士非常抗拒，拒不到岗报到，继续在团险部工作。公司以李女士不服从公司管理为由，要将李女士开除。事情闹大了，李女士不服，聘请律师将公司告上法庭。起初，李女士向律师哭诉，称自己是如何勤勉工作，而公司领导又是如何出尔反尔，冷酷无情。李女士咽不下这口气，要向公司索赔。律师告诉李女士，这样“粗糙”的事实可能会影响法官的判断，误以为李女士是不服从单位管理的“刁民”，必须要把事实进行“美化”。
>
> 律师是怎么做的呢？首先，向法官陈述李女士通过双向选择竞聘到团险部工作的客观事实；其次，向法官表明公司单方面决定调岗的事实，而且调岗明显有损李女士利益，事先未征得李女士同意，公司方面也并没有提出充分的调岗理由；最后，向法官表达观点，公司方面以不服从公司管理为由开除李女士，不仅不符合客观事实，而且理由也并不充分，这种单方面宣布解除劳动合同的做法，对李女士而言是不公平的。

上述案件中，法院最终判决公司继续履行与李女士的劳动合同，并支付李女士工资损失。判决结果并不是最重要的，运用美化思维设计解决方案的方法才值得好好学习。我们来复盘一下律师的这一系列“美化”操作：

第一步，设定情境。不要一上来就给法官一种“不服从公司管理，肯定是刺头员工”的印象，要把纠纷情境设定为“弱势女员工被强势公司欺负”，一开始就要讲明李女士通过双向选择竞聘到现任岗位的事实，表明李女士是一名有能力、积极要求上进的好员工。

第二步，重点美化。把美化事实的重点，放在李女士拒不服从调岗的原因上。

李女士明确表示不同意调岗，既有双向选择竞聘到现任岗位的原因，也有经济上、上班通勤便利等方面的考虑，是一般人趋利避害的正常反应。反观公司方面行使管理职权的行为举措，就显得有些简单粗暴了。

第三步，精准对接。把案件争议的焦点问题，对接劳动争议裁判规则，引导法官的裁判思路，让法官裁判起来更省心。公司单方面解除劳动合同的做法不符合法律规定，公司称李女士不服从公司管理只是一面之词，真实情况并非如此，而是另有隐情，解除合同的理由也并不充分，不符合法律规定的解除劳动合同条件和程序要求。

通过上述复盘可以看出，美化思维的精髓，就在于把案件事实好好“包装打扮”，对照法律规定，“美美地”呈现在法官面前。这个过程有点像我们使用手机里的美颜相机，美化照片和美化事实的原理其实是相通的。不信你看，美化照片的第一步是选定照片，好比美化事实的设定情境；美化照片的第二步是剪裁照片，如同美化事实的重点美化；美化照片的第三步是滤镜美颜，类似于美化事实中的精准对接。美化后的照片上的人还是你，不会搞错和失真，只不过看起来更漂亮而已。同样的道理，经过美化的案件事实也还是原来的事实，不会扭曲和失实，只不过更加符合法官的审美观罢了。

## 03　运用美化思维，迎合法官的审美预期

现实中的法律纠纷充满了太多不确定因素。数学里有个概念叫作“变量”，法律纠纷解决的过程中也充满了变量。

比如，案件主审法官就是一个“变量”。有的法官并不擅长处理某类纠纷，而你的案件又恰好在他手上审理，如果案件事实没有一副好“颜值”，可能会被草草裁决，沦为法官练手的“小白鼠”，要想纠正过来还得费好大工夫；再比如，对手的因素也是一个“变量”。如果对手是个难缠的家伙，而你又不占据明显优势，此时如果案件事实再缺乏一副好“颜值”，胜负就更难预料了。

怎样才能减少变量的影响呢？运用美化思维是非常有效的方法之一。

满意来自预期，法官认可经过你“美颜”过的事实，从本质上讲，就是你的美化思维与法官的预期相一致。越靠近法官的预期，也就越接近解决问题的最佳方案。运用美化思维的过程，就是无限接近法官预期的过程。我们不能凡事只想着

以我为主，只顾自己的感受，而必须要时刻关注案件事实的“颜值”，适当加以美化，努力迎合法官的审美预期。

法律人美化事实就像是做手工，一方面，把不重要的地方剪裁掉；另一方面，把不利于自己的信息折叠隐藏起来，特别强调突出有利于自己的重要信息，让案件事实呈现鲜明的特征，使之更加贴近法律规定。请看下面这个巧妙运用美化思维的案例：

有个黑人学生想租房子，他在报纸上看到广告有公寓可以出租，就联系上房东看房。看过房子后他觉得很不错，当即决定租下来，一切似乎都很顺利。但房东却突然改口说已经答应租给别人了。黑人学生觉得很奇怪，于是他让自己的白人同学假装来租这间公寓，结果房东立即答应说可以租。真相大白，原来这个房东存在种族歧视倾向。

黑人学生愤愤不平，把房东告上了法庭，准备用法律给自己讨个公道。黑人学生找到了当地法律的一条明文规定：“所有在本辖区内的公民，都可以平等地使用所有的商业建筑或者设施。”他觉得适用这条法律规定这个官司肯定能赢。结果房东聘请了一位律师，律师辩称这位房东的房子一直用于自住，不属于商业建筑，自己并未违法。黑人学生顿时傻了眼，赶紧也找了位律师，律师介入后立即对案件事实进行了美化。

首先，律师向法官陈述，黑人学生的户籍落在当地，属于辖区内公民，但在租房时却受到歧视。经过这样的美化，剪裁掉了黑人、学生两个信息点，因为法律规定里并没有提到黑人、学生这些身份要求，反而突出了“辖区内”“公民”这两个重要信息点，让案件事实听起来更加符合法律规定的要求。

其次，律师向法官举证证明，房东有利用房产出租“谋利”的事实。经过这样的美化，把“商业建筑”这个不利于自己的信息折叠隐藏了起来，房东的公寓是不是属于“商业建筑”存在争议，法律也没有明确规定，那就交给法官去裁判好了。但是，证明房东出租房屋用来谋利，不仅完全符合客观事实，还能够引导法官往“商业建筑”方向去联想，极有可能让法官作出有利于自己一方的判断。[①]

---

① 刘晗：《想点大事　法律是种思维方式》，上海交通大学出版社2020年版，第87页。

经过对事实的精心美化，最终黑人学生胜诉。案件处理的结果并不是最重要的，律师对案件事实剪裁、折叠的手法，以及对美化思维的熟练运用才让人津津乐道。事实虽然还是那个事实，但经过美化却能带给法官不一样的感受。

这世界不是缺少美，而是缺少发现美的眼睛。事实是可以经过美化重新呈现的，在日常思维的基础上加点法律思维，让美化思维带你去发掘事实的“颜值”，你也可以像优秀的法律人一样，把事实打扮得令人眼前一亮。

# 第35讲　情境：巧妙设计解决纠纷“背景图”

在上一讲，我们讲到为了增加案件事实的“颜值”，运用美化思维通向最佳解决方案的路径，其中有一个重要的步骤，就是设定情境。

在包装美化事实的过程中，情境设定起到非常重要的作用，如同一幅优美的电脑桌面图，开机可见，令人心情畅爽。通过情境设计，可以引导法官的思维在“背景图”内思考，在作出裁判时充分考虑到情境因素。在这一讲里，我就来向你介绍，如何运用情境思维设计“背景图”，迈出解决纠纷的关键一步。

## 01　法律思维之：情境思维

这世间有两件事情是最难办的，一件事情是把自己的思想装到别人的脑袋里，另一件事情是把别人的钱装到自己的口袋里。

这虽然是个段子，但却道出了影响他人思想的难度。想通过情境设计影响法官的思维可不是一件容易的事，要知道，法官都是各自领域的裁判专家，他们的思维和视野都相当精深和开阔，千万不要拿自己的业余水平去挑战专业实力。

但是，法官也是人，是人就会有审美偏好和利弊选择。很多时候，法官裁判案件时都会面临艰难的抉择，也渴望得到尽可能多的信息辅助。作为当事人可以做的，就是通过设定解决纠纷背景，努力迎合法官的审美偏好，合法合理地影响法官的裁判思维，这就需要用到法律思维里的情境思维。

法律语境下的情境思维，是指对照法律规定，围绕案件事实焦点设计好情境，把事实放在情境中加以解释和说明，使之更加符合法官裁判心理的思维方式。通俗地讲，就是通过对事实的描述和评价，设计对自己有利的情境，影响法官作出有利于自己的裁判。

进入法庭的矛盾纠纷大多都比较复杂，往往不会一眼看上去就对错分明。大多数案件双方都占一些理，法官作出裁判也没那么容易。而当事人主动对照法律，设定情境，许多时候也是在帮法官的忙，减少法官整理案件信息的精力成本，引导法官获得针对性更强的裁判信息，从而作出精准判断，这难道不是寻找最佳解决方案的有效路径吗？

## 02　情境思维的应用

优秀的法律人都非常善于设定情景，引导法官裁判思路朝着有利于自己的方向发展。请看下面这个巧妙应用情境思维的案例：

小王在某合资公司工作，因为个人原因向公司提出辞职。公司挽留未果，批准了小王的辞职。转眼到岁末年初，公司发放了过去一年的年终奖。刚刚离职不久的小王得知消息后，认为自己也应该获得一部分奖金，于是向原公司提出发放要求。公司认为，根据公司管理规定，年终奖只发给在岗在册的员工，而小王已经离职，无权再拿年终奖。双方协商不成，小王将“老东家”告上法庭，小王觉得自己的主张合法合理，一定能稳操胜券。

不料，合资公司聘请的律师称，只要不违反法律规定和劳动合同约定，用人单位完全有权自主决定年终奖发放范围和发放方式，公司有权规定只有在岗在册员工才能享受年终奖。而且年终奖并非固定工资支出，年终奖的发放要根据公司运营、员工考核等因素确定，小王并不当然能够获得。最关键的是，在合资公司与小王签订的劳动合同中，也并未承诺必须每年要向小王发放年终奖。

小王一听傻了眼，合资公司的辩解似乎更占理。幸好小王委托的律师经验丰富，不慌不忙地运用情境思维进行反击：

首先，律师向法官表明，王先生辞职并非因为与公司有矛盾，而是为了谋求个人的更好发展，设定出一个弱势员工维护自身合法权益的情境。

其次，律师向法官陈述，年终奖是对员工过去一年为公司工作的回报与奖励，如果员工按照公司规定和劳动合同完成了工作，就有权拿到年终奖，将纠纷的焦点设立在小王获得年终奖是否合理的问题上。

最后，律师向法官证明，王先生在辞职前的一年中，为公司足足工作了9个月，没有任何违规行为，也没有不良记录，对照其他获奖员工的条件，小王完全符合获奖资格，设定出按照“同工同酬”原则作出裁判的思路。

最终法院判决小王有权获得相应份额的年终奖。案件判决结果并不是最重要的，律师巧妙运用情境思维的做法才值得细细揣摩。我们来复盘一下上述案例情境思维的应用：

第一，设定纠纷发生的原因情境。向法官表明，小王与公司并无前嫌，小王离职是为了实现个人的更好发展，并没有主动挑事的意思。这不是“离职员工回头敲一笔老东家”的桥段，而是“人一走，茶就凉”的故事。

第二，设定纠纷争议的焦点情境。吸引法官的裁判注意力，把双方争议的焦点设定在对年终奖的认识上。在公司规章制度和双方签订的劳动合同中，都没有对年终奖作出特别约定和说明，年终奖究竟如何适用才是解决这次纠纷的关键。

第三，设定解决纠纷的方案情境。既然公司没有特别规定和约定，那么对年终奖就应当作一般解释，进而按照相关法律规定提出“同工同酬”的解决方案。年终奖还是那个年终奖，但从公司管理角度切换到“同工同酬”情境，对法官裁判思维的影响不言而喻。

从纠纷原因到争议焦点，再到解决方案，情境思维都发挥出重要作用。小王维权的动机正当，而且双方没有对年终奖特别规定和约定，在这样一幅背景图下，提出依据“同工同酬”原则判决小王享受一定份额的年终奖当然顺理成章。

## 03 运用情境思维的步骤方法

情境思维中的“情境”二字可以拆开来理解。情，是指能够调动情绪、引人注意的外在情感；境，是指人的情绪受到外来触动而产生的氛围感受。简言之，“情”强调的是情感，“境”突出的是氛围。

这就好比宴请宾客，挑一个体面的餐馆，客人一到就能被眼前的就餐环境所感染，加上你的殷勤招呼，马上能够感受到你的热情，情绪也会变得高涨起来。“情”是第一步，能给人留下好的第一印象。“境”是第二步，要想带动客人的情绪入“境”，营造出良好的用餐氛围，就要靠主人的设计引导和精心安排了。

你也许有些不以为然，打官司就是打官司，一切都靠事实证据说话，搞这些“情境”有什么用呢？

你可曾想过，餐馆就是吃饭的地方，饭菜好吃就行了，为什么讲究的餐馆都会在墙上挂一些字画，字画跟吃饭有什么必然联系呢？其实，这就是生活中运用情境思维的小例子，目的就是让客人们触景生情，由情入境，营造宾至如归的气氛，最终达到宾主尽欢的效果。

实务中，运用情境思维处理矛盾纠纷也可以分为“情”“境”两步走：第一步是“贴标签”，主要是为了调动情绪；第二步是“引共鸣”，目的是营造氛围。这两个步骤对应的就是两个问题：一是可以为矛盾纠纷贴上什么样的情感标签？二是怎样在情境设计上引发听众的强烈共鸣？我们通过一个法律人相亲的小故事，一起来感受一下情境思维的奥妙。

小李是一个高智商的法学女博士，从小到大都很优秀，但是情感比较晚熟，一直到30岁才郑重考虑起终身大事，开始了自己的相亲路。起初，小李按照大众思维，接受亲戚长辈、同事朋友的热心介绍，一身职业正装，尽显法律人的干练，相亲效率极高，绝不拖泥带水。可三个月下来，相亲对象倒见了不少，但是一无所获。

小李立即开始反思，拿出法学博士的研究劲头开始认真分析相亲失败的原因。她发现，自己对相亲的情境设定出现了问题，只顾我行我素，忽略了相亲对象的感受。于是她开始改变自己的态度，重新设定相亲情境。

首先，改变“女强人”的强势情境，给自己贴上“服务者”的柔性标签。淡化法学博士的头衔，突出自己是一个法律工作者的身份特征，致力于为社会提供法律服务。为此她还适当修改个人造型，比如把头发放下来显现女性柔美，遇见心仪的对象不再使用工作语“我们以后多联系”，而是换成了更富暗示性的“你让我对相亲有了信心”等。

其次，改变以我为主的心态，注意选择话题引发共鸣。相亲前她会事先了解相亲者的背景资料，了解相亲者的一些思维方式和表达习惯，根据相亲

**对象实际情况选择共性话题。遇见满意的对象，小李会主动引导对方多表达，让相亲者能够袒露心扉，从而更好地判断对方是否真正适合自己。**

大半年后，小李顺利找到自己的“真命天子”，携手步入婚姻的殿堂。你看，优秀的法律人都擅长设定情境，在婚姻这样的人生大事中也能派上大用场。人还是那个人，事还是那件事，但只要善于“贴标签”“引共鸣”，就能达到不一样的效果。

设计好解决纠纷“背景图”，把法律纠纷放在设定的背景下，能够更好地实现解决纠纷的目标。在日常思维的基础上加点法律思维，既懂得设定情境，照顾对方的感受，又能够更好地沟通，让对方欣然接受。学会运用情境思维，不仅可以有效解决纠纷问题，还可能让你成为一位擅长调动气氛、受人欢迎的社交达人呢。

讲到这里，第二编“模式：运用法律思维的实践”就讲完了。我们小结一下，在这一编的三章内容中，我们分别介绍了法律思维中的问题导向思维、找法思维、权衡利弊思维、逻辑思维、精确思维、逆向思维，以及“大神”证据思维。

此外，还有形象思维和抽象思维、博弈思维和底线思维、转换思维和发散思维、美化思维和情境思维等，八仙过海，各显神通，共同撑起法律思维的精彩天地。

通过运用这些法律思维，你会发现其中一些思维似曾相识。例如，美化思维在商品产品设计领域经常用到，转换思维、发散思维是数学领域里的常客，博弈思维与哲学联系紧密，这些思维都已经超出了法律科学的范畴。

这恰恰是人类思维活动共通性的体现。山高人为峰，海阔心无界。科学研究有界限，但人的思维无边界，只要能够帮助我们解决纠纷、化解矛盾，就可以纳入法律思维的大家庭。

放在法律科学的语境下，打上法律思维的条形码，重新审视这些跨学科的思维方式，别有一番独特奇妙的感受。不知道这种思维上的结合和嫁接，有没有引发你的思维共鸣呢？

现在，我们已经了解了法律思维的套路模式，正所谓熟能生巧，技巧源于经验的积累和总结，我们还需要在实践中多加练习和应用。接下来，在第三编内容中，我将带你由“攻”转“守”，认识更多有用的法律思维，让你感受到法律思维的精彩不仅表现在法庭上的胜负，还可以体现在防范法律风险中。防守也是一门艺术，胜负之外也有精彩。

第三编

# 预防：

## 法律思维的最高境界

## 导读：

法律的核心任务是解决纠纷，维护秩序。但是，比解决问题更难得的，是预先发现问题，并能化为无形。动如雷霆，步步占得先机，是一种境界；不动如山，不战而屈人之兵，则是另一种境界。

法律始终都只是手段，而非目的。法律的最终目的不在于定分止争，而是天下无争。从这个角度讲，有效预防法律风险的发生，才是法律思维运用的最高境界。

公民养成法律思维的第三步，就是学会运用法律思维，发现日常生活中的法律风险，蚁穴居而知雨将至，防患于未然。

本编主要讲述预防法律风险的实用路径，结合具体案例，运用博弈思维、系统思维、边界思维等多种法律思维方法，重点介绍事先怎样察觉风险，事中如何控制风险，事后怎么应对风险，让读者学会从防守角度思考法律问题，远离诉讼与争斗。

# 第七章　你见或不见，风险都在那里

法律是最保险的头盔。

——爱·科克

弱者比强者更能得到法律的保护。

——威·厄而

**导读：**

实现“全民守法”的目标，离不开公众知法、用法，但更重要的是养成依法办事的法治行为习惯。而法治行为习惯的养成，一刻也离不开法律思维的参与。

本章主要引导读者发现生活中那些“看不见”的法律风险，深入分析风险背后的原因，重点介绍法律思维中的底线思维、逆向思维、溯源思维等思维方法，让公众学会发现和防范法律风险。

# 第36讲　察觉：看不见的法律风险

进入新一编新一章，画风转变，从运用法律思维维护自身权益，转换为运用法律思维防范法律风险。这攻防转换之间，变的不仅是行为模式，更重要的是思维方法。知己知彼，百战不殆。这一讲，我们先来介绍什么是法律风险，法律风险产生的原因是什么，以及公众该以怎样的心态面对法律风险。

## 01　什么是法律风险

生活中我们经常会面对各种各样的风险。开车的朋友们都知道要买保险，避免发生交通意外。许多人觉得每年花几千元买保险很不划算，如果什么事都没有，钱好像是打了水漂。可等到真的发生了事故，一修就得花好几万元，突然就会觉得保险买得太值了。风险就是这样，平常你感觉不到它的存在，一旦发生了就会变得非常真实。

真正的风险，你见或不见，它都在那里。但假想的、没有依据的“风险”就不同了，要么属于杞人忧天，要么叫作庸人自扰。有这样一则关于假想风险的小故事：

一名男子走在街上，身上穿着防护服，在头顶之上不停挥舞着一根大棒，口里高喊着：“滚回去！滚回去！”引来警察关注。警察问他：“你这是在干什么呢？”这名男子回答道：“我正在防范老虎，我这么做是为了赶走老虎。”警察疑惑地说：“我在街上执法这么多年，从来没有见过老虎。”那名男子却骄傲地说：“对啊！这恰恰说明我的预防措施有效果啊！”[①]

---

① ［英］戈登·休斯：《解读犯罪预防——社会控制、风险与后现代》，刘小梅、刘志松译，中国人民公安大学出版社2009年版，第1–2页。

大街上出现老虎的可能性，跟走在街上遇见外星人的概率差不多，如果真的出现了又岂是挥舞大棒所能解决的？这个小故事告诉我们，真正的风险不是人主观臆想出来的，而是实实在在的客观存在。例如，道路上发生交通事故的风险概率是可以测算的，这样的风险就属于客观存在，研究如何预防交通事故风险才具有实际意义。同样，法律风险也是客观存在的而非主观想象的。

所谓法律风险，是指基于现行法律的规定，受人的主观或现实客观因素的影响，引起人的行为失当产生的违法风险。通俗地讲，就是因为人的一念之差，或者一不留神，触碰到了法律禁止性规定所产生的风险。

特别值得一提的是，人的主观思想因素引起的行为失当，是法律风险产生的重要原因。人的思想变化与人的思维习惯密不可分，英国前首相撒切尔夫人曾说出这样一段话："注意你的思想，因为它将变成言辞；注意你的言辞。因为它将变成行动；注意你的行动，因为它将变成习惯；注意你的习惯，因为它将变成性格；注意你的性格，因为它将决定你的命运。"[①]

这段话很好地揭示了人的思想对人的行为的影响。思维是思想的活动，思想又是行为的先导。人的思维习惯决定了人的行为习惯，从法律思维角度谈预防法律风险，正是抓住了法律风险产生的根源。

## 02　察觉潜在的法律风险

优秀的法律人，不仅善于解决纠纷、化解矛盾，更会懂得躲避麻烦、预防风险。现如今，很多政府机关都会聘请法律顾问，一些有实力条件的公司企业也会设置法务岗位，这部分法律工作者都有一个共同的职责，那就是发现和预防潜在的法律风险。具体来讲，就是察觉风险、评估风险、控制风险和转移风险。

察觉风险，就是看到别人看不见的风险，见人之所未见。大家还记得那部风靡全球的电影《泰坦尼克号》吗？影片中有这样一个片段：为了赶上报纸头条，船长命令泰坦尼克号加速前进。为此，船长特意叫来大副当面叮嘱一番，让他提醒大家注意观察海面，防止撞上冰山。大副到甲板上提醒水手们注意冰山，有个水手非常不屑一顾地说："我都能闻到冰山的味道。"结果话音刚落不久，船就撞上了冰山。

① 李栩然：《成为极少数》，中信出版社2019年版，第224页。

船长能够觉察到风险的存在，而水手则认为风险是不可能发生的。经验丰富的船长能够觉察风险，但是却低估了风险。为了赶上报纸头条，他指令泰坦尼克号在海上快速航行，这就好比在高速公路上飙车，使得驾驶风险系数大大增加。船长虽然看到了风险的存在，却轻信凭借自己多年的航海经验能够轻易避免，低估了风险的巨大危害，结果酿成了泰坦尼克号沉没的悲剧。

有些风险公众是看得见的，有些风险却隐藏起来让公众看不见。在法律圈里，讲到预防法律风险，就不能不提到著名的“冰山模型”。

所谓“冰山模型”，是指风险如同海里的冰山，人们通常所见的不过是露出海面的冰山部分，事实上的冰山体形无比庞大，海面以下看不见的部分，才是冰山的主体。①

法律风险也一样，暴露出来的法律风险好比海面上的冰山一角，更多、更大的法律风险则是隐藏在海面之下。作为优秀的法律人，不仅能够看到海面上的风险，更重要的是能够察觉到隐藏的法律风险。

## 03 面对法律风险的正确态度

现实中，法律人察觉风险、评估风险的工作经常被人质疑。许多人觉得法律人天天讲预防风险，既没见到风险在哪里，也没看到有什么实际效果，感觉什么都没做，纯粹是纸上谈兵，就是个法律摆设。下面这一段客户与律师的对话颇能反映公众的心理：

客户：“律师，我怎么觉得你在整个事情的处理过程中没起多大作用。”

律师：“请问你走过大桥吗？”

客户：“走过。”

律师：“桥上有栏杆吗？”

客户：“有。”

律师：“你过桥的时候扶栏杆吗？”

① 丁朝晖：《企业法律风险管理的几个模型》，载微信公众号“赛尼尔法务管理”，2017年4月21日。

客户：“不扶。”

律师：“那么，栏杆对你来说就没用了？”

客户：“那当然有用了，没有栏杆护着，掉下去怎么办？”

律师：“可是你并没有扶栏杆啊？”

客户：“可是……可是没有栏杆，我会害怕。”

律师：“我就是桥上的栏杆。”

在不少人的意识观念里，只要自己不惹上纠纷就用不着法律人指指点点，这其实是缺乏法律风险意识的想法。法律风险的出现是不以个人意志为转移的，不是你不想惹上纠纷，风险就不存在了。

面对法律风险的正确态度，应当是既在思想上高度重视，又在行动上积极预防。当前，中国正走在全面依法治国的康庄大道上，无论你从事什么行业都离不开法律的作用。市场经济就是法治经济，法律就像语文、数学一样，正在成为人们生活中必不可少的知识工具。

## 04　应对法律风险的方法

如果察觉风险、评估风险还不能完全体现法律人的作用，那么控制风险和转移风险就能让法律人的智慧发挥得淋漓尽致。

例如，安全带是机动车的标配，交通事故发生时，如果驾驶员系着安全带，受损伤的概率就能大大降低。现在大多数车辆的设计比较人性化，如果不系安全带，车子会“嘀嘀嘀”叫个不停提醒你。有些人不愿意系安全带，就找个工具插在安全带的卡口里，车子就不叫了。再好的安全带，如果不系上，就无法发挥作用，而只是摆设。这时就需要交警执法严查，发现不系安全带的，给予扣分罚款等行政处罚。

同样的道理，法律人不仅要设计出类似于“安全带”这样的预防制度，而且还要不断发出风险提示，就像驾车不系安全带发出的报警声。更为重要的是，法律人要保证预防制度能够有效地运行，就如同交警执法的角色，随时纠正和处置不按制度规定办事的行为，努力把法律风险降到最低。

控制风险、转移风险是应对法律风险的有效方法。日常生活中，人们口中的

“此地不宜久留”“有福同享有难同当”“背靠大树好乘凉”等日常俗语，其实就蕴含着控制风险、转移风险的意识观念。而法律思维能够超脱日常思维，在法治的轨道内，运用多种思维实现有效控制风险、转移风险的目标。

应对法律风险还必须紧紧抓住风险产生的原因。法律风险的产生不仅有主观上的思想原因，例如，个人欲望的驱使、侥幸心理的作祟等，还有许多客观上的原因，例如不良环境的影响、监督力量的缺失、外来加害的作用等。找准这些原因，运用法律思维，能够帮助我们有针对性地进行预防，做到事先察觉风险，事中控制风险，事后应对风险，这是接下来我们要学习的重点所在。

你也许会问，当把一切预防法律风险的措施都做到位了，风险仍然发生了该怎么办呢？那就要考验法律人解决纠纷、化解矛盾的能力了，这就又回到了第二编我们所讲的内容，运用法律思维维护合法权益，也就是练习和应用法律思维的过程。

态度决定一切。看不见的法律风险并不可怕，可怕的是缺乏正确看待风险的态度。在日常思维的基础上加点法律思维，正视法律风险，端正法治观念，理解和支持预防行为，能够帮助你慢慢养成良好的法治行为习惯，远离麻烦与争端。

# 第37讲　寻找：跟着感觉找风险

上一讲我们讲到，法律风险有时候会隐藏起来，让普通人看不见。公众之所以察觉不到法律风险，既有思想上不够重视的原因，也与法律风险本身的隐蔽性有关。这一讲，我就来教会你如何运用法律思维，发现隐藏的法律风险。

## 01　法律风险为什么难以察觉

难以察觉的法律风险，往往与法律规定本身紧密相关。有些法律规定具有“反常识”的一面。

你还记得我在前文讲到的用POS机刷自己的信用卡套现的例子吗？在普通人看来，我刷自己的信用卡套现，而且能够及时地还给银行，怎么能算违法呢？这是因为，利用POS机虚构交易刷卡套现，威胁到了正常的市场金融秩序，这一层次的社会危害性是许多人看不到的，这恰恰是法律风险的隐蔽性所在。

法律风险不会因为你没有察觉到就网开一面。发现隐藏的法律风险必须掌握一定的法律知识，但是法律知识又具有非常专业的一面，普通人不经过系统学习很难领会要义，这让普通人感到十分委屈。这样的案例在现实中屡见不鲜：

> 住在同一小区内的韩某、吴某是邻居。韩某在小区QQ拼车群中发出拼车路线，吴某一看正好经过自己上班的地点，于是联系韩某，两人一拍即合。两人约定，每个工作日早晨7：00，在小区车库出口处，由韩某驾车搭载吴某一同上班，送吴某到上班地点后，吴某再向韩某支付交通费，按次结算，每次10元，微信转账，一次一结。10元每次的价格低于同样路线公共大巴营运单次12元的收费。
>
> 天有不测风云。在一天拼车上班途中，由于韩某驾驶不慎，与其他车辆发生碰撞，导致车上的韩某、吴某均受伤，其中吴某右手骨折受伤较重。经交警部门认定，韩某在此次事故中负主要责任。吴某向韩某提出赔偿，韩某感到十分委屈，认为自己好心搭载吴某，每天不过收点油钱，比通勤巴士收费还要低，而且自己也受了伤，因此不同意对吴某给予赔偿。双方协商不成，吴某向法院提起诉讼，要求韩某支付医疗费、误工费等费用。

韩某的委屈在普通人看来似乎不无道理。没赚钱、自己也受了伤、车也损坏了，还要赔乘客的钱，怎么也有点让人想不通。但如果从法律风险的角度来看，韩某受的委屈就很好解释了。

根据我国《民法典》相关规定，韩某和吴某之间，实际上达成了一个事实上的运输合同。韩某送吴某到上班地点，吴某向韩某支付车费，韩某有义务将吴某安全送达目的地，如果在运输途中发生事故致使乘客人身受到伤害，作为承运人的韩某当然有义务赔偿乘客损失。

最终法院判决韩某承担吴某的部分医药费损失，主要考虑到韩某收取的车费只够分摊运费成本，基于公平原则，法院适当减轻了吴某的赔偿责任。案件处理结果并不是最重要的，韩某认识不到法律风险的教训才值得人们警醒。

其实，韩某只要具备一点法律常识，就能认识到“拼车”可能带来的法律风险，并且可以通过购买“车上成员险”（俗称座位险）的方式分担风险。你也许会问，我也不懂法，法律常识也比较欠缺，有没有更简便、更有效地找出隐藏法律风险的办法呢？我的回答是：有。你可以运用法律思维里的底线思维，发现潜在的法律风险。

## 02 运用底线思维察觉潜在法律风险

我在“成本：法律人如何算好经济账”一讲中提到“底线思维”。法律思维中的底线思维，通俗地讲，就是对事情做最坏的打算，避免最坏结果出现的思维方式。从预防法律风险的角度讲，底线思维就是一种风险预警提示。

如果你对自己的法律常识缺乏信心，在把握不准风险的时候，你就要学会运用底线思维，绷紧法律风险这根弦。为了更方便操作，我把底线思维细化为三个问题，每当你心里没底的时候就可以问问自己：

1.这件事情如果让大家都知道，你怕不怕？

2.这件事情的最坏结果是什么？

3.假如最坏结果发生了，对你影响有多大？

我们通过一个真实案例，一起来体会一下底线思维在实际生活中的应用。

万某是某市教育局教研室地理教研员，经教育局委派到该市教育局下属的学生报社担任副社长，主要负责报社日常编辑工作。刚上任没多久，万某就被社长通知开会，一起开会的还有另外两名副社长。会上，社长宣布为了促进报纸销量，报社打算采取“买报纸、送教材”的销售策略，与一家出版公司合作编写教材辅导书，通过送书的方式增加报纸销量。作为合作回报，该公司除了支付编辑费以外，还会给报社领导一笔“审稿费”，由社长和三位副社长均分。

一听说有“好处”，社长又表了态，除万某以外的两位副社长当即表示支持社长决定。万某初来乍到，不免留了个心眼，一方面附和说完全支持社长决定，另一方面借口称自己刚来，还需要熟悉业务，这次审稿就不参加了。社长解释了一番，反复宣称“审稿费”是正当的劳务费，见万某坚决推辞，也就不再勉强。后经群众举报，纪检部门介入调查“审稿费”，最终社长及另两名副社长以受贿罪被追究刑事责任。

在调查过程中，侦查人员找到了万某询问“审稿费”的事，万某如实相告。侦查人员好奇地问万某：“为什么别人都愿意拿而你不拿呢？”

万某笑着说：“我胆子小，一听说只有社长和三个副社长能拿审稿费，我就觉得不对劲，有点害怕。”

侦查人员又问万某：“你害怕什么呢？”

万某回答说：“这事是否符合规定我拿不准，但我想到万一不符合规定，我就要承担责任，涉及钱的事都不是小事，这个责任我可承担不起啊！”

你看，万某虽然不是法律专业人士，却在潜意识里深谙底线思维的要义。

首先，在面对问题时他感到了“害怕”。联系我刚提到的第一个问题：这件事情如果大家都知道怕不怕？实际上，这是一个人的感觉判断，这种感觉源于人们内心深处朴素的正义观和公平的价值观，并不要求懂得多少法律知识。没有做多少实际的“审稿”工作，却要拿一笔远高于普通编辑的“审稿费”，而且是四位领导私下平分，不仅明显有失公平，而且拿钱的方式也极为不妥，大家如果知道这件事一定会对领导产生负面评价，因此万某感到了“害怕”。

其次，在事情拿不准的时候想到最坏结果。万某对“审稿费”是否符合规定拿不准，现实中人们也经常会遇到一些打“擦边球”的情形，一时也很难判断对错。万某意识到“钱的事都不是小事”，最坏的结果便可能是违反法律。只有认识到最坏的结果，才会对事情该不该做的问题引起高度重视，谨慎作出选择，万某的选择是不拿“审稿费”。

最后，掂量一下最坏结果的发生对自己的影响。万某想到万一不符合规定，自己必将承担责任，而且一旦与“钱”沾上，责任肯定轻不了，后果不堪设想，自身难以承受。果不其然，社长和另两名副社长遭遇牢狱之灾，而万某因为察觉到了隐藏的法律风险，及时踩住了“刹车”，避免了风险后果的发生。

## 03　跟着感觉走，紧抓住底线思维的手

底线思维是极具法律特色的思维方式之一，运用底线思维的精髓就在于，遇事考虑最坏，凡事留有后手。

在“拼车案”中，韩某在同意搭载吴某的时候，如果能够具有底线思维，就能够预见可能存在交通事故致人损伤的风险。可惜普通人凡事都会朝好的方面去想，如果学会了运用底线思维，就会考虑出了问题怎么办，然后想着如何避免风险的出现，以及对风险后果如何补救。

运用底线思维，对自己问三个问题，你的答案就会告诉你事情到底该不该做。在上文的案例中，所谓的“审稿费”其实就是好处费，属于典型的商业贿赂手法，只不过是披着“审稿费”的马甲出现罢了。现实中好处费的名目五花八门，常见的叫法有加班费、劳务费、咨询费、信息费、手续费、润笔费、奖励费，等等。无论披着何种外衣，只要你时刻谨记问自己三个问题，你就具备了底线思维。

有一首流行歌叫作《跟着感觉走》。歌词唱道：“跟着感觉走，紧抓住梦的手，脚步越来越轻越来越快活。”我想化用这句歌词作为这一讲的结尾，叫作：“跟着感觉走，紧抓住底线思维的手，心中的忐忑就会越来越没有。”希望大家都能学会底线思维，相信自己的感觉，能够敏锐发现隐藏的法律风险，及时踩下刹车片。

# 第38讲　评估：风险面前算大账不算小账

上一讲我们讲到跟着感觉找风险，这种感觉并不是人们的凭空想象，而是源于法律思维中的底线思维。万事万物变化的不确定性，是风险产生的根源之一，法律风险因为源于法律的明文规定，不确定性大大减少，因此能够被有效地评估。这一讲我就来告诉你，如何评估法律风险，怎样根据评估结果选择正确的行为方式。

## 01　为什么要评估法律风险

你也许会问，法律风险还有必要评估吗？有法律风险的事就不去做，没有法律风险的事就可以做，大家不都会作出这样的选择吗？真实的世界不是做简单的选择题，很多时候并不是非此即彼的关系。

例如，公众所熟知的商业行为，商家只要是与他人发生交易，就存在一定程度的法律风险。对方拖欠货款怎么办？产品质量有问题怎么处理？客户投诉怎么应对？这些都是客观存在的法律风险。此时如果不经过一番博弈，一味考虑法律风险而不敢放手去做，恐怕就会失去许多商机。

法律思维中的底线思维告诉我们，对违法行为，必须坚决说不。但是，合法的行为有时候也可能伴随风险，商业行为就是如此。风险与机会往往是相伴相生、并行不悖的，发现风险就放弃，有时可能连同机会一并丧失。

为了处理好风险与机会的选择矛盾，准确评估法律风险，我们就需要用到法律思维里的博弈思维。我在“成本：法律人如何算好经济账”一讲中特别提到博弈思维。法律思维语境下的博弈思维，通俗地讲，就是在利益冲突面前有舍有得，不断调整策略，追求利益最大化，控制法律风险最小化的思维方法。

说起来容易做起来难。现实中常常上演的是为了追求利益最大化，忽视法律风险导致的悲剧。请看看下面这个真实的案例：

> 刘某从事木艺加工业务多年，借着网络电商的东风，刘某也开起了网店，在线上接单开展木艺加工业务。这天，刘某在网上接到了一个“奇葩”订单。下单的是来自云南的买家王某，要求订制一批木质枪托。王某的开价很高，已经超出同期市场订制价格三倍以上。刘某以为遇到了阔主，心中窃喜，通过QQ聊天询问了木质枪托的用途、规格和数量，并要求提供生产图纸信息。
>
> 王某称，自己是一个玩具生产企业，近期急需生产一批玩具仿真枪，因为急用所以开价较高，并提供了仿真枪图纸等信息。刘某查看了图纸信息和技术要求，凭借自己多年从事木业加工的经验，隐约感到有些异样，这显然不是生产玩具枪的技术参数要求。但是，刘某经受不住高利润的诱惑，心想自己只管生产枪托，其他在所不问，自己又不认识王某，双方连面都没见过，有什么问题也跟自己没关系。
>
> 于是，刘某接受了王某网上订单，生产出一批木质枪托通过快递邮寄给了王某，获利数十万元。后云南警方根据线索举报，一举抓获了在家中非法制造枪支用于售卖的王某，并且根据王某提供的线索将刘某抓获。经审理，法院判决王某构成非法制造枪支罪，刘某构成非法制造枪支罪的共犯。

刘某的教训是惨痛的。这个案例给广大从事电商交易的商家提了个醒，网络交易具有不见面的特点，网上交易的风险有时比现实交易的风险还要大。作为一个从事木艺加工多年的“老司机”，刘某已经察觉到风险的存在，可惜心存侥幸，自认为只要装作不知道就没事，低估了法律风险带来的严重后果。

在上述案例中，订制的枪托是枪支的组成部件之一，而枪支又是国家严格管控的物品，最为关键的是，王某提供的图纸信息显然不是生产玩具枪的技术要求，王某的报价又明显高于市场价，这已经不再是正常的商机，而是风险的陷阱。刘某心知肚明，只顾利益，不顾风险，主动供货，助纣为虐，把自己推上了犯罪共犯的不归路。

## 02 运用博弈思维评估法律风险

生活中像刘某一样经受不住利益诱惑，陷入法律风险旋涡的大有人在。那么该如何运用博弈思维正确评估法律风险呢？答案是：风险面前要学会算大账不算小账。请看下面一则案例：

某市工业园区内一家工厂的老板一夜之间“人间蒸发”，工厂200多名工人得知老板跑路的消息后聚集在厂房门口，工人们纷纷要求工厂支付拖欠的工资，否则拒不离开，场面一度十分混乱。作为工厂厂房房东的林某，心中十分忐忑不安，他清醒地意识到，虽然工厂老板跑路跟自己没有多大关系，自己只是房东，但是如果事情得不到及时妥善的处理，工人们极有可能采取过激举动，酿成群体性事件，到时他这个房东也脱不了干系。

林某立马向法院的法官求助解决对策。法官说，工人一日不走，纠纷一日不停，损失会越来越大，当下之计是要快刀斩乱麻，通过垫付工人工资来稳住工人们的激动情绪，否则法律风险很难预料。法官又给林某算了一笔账：垫付工人工资需要60多万元，厂房里留下来的工厂机器设备拍卖，可以收回40多万元，缺口只有10多万元。算小账看起来有些吃亏，但如果危机能够早日解除，厂房还可以马上出租回收租金，租金损失的局面可以得到控制，而且能够有效避免法律风险的发生。

法官的这番话，让林某打定了主意，他当机立断，以房东身份与工人代表进行谈判，最终同意以九折的比例代替跑路的工厂老板支付工人工资。之后，林某通过拍卖机器收回了大部分垫付款，厂房也重新租了出去，纠纷最终得到了圆满解决。[①]

你看，法官给出的解决方案，就是在风险面前算大账不算小账，这恰恰是运用博弈思维的体现。在利益冲突面前，能够根据实际形势及时调整策略，进行利益取舍，实现利益最大化，控制法律风险最小化的目标效果。

在上述案例中，如果工人迟迟拿不到工资，极有可能引发打砸抢等暴力事件，林某很大概率会成为工人们迁怒的对象，沦为直接受害者。即便是向警察求助，请求警方提供人身保护也只是权宜之计，治标不治本。跑路的老板一时半会儿找不到，如果林某想找跑路老板讨说法也不现实。经过一番风险评估博弈，林某作出了舍小钱，换稳定的正确选择，最终成功化解了危机。

## 03　千万不要跟风险玩捉迷藏

现实生活中，许多人能够看到或知道风险的存在，除了本能地躲避或者干脆选择视而不见之外，还有可能刻意搁置风险，跟风险玩起了捉迷藏。

例如，许多企业家信奉“爱拼才会赢”“富贵险中求”，选择与风险共舞，勇往直前。但是，如果不懂得博弈思维，不善于算大账，只纠结于一时的得失，就可能为自己的自负和侥幸心理买单，在风险面前栽跟头。请看下面一则案例：

刘奇（化名）是一家电镀加工厂的老板，主要承接电子产品的电镀业务，生意红火，收益颇丰。但随着工厂业务规模的不断扩大，电镀厂生产带来的污染问题逐渐凸显出来，环保部门也时常登门检查，向刘奇提出了购买排污清洁设备等整改意见。

刘奇本打算购入一批排污清洁设备，但是一打听到高昂的设备价格就打起了退堂鼓，他觉得花大价钱购买这些环保设备不仅不会产生效益，还会增

---

① 陈斯主编：《司法转型启示录：东莞市第一人民法院的实践》，广东人民出版社2014年版，第97–98页。

加生产成本，实在是不划算。于是，刘奇为了应付环保部门检查，采取了“一推、二拖、三闹”的对策，跟环保部门玩起了“捉迷藏”。

每当环保部门上门检查时，刘奇便以正在加班生产不方便接受检查为由推托，推托不掉便以工厂正准备购入环保设备为由拖延时间。实在推托不过去了，刘奇就煽动厂内员工阻碍环保部门执法，并且到政府部门上访投诉，谎称环保部门检查干扰工厂正常生产，影响工人们的工资收入。当地环保部门迫于压力，再加上缺乏有力证据，一时间对刘奇的电镀厂无可奈何。

刘奇以为手段奏效，排污更加明目张胆。不料当地环保部门暗中通过技术手段调查取证，掌握了电镀厂违规排放电镀污水的确切证据。经取样检测，刘奇的工厂排放的污水中不仅含有重金属铬，而且严重超过了国家规定的排放标准三倍以上，已涉嫌构成犯罪。公安机关依法将刘奇刑事拘留，后法院以污染环境罪判处刘奇有期徒刑三年，缓刑三年。①

在上述案例中，刘奇面对法律风险的态度就是搁置，想着“兵来将挡，水来土掩”，能拖一天是一天，斤斤计较购买环保设备的小账，没有认真算过企业发展的风险大账，等到被抓才追悔莫及。

选择与风险玩捉迷藏，简直就是玩火自焚。刘奇既没有守住法律底线，也没有采取相应措施降低风险，总是幻想以不正当手段对抗执法检查，最终吞下苦果。如果不是因为刘奇认错态度好，主动采取弥补措施和经济赔偿，就不可能适用缓刑②，可能会面临牢狱之灾，不仅多年的经营努力付诸东流，一家老小的正常生活也会受到严重影响。

## 04　面对法律风险的正确心态

运用底线思维守住法律红线，用博弈思维正视法律风险，往最坏处想，朝最

① 李涛：《违规排放污染环境　一朝获罪后悔莫及》，载《法制日报》2019年10月23日。

② 缓刑，全称为刑罚的暂缓执行，是指先宣告定罪，暂不执行所判处刑罚的制度。如果在缓刑考验期内能够遵守相关规定，缓刑考验期满后所判刑罚就不再执行。

好处做，根据不同形势及时调整策略，实现利益，控制风险，这才是应对法律风险的正确心态。

心理学上有个著名的“破窗效应”，说的是如果有人打坏了一扇窗户的玻璃，而这扇窗户又未得到及时的修补，久而久之，其他的窗户也会莫名其妙地被人打破。“破窗效应”告诉我们，任何一种不良现象的存在都在传递着一种消息，这种信息会导致不良现象的无限扩展，对破坏的行为，不闻不问或纠正不力，就会纵容更多的人去打烂更多的窗户玻璃。[①]

“破窗效应”对预防法律风险颇有启示。作为普通人或者管理者，对风险行为不能视而不见，而是要坚决有力地维护制度，及时查漏补缺，一旦发现风险苗头，要果断采取预防措施，遏制风险出现蔓延的势头。

具体如何预防法律风险，你可以咨询专业法律人士。如果你感觉风险实在太大，后果可能无法承担，你也可以果断选择放弃。但无论如何，你都必须对风险保持清醒地认知和敬畏的态度。

追求不确定到确定，是预防风险的永恒主题。人们一直渴望掌控风险，而学会应用底线思维和博弈思维，重视小概率事件，算大账不算小账，可以帮助我们对不确定的风险进行有效评估，并做好灵活和充分的应对，在风险面前作出最合理、最稳妥的选择。

## 第39讲　角度：风险面前并非人人平等

在上一讲我们讲到如何评估法律风险，评估法律风险是为了能够最终防控风险。人们常说世事无常，我们虽然不能控制生活中的无常，但能够有效防范法律风险，针对不同行业、特定人群、关键岗位，进行专门的法律风险防控，是完全可以实现的。从这一讲开始，我将会结合案例向大家介绍，如何运用法律思维有针对性地防控法律风险。

① 沧海满月：《世界顶级思维》，江西人民出版社2017年版，第230页。

## 01 不同行业：法律风险各不相同

不同的行业有不同的法律风险，这句话你应该赞同。

例如，快递小哥整天穿梭在大街小巷，发生交通事故的风险概率显然比其他行业要高。快递公司一定要给快递小哥买份保险。哪怕公司基于各种原因考虑，暂时不能给公司员工买齐“五险一金”，至少也要给员工买一份人身意外伤害险，否则极有可能引发工伤事故法律纠纷。

再如，坐在写字楼里的金融企业白领，虽然不用像快递小哥一样天天外出，风吹日晒，但是也面临着自己的法律风险。金融行业整天与钱打交道，诱惑多多，如果心存侥幸，抵挡不住金钱的魅惑，稍有不慎就可能坠入金融犯罪的深渊。

曾经有人向我发出感慨说，还是你们当公务员好啊，工作体面，待遇可观，也不用担心拖欠工资，没有任何风险。我笑着说，你只是看到公务员工作稳定的一面，君不见，在反腐大潮面前，多少公务员折戟沉沙，轻者丢官受处分，重者身败名裂，身陷囹圄。公务员如果不能慎用权力，守不住法律的底线，就很可能被权力所伤。

看来，每个行业都会面临各自的法律风险，只是风险的内容各不相同。因此各行各业都会积极行动，针对自身行业特点有针对性地预防法律风险，法律圈内称之为“行业预防”。我们来看一个医疗行业预防风险的例子：

小丁的母亲突发疾病被送往医院救治，医生诊断需要做个小手术，手术很顺利，可小丁一看手术费和住院费就傻了眼，看似简单的一个微创手术竟然要花费数万元。小丁向该市卫健委进行了投诉，卫健委汇总了一段时间以来群众反映“看病贵”的线索，开始分三步着手解决医院乱收费问题。

第一步，由表及里，找准问题。表面问题看起来是“看病贵”，但深层次的问题是一些医院管理上的混乱，在制度上存在严重漏洞，被一些别有用心的人利用，人为产生了许多不合理的费用，并且把这些不合理费用转嫁到了患者身上，直接损害了群众切身利益。

第二步，追本溯源，深究原因。问题的根源出在医院的管理制度上，一些涉及费用结算的关键环节透明度低，权力缺乏有力监管，关键岗位上的个别医务人员浑水摸鱼，与药品供货商、医疗器械供应商内外勾结，抬高产品价格，收受巨额回扣，利用职务便利牟取私利。

第三步，对症下药，正本清源。首先，是要堵塞住管理制度的漏洞，完善药品、器械采购制度设计，严格执行招投标制度，营造公平竞争的购销环境；其次，是要构建药品、器械采购监督机制，增加药品、器械采购决策及过程的透明度；同时加强医务人员法治教育，尤其是领导人员和关键岗位工作人员，严厉打击药品、器械代理商以各种名目给予医务人员经济利益，对收受回扣、红包等违法违纪行为实行“零容忍”。

通过有针对性的“行业预防”三步走，该市医疗行业行风建设大为改善，医务人员被投诉率大幅降低，群众就医满意度显著提升。在这起“行业预防”案例中，市卫健委很好地运用了法律思维中的溯源思维，值得我们学习借鉴。

法律思维语境下的溯源思维，是指从问题的表象特征出发，从法律的视角对问题进行分析，寻找产生问题的根本原因的思维方式。通俗地讲，就是凡事从根上找原因，透过现象看本质，寻其根本，溯其根源。

上述案例中，小丁反映的只是“看病贵”的问题，如果只看问题表面，就事论事，那就只能从价格上找原因，结果只能是治标不治本。而运用溯源思维，善于追溯问题的本质，从根源上找原因，才能达到标本兼治的最佳效果。

在案例中，市卫健委就是从“看病贵”这个表面问题出发，追溯问题的源头，发现了医院管理制度漏洞、医务人员法治观念淡薄，以及不良商人利益输送等多个层面的深层原因，发现了导致“看病贵”问题的根源，并有针对性地采取预防措施，多管齐下，取得“行业预防”的良好效果。

## 02　特定人群：法律风险也挑人

法律风险不仅在不同行业中表现不一，在不同人群中也呈现不同面貌，这样的例子在生活中比比皆是。

例如，对女性而言，遭遇人身侵犯、猥亵、骚扰的风险就比男性要大许多；老年人由于年龄原因，社会分辨能力有所下降，容易成为诈骗犯罪分子瞄准的对象，被诈骗的风险较一般人群要高。由此可见，针对特定人群生理和心理特点，有针对性地开展“群体预防”，显得尤为必要。来看一个针对未成年人遭受性侵犯问题开展“群体预防”的案例：

某上市公司前董事长王某某猥亵9岁女童案引爆网络舆论。女童的母亲报警称，其女儿被朋友周某某从老家带至上海并入住市内一家酒店，后其女儿在房间内遭到王某某猥亵。王某某、周某某最终被判猥亵儿童罪。事件引发社会各界广泛关注，针对频频发生的未成年人遭性侵案件，检察机关果断出手，有针对性地开展未成年人“群体预防”工作。

第一步：找准问题，发出“一号检察建议”。检察机关深入校园内开展普法教育，联系热点案件，向在校学生进行警示宣传并普及法律知识。同时，积极推动建立教师品德监督监管制度，发出“一号检察建议”，架起教育与司法之间的桥梁，动员全社会力量共同保护未成年人防性侵。

第二步：建立信息库，打造预防性侵“防火墙”。通过分析案件样本，发现性侵未成年人犯罪分子具有流窜作案、再犯率高的特点。为了防止犯罪分子异地作案、出狱再犯，检察机关建立起“侵害未成年人犯罪数据库”，录入性侵犯罪案件信息，把有前科的人员列入“黑名单”，使之无法从事与教育相关的职业。

第三步：以点带面，从教育部门推广到全社会。未成年人在社会环境中遭遇性侵的风险是客观存在的。因此，防范风险不能局限在教育行业，还要扩展至培训机构、游乐场所，以及图书馆、科技馆等与未成年人有密切接触的单位和场所。检察机关积极推进数据库建设，实现更大范围、更高级别的数据共享，严格限定“黑名单”人员在相关行业的入职门槛。①

复盘这起“群体预防”案例，不难发现检察机关也很好地运用了溯源思维。不仅找准了未成年人易遭性侵的问题，而且从未成年人防范意识、犯罪人犯罪特点、社会重视程度等多个角度切入，发现问题源头，挖掘深层原因，有针对性地采取深入校园教育、建立犯罪数据库、全社会数据共享等预防举措，真正实现了“群防群治”的预防效果。

## 03　关键岗位：法律风险易发高发

现实生活中，各行各业都存在一些关键、敏感的岗位，它们是法律风险的易

① 《预防未成年人被性侵，检察官的这句话值得所有家长谨记》，载微信公众号“央视新闻”，2019年7月7日。

发区、高发区。

例如，公司企业内部的采购岗位、广告岗位、财务岗位等，最易发生经济问题，在法律风险预防工作中必须重点关注，严加防范。又如，司法机关中有许多“实权”岗位，例如办案一线的检察官、法官，也可以视为司法机关的关键岗位，因为手握司法权，所以极易成为不法分子“围猎”的对象，容易出现廉洁法律风险，一直是困扰司法机关的“老大难”问题。

司法实践中，许多时候案子刚一到手，就有人打电话过问案情。案件还没有出结果，就有人忙着托人找关系、请吃饭，企图干预正常办案。更有甚者，干脆直接请上级领导出面，动用权力插手案件的处理。过问、干预、插手，令司法人员头疼不已。这些“打招呼”的人可能是司法人员的老领导、同事、亲属、同学、校友、战友、老乡、熟人等，沾亲带故，如果不给面子，下次见面就会很难堪，还会落下个不近人情的名声。可如果讲情面，司法公正就难以保障，廉洁法律风险就会如影随形。

怎么办？解决问题还须对症下药，此时就可以运用到溯源思维。风险的出现往往从“打招呼”说情开始，极少有司法人员主动出击拉关系，绝大多数都是被“说情”，那么就从源头抓起，从拒绝“打招呼”开始，让后面的一系列“围猎”行为无从下手。针对干预司法办案打招呼、说情问题，中央出台了一系列制度文件，积极开展司法人员“关键岗位预防”。

首先，针对领导干部“打招呼”干预、插手司法活动问题，要求司法人员全面、如实记录领导干部的干预行为，包括授意、纵容身边工作人员（如秘书、司机）、亲属为案件请托说情的情况，做到全程留痕，有据可查。领导干部干预司法活动情况被纳入领导个人政绩考核体系，司法人员如果不如实记录，还会被予以警告、通报批评。

其次，针对司法机关内部人员过问案件问题，明确“内部人员”既包括司法机关领导干部和上级司法机关工作人员，还包括司法机关离退休人员（如“老领导”），并规定内部人员对正在办理的案件提出意见的，应当依照程序以书面形式提出，口头提出（过问）的，办案司法人员必须记录在案，否则可能会受到纪律处分，司法机关纪检监察部门也会对内部人员干预办案的线索进行处置。

> 最后，针对当事人、律师、特殊关系人[①]、中介组织“说情”问题，从规范与上述人员接触交往的细节入手。例如，明确司法人员在案件办理过程中，应当在工作时间、工作场合接待上述人员。如果在非工作场所、非工作时间接触的，司法人员应当依照规定办理审批手续并获批准。如果因不明情况在非工作时间或非工作场合接触的，司法人员应当在三日内向本单位纪检监察部门报告，违反规定的可能会受到纪律处分。[②]

防止干预司法“三个规定”一出，从制度上明确了只要“过问”就可能会被登记，更别提干预、插手了。如此一来，想打招呼的人心里便会掂量掂量，被打招呼的人也有了抵制说情的有力武器，还有了不如实记录的责任。相信只要持之以恒抓好落实，久久为功，“打招呼”干预司法人员办案的问题有望大为改观。

你看，无论是行业预防、群体预防，还是关键岗位预防，溯源思维都无处不在，是当之无愧的法律风险预防基础性思维之一。

在日常思维的基础上加点法律思维，学会追本溯源，善于透过现象看本质，你的洞见或许就会与众不同。运用溯源思维，结合自身所处的行业、群体和岗位，看到风险问题产生的深层原因，见招拆招，随机应变，你也许就能找到你所处位置遏制法律风险的关键密码。

## 第40讲　类别：法律风险的不同种类

风险在人们日常生产生活中无处不在、无时不有，法律风险也同样广泛存在。在前面几讲中，我们林林总总地列举了一些预防法律风险的例子，让大家对法律风

---

① 特殊关系人，是指当事人的父母、配偶、子女、同胞兄弟姐妹和与案件有利害关系或可能影响案件公正处理的其他人。

② 参见中共中央办公厅、国务院办公厅《领导干部干预司法活动、插手具体案件处理的记录、通报和责任追究规定》、中央政法委《司法机关内部人员过问案件的记录和责任追究规定》、最高人民法院、最高人民检察院、公安部、国家安全部、司法部《关于进一步规范司法人员与当事人、律师、特殊关系人、中介组织接触交往行为的若干规定》。以上文件统称为：防止干预司法“三个规定”。

险有了一个感性的认识。上一讲我们讲到预防法律风险的角度，这一讲我们来谈谈法律风险的类别，重点介绍法律风险的种类，以及如何运用法律思维有针对性地预防不同类别的法律风险。

## 01　回归法律风险的定义

由表及里，由现象到本质，更符合人们的认知规律。在这一讲的开始，我先带大家探寻法律风险的本质，回归到法律风险的定义。

学术界关于法律风险的定义五花八门。例如，有的学者认为，法律风险是指在某一特定的法律关系中，某种法律后果发生的可能性；也有的学者认为，法律风险是指在某一特定时间内，当事人所期望达成的目标，与实际出现的法律后果之间存在的差距；还有的学者认为，法律风险是不确定因素、行为事故和客观损失结果三者的统一体。

让学术的归学术，普法的归普法。定义是对事物现象进行抽象后的反映，对于公众而言，只要能够透过风险现象，抓住法律风险的本质即可。通俗地讲，所谓法律风险，就是基于法律的规定，由人的行为引起的，可能产生法律责任后果的不确定性。简言之，就是人的行为在法律规定面前的不确定后果。

就像人们总是渴望消除日常生活中的各种风险一样，公众也想永远杜绝任何法律风险发生在自己身上。公众的想法是一种美好的愿望，法律风险具有不可预测和不可控的一面，是不以人的主观想法而转移的。但是，通过有针对性地预防法律风险，长时间避免法律风险后果的发生，这个目标是完全可以实现的。下面看一则预防法律风险的真实案例：

某网络游戏公司一段时间以来接连发生员工刑事犯罪案件。有的员工与社会人员里应外合，利用职务之便盗卖公司游戏虚拟装备，非法获利数十万元；有的程序设计员从公司跳槽后另起炉灶，带走在原公司开发的成果，严重侵害了原公司利益；还有的职员利用工作掌握的技术信息，私自编写外挂程序，实现“自动打怪”“无限升级”“增开游戏窗口”等作弊功能，严重扰乱游戏服务器正常运行，并从中非法牟利。

频频发生的案件让公司高层头痛不已。在公司法务总监的主持和推动下，通过深入研究已经发生的案例，仔细查找犯罪原因和动机，公司有了新的发现。原来，大部分员工是理工科出身，对法律的规定并不熟悉，有的甚至是根本不懂法。例如，有的员工把编写外挂程序视为凭本事赚钱，觉得利用工作之余赚点外快无可厚非；有的员工跳槽后带走在原公司研发的程序觉得理所当然，认为这是自己的劳动成果，完全没有认识到自身行为的违法性；有的员工把盗卖游戏装备仅仅理解为占单位便宜，是一种“贪小便宜”的行为，完全没有意识到问题性质的严重性。

该网络游戏公司立即组织开展犯罪法律风险预防。一方面，邀请司法机关资深法律专家到公司讲授普法宣传课，结合实际案例，有针对性地讲解侵犯商业秘密、编写外挂程序、盗卖虚拟装备等行为涉嫌的罪名，学会鉴别商业秘密，澄清“技术无罪论”的错误观念，教育员工认识到“占单位便宜”性质的严重性。

另一方面，组织公司法务力量配合司法机关依法办案。法务人员认真协助公安机关调查取证，仔细计算核实公司实际损失，向检察机关补充提交相关证据，让触犯刑法的员工依法受到法律追究。对一些情节轻微的员工则给予区别对待，以内部批评、公开通报、主动辞退等不同方式进行处理，教育大多数员工遵纪守法，有力维护公司合法权益。

通过教育和惩治相结合的有力措施，公司员工队伍受到了一次深刻的法治教育。此后两年多时间内，该公司再无新案发生，实现了预防犯罪法律风险的预期目标。

## 02 法律风险的分类

日常生活中，一般人都能认识到风险是客观存在的，这也是人们购买保险的逻辑基础。大家在感知到风险的前提下，愿意花一部分钱去购买保险，达到转移风险的目的。

法律风险也是客观存在的，但是保险公司却没有专门的法律保险可买。要预防法律风险，只能通过人为干预，采取一系列有效措施，改变可能产生法律风险的条件环境，降低法律风险发生的概率，这也是一些企业愿意花钱请法律顾问的原因所在。

法律风险分类的依据和标准有很多，根据风险产生的法律关系不同，可以把最常见的法律风险分为刑事法律风险、民事法律风险、行政法律风险三类。不同类型的法律风险，其具体内容和风险后果也不尽相同，预防时需要用到的法律思维也不尽相同。

例如，刑事法律风险如果发生了，后果可能很严重，能够剥夺你的自由乃至生命，因此要运用底线思维坚决防止刑事法律风险的发生；民事法律风险如果成为现实，最严重的后果是会让你多年的苦心经营毁于一旦，甚至倾家荡产，但因为民事法律风险经常与商业机会相伴而生，因此要运用博弈思维追求利益最大化，把风险控制在最低；行政法律风险如果不加以重视，不仅会被罚钱拘留，还有可能让你身败名裂，例如嫖娼可能被抓、开车违章可能被罚，因此，预防行政法律风险经常要用到权衡利弊思维，趋利避害，作出价值判断和取舍，知道哪些事能做，哪些事有风险，最好不要做。

根据法律风险产生的原因不同，可以把法律风险分为客观法律风险和主观法律风险两大类。

有些法律风险是不因人的主观意志而转移的，它受到客观环境、意外概率、对手原因等多个不可预测的因素影响，这类法律风险称为客观法律风险。

例如，民事法律风险中的运输合同风险，即便你是一位诚实守信之人，但不幸遇到的合同对家是一个无赖，他会硬生生地把你带入法律风险之中；再如，合同双方都有认真履行运输合同的诚意，但不巧在履行合同过程中突然发生疫情，或者在运输途中遭遇交通事故，导致运输货物出现变质、毁坏等问题，由此产生法律纠纷。这些法律风险的发生都是受客观因素的影响，与人的主观心态基本没有干系。

还有些法律风险与人的主观心态密切相关，它受到人们对法律风险的认识、观念、心理等主观因素的影响，这类法律风险称为主观法律风险。

例如，在职务犯罪案件中，许多官员或者国有企业管理人员，受到金钱、美色等利益的诱惑，在内心私欲的驱使下，抱着“有权不用，过期作废”“在任上捞一把”的心态，心存侥幸，觉得自己位高权重，不会抓到自己头上，疯狂敛财，大搞“权钱交易”。抱着这样的错误认识和观念，权力观、价值观完全扭曲，心理严重失衡，“权为民所用”变成了“权为己所用”，最终一步步滑向职务犯罪的深渊，刑事犯罪法律风险自然会不期而至。

## 03 法律风险分类的意义

法律风险的分类对有针对性地开展法律风险预防具有实际意义。例如，以法律关系为依据对法律风险进行分类，能够让我们按图索骥，迅速找到与风险相对应的法律，并根据不同性质法律关系的特点，区别采取不同措施开展法律风险预防。

以刑事法律风险为例，刑事法律风险后果最为严重，虽然当事人可能从风险行为中获得巨大利益，但一旦风险后果发生，所得利益便会荡然无存，还可能"偷鸡不成蚀把米"。网络上有个著名的说法，叫作："所有挣大钱的方法都写在刑法里了。"虽然不够严谨却确有几分道理。你看，非法集资、传销、非法经营、销售伪劣产品等犯罪行为，个个都是"一本万利"的买卖。至于诈骗、贪污、受贿等犯罪手法，更是属于"无本"生意。但是，只要受到刑事法律追究，不仅面临丧失自由的代价，而且违法所得的收益也会被追缴，甚至面临追加罚金的刑罚，可谓得不偿失、人财两空。

掌握了刑事法律风险的这些特征，那么预防刑事法律风险就得回到底线思维。运用底线思维就是凡事想到最坏的结果，认真掂量一下，假设风险后果出现，自己能不能承受。如果心中得出的答案是不能，那就要果断放弃，避免犹豫不决，心存侥幸，因为这是不可触碰的法律底线。

又如，以是否受人的主观意志影响对法律风险进行分类，自然让我们关注到博弈思维，运用博弈思维对法律风险进行深入分析和积极应对，采取有针对性的预防对策。

以民事法律风险为例，市场经济活动中充满了各种未知的风险，许多商事法律风险都是客观存在的，风险大小与利益多少往往成正比。通俗地讲，就是人们常说的"高风险、高收益"。

那么对于商家而言，必须学会运用博弈思维，既要抓住商机追求利益最大化，也要通过签订详细的合同条款、制定应急预案、做好交易对手的诚信调查等方式，努力将交易风险控制到最低，在经过一番慎重的博弈后，最终作出是否进行交易的选择。

## 04 预防商业法律风险的方法

既然讲到了预防商业法律风险，那就索性给大家介绍几种常见的预防商业法律风险的方法：

第一种方法，分散投资。也就是通常人们所说的“不把鸡蛋放在同一个篮子里”。作为一个成熟的商业人士，一定要具备良好的风险防范意识，一般不会孤注一掷，许多投资者都会选择同时投资多个不同领域的项目，或者持有许多不同公司的股票，用来对冲风险。

第二种方法，购买商业保险。经验丰富的经商人士都熟知各种商业险种，例如商业运输险、货物灭失险等，都是转移商业法律风险的险种。一旦风险发生，就能通过保险理赔来减轻风险损失。

第三种方法，设计多元化的解决方案。也就是大家俗称的“凡事留一手”，也可以称作紧急预案、备选方案等。一旦法律风险发生就可以启动相关预案，由于事先有准备，可以有效减少风险发生带来的伤害，甚至可以妥善应对法律风险，化险为夷。

预防商业法律风险的方法还有很多，不同类型的商业活动预防风险的方法也不相同，也恰好印证了法律风险分类的价值。

随着时代的持续发展、科学技术的不断进步，公众将面临更多形式的法律风险。任他风吹雨打，我自岿然不动。在日常思维的基础上加点法律思维，既要懂得识别法律风险的种类，又要善于具体风险具体分析，综合运用底线思维、博弈思维、权衡利弊思维等思维方式，就能够尽可能降低法律风险发生的概率，找到预防法律风险的思路和办法。

# 第八章　风险不让老实人吃亏

奉法者强，则国强；奉法者弱，则国弱。

——韩非子

法律是为了保护无辜而制定的。

——爱略特

**导读：**

在法治社会里，如果遵纪守法的人能够成为强势群体，那么国家就能保持强大，这就是“奉法者强，则国强”。法律不能让老实人吃亏，只有创造“奉法者强”的社会行为环境，才能让越来越多的公民养成法治行为习惯，真正远离法律风险。

本章主要向读者讲解运用法律思维防范法律风险的具体方法，重点介绍法律思维中的系统思维、逆向思维、博弈思维、边界思维，让公众在面对错综复杂的法律风险时，既能够守法自律、不为所动，又能够明辨是非、据理力争。

# 第41讲 立场：不做法律风险的制造者

从这一讲开始，我们进入新的一章“风险不让老实人吃亏”。在上一章里，我向大家介绍了法律风险及其分类，以及如何察觉风险、评估风险和从不同视角预防风险。这一章，我就来详细地告诉你，如何具体运用各种法律思维有针对性地预防法律风险。

## 01 预防法律风险，从面对诱惑开始

人们生活在社会之中，总会受到各种形形色色的诱惑。有的诱惑披着“机会”的外衣，高喊着“机不可失，时不再来”的口号，引诱你一步步靠近风险；有的诱惑打着各种名目的幌子，拉虎皮做大旗，蒙蔽你的双眼，沉浸在赚快钱的幻想中，一不小心就掉入风险的陷阱；还有的诱惑利用人世间最美好的情感，以情乱你心神，影响你的判断，裹挟着你跳入风险的深渊。

在各种诱惑面前，大家必须学会仔细分辨：到底是机会还是风险？究竟是给了你一个好点子，还是给你出了一个馊主意？是真情流露一心为你好，还是虚情假意想把你带进火坑？我们可以学习的，就是在诱惑面前坚守法律立场，掌握一些法律思维，预防法律风险的发生。

在许多大中城市的夜晚，霓虹灯闪烁着诱惑的光芒，在KTV、桑拿、夜总会等各色娱乐场所内，活跃着各种怀揣淘金梦想的年轻人。他们有的从事营利性陪酒、陪唱服务，有的负责端茶倒水、保安保卫、卫生清洁等工作，还有的担任管理人员，指挥调度。在娱乐场所工作，所有人都心知肚明，如果不能抵制诱惑，一不小心就可能会触碰到法律红线。

你看，从事营利性陪酒、陪唱服务，如果经受不住金钱诱惑，就可能更进一步走上卖淫的不归路；从事保安工作，如果甘受金钱驱使，充当保镖、打手，就有可能触犯故意伤害、寻衅滋事等罪名，换来一副冰凉的手铐；至于娱乐场所的管理

者，如果一味追求高利润，自作聪明打起“擦边球”，就可能触碰组织卖淫罪、介绍卖淫罪等罪名，一旦东窗事发，后果很严重。请看下面这则案例：

小张经朋友介绍到一家KTV担任副总经理，主要负责服务员、保洁员管理和设备维修保障等工作。KTV的生意一直不温不火，小张的收入也很一般。直到店里来了一名负责销售的副总经理，带来一拨“公主”，主要从事营利性陪唱服务，场子一下子火了起来。

小张不止一次看到，有客人在唱完歌后带着“公主”扬长而去。小张隐隐约约觉得不对劲，向总经理提出自己的疑问。结果总经理没好气地对他说，“管那么多做什么，做好自己的事，钱不会少你的”。

小张心想反正自己只是打一份工，也没有参与“公主”的管理工作，也就不以为意。随着经营效益迅速飙升，作为副总的小张，工资也跟着水涨船高。有时负责销售的副总忙不过来，小张也忙着张罗和招呼客人，带领“公主”供客人挑选。后来公安机关接到群众举报，发现该场所内存在介绍卖淫违法犯罪行为，遂将小张等人抓获。

法院最终判定总经理以及负责销售的副总经理构成组织卖淫罪。由于小张没有直接参与“公主”管理，也没有从店内经营中提成分红，但其后勤管理工作确实对组织卖淫活动起到帮助作用，被法院依法判定构成协助组织卖淫罪。

具体构成什么罪不是我想要讲的重点，小张从一个老实守法的公民沦为阶下囚的过程，才让人唏嘘不已。如果小张在察觉到店内存在卖淫违法行为时，能够及时抽身而退，就不会吞下最终的苦果。归根结底，还是经受不住“利”字的诱惑，被金钱困住了手脚，导致法律风险后果的发生。

## 02　运用博弈思维控制法律风险

日常生活中，像小张一样为利所惑，最终堕落成犯罪分子的大有人在，着实令人惋惜。我在工作中接触到许多犯罪嫌疑人，有相当一部分犯罪嫌疑人就像小张一样，本质并不坏，只想着努力赚钱，改善生活，并没有危害社会和他人的恶意，可惜因为缺乏法律风险意识，一念之差，葬送了大好前途。

从预防法律风险的角度来讲，人们之所以常常为利所惑，屡屡遭遇法律风险，就在于不善于运用博弈思维思考问题。我在之前的讲座中讲过博弈思维，放在预防法律风险的场景下，运用博弈思维，就是依据已掌握的确切信息，追求利益最大化，控制法律风险最小化，慎重决定自身行为的思维过程。

在上述案例中，小张明明知道店内存在介绍卖淫行为，但是为了眼前的经济利益，选择“与狼共舞”，让自己深陷风险之中，教训是沉重的。真正精明的社会人，一定懂得运用博弈思维，权衡风险后果和自身承担风险的能力，谨慎作出选择。请看下面一则案例：

郑某是一家民营企业集团董事长，该集团公司通过公开招投标拿下某市一块土地开发权，可是郑某却高兴不起来。原来这块土地开发的条件和手续并不齐全，严重影响到施工进度。为此郑某多次向政府职能部门反映，可是进展缓慢，收效甚微。后经人指点，说想要政府重视起来，就必须找分管市政建设的副市长出面。

郑某通过人脉关系宴请副市长，席间郑某向副市长提出，希望政府能够出面支持和配合推进土地开发工作。副市长当场爽快答应，不过也向郑某提出自己的儿子刚出来创业，最近开办了一家酒庄，也想请郑某多多照顾生意。久经商海的郑某自然心领神会，但也清醒地认识到行为的性质和风险。

怎样既能抓紧推进公司项目，又能避免法律风险呢？郑某和几位副手商量对策。有的说直接把钱送给副市长的儿子不就行了，这样也能“保护”领导，拿不拿酒都无所谓；有的说干脆直接去买一批酒，领导的公子说多少钱就多少钱，反正酒的价格波动也很大，让对方多赚点就是了；还有的说可以以集团公司的名义去采购一批酒，以单位的名义办事比较方便，领导也不用直接出面，绝对安全。但是郑某细想一下感觉都不妥，都存在个人行贿或单位行贿的法律风险。

正当郑某准备再去找副市长沟通的时候，有消息传来，该副市长因贪腐问题被监察机关调查，利用儿子开酒庄高价卖酒，暗地进行权钱交易的犯罪事实浮出水面。最终法院判决该副市长构成受贿罪。郑某心中一阵后怕，幸好没有主动“投怀送抱”。

在上述案例中，郑某很好地运用了博弈思维避免了法律风险。项目推进虽然紧迫，但也不能通过行贿的非法手段去实现目的。面对副市长赤裸裸的暗示，郑某没有向“潜规则”屈服，既没有向副市长的儿子直接行贿，也没有通过买酒的形式输送经济利益，甚至不同意以公司的名义购酒，而是积极通过正当途径去沟通解决问题，有效避免了风险的发生。

其实，解决政府不作为问题的方法有很多，例如行政复议、业务投诉、信访、提请人大监督等，都是正当有效的维权渠道。正当的方法都没有尝试，就想到用非法的手段，这是典型的“走捷径”的思维，往往伴随着巨大的法律风险。走捷径，通常是要付出代价的，只有懂得博弈思维，积极面对问题，权衡得失，见招拆招，才能有效防控风险。

## 03 正确认识“不正当利益”的法律风险点

结合上述案例先普及一个法律小常识。所谓行贿，是一种为牟取不正当利益，给予公职人员财物的行为。也就是说，行贿的目的是牟取不正当利益。而受贿，是指公职人员利用职权收受他人财物，为他人牟取利益的行为。特别强调的是，这里公职人员为他人谋取的利益，不一定都是不正当利益，也可能是正当的利益。

由此来看，法律对公职人员提出了更高的要求，作为公职人员，不管为他人谋取的利益是正当的还是不正当的，都不能收受当事人任何财物。而对于公众而言，需要切记不能为了牟取不正当利益去行贿。特别要注意的是，因被勒索给予国家工作人员以财物，没有获得不正当利益的，不是行贿，这可以作为博弈思考的一个关键点，问题在于公众如何辨别“不正当利益”呢？

既然讲到不正当利益，就必须把这个法律风险点说透。

上述案例中，有人认为，郑某谋取的利益，具体内容是完善土地开发条件和手续，这本来就是政府的职责所在，因此不属于不正当利益。但也有人认为，郑某谋取的利益最终目的是加快项目推进，在政府资源有限的情况下，这个项目投入的精力多，另一个项目就投入的精力少，郑某谋取的是一种竞争优势，有违市场公平竞争原则，因此属于不正当利益。

你看，大家对“不正当利益”的理解还存在一定分歧。这也难怪，法律意义上的“不正当利益”范围十分广，既包括违法获得的利益，违背政策获得的利益，以及违反行业规范获得的利益，还包括违反程序规定获得的利益，甚至涵盖了一切违背公平公正原则获得的利益，有很大的解释空间。

那么，拿不准是不是属于不正当利益时该怎么办呢？你可以问自己一个问题，你谋取的这个利益害不害怕让别人知道，如果感到害怕，那就有可能是不正当利益，还是不要心存侥幸的好。

在现实生活中，许多商界人士习惯按照自己的认识来理解“不正当利益”，结果就触碰到了法律风险的雷区。

例如，为了加快推进项目，通过行贿官员，在政府审批过程中“加塞”插队，自以为无伤大雅，实际上属于典型的违规操作，当然属于不正当利益；为了尽快回笼资金，私下给财政官员好处，加快工程款结算进度，自认为是理所当然，属于正当利益，但实际上是一种违反正当程序规定的行为，也属于不正当利益；为了应付日常工作检查，暗中给市场监管官员塞红包，希望能够少来检查自己，多检查竞争对手，体现自己“朝中有人”，自我感觉没什么大不了，实际上属于违反公平公正原则的行为，也属于不正当利益。

值得一提的是，上述案例中，郑某选择宴请的方式找副市长沟通也存在一定法律风险。私下宴请政府官员虽然不构成违法，但是可能触犯党纪政纪有关规定。采用宴请的方式，难免瓜田李下，说不清楚谋取的是不是不正当利益。最稳妥的沟通方式，应当是通过工作途径在办公时间到办公地点反映情况，开诚布公地解决问题。

不做法律风险的制造者，不应该是一句口号，而应该是实实在在的行动和立场。在日常思维的基础上加点法律思维，在面对利益诱惑时，少一点盲目冲动，多一些博弈思维，就能少担一分风险，多赚得一分踏实。小心驶得万年船，做个老实人没什么不好，合法的钱都赚不完，为什么非要铤而走险去牟取非法利益呢？

## 第42讲 分辨：人情世故背后的法律风险

在上一讲，我们重点讲述了如何坚守法律底线，不做法律风险的制造者，预防利益诱惑带来的法律风险。其实，不仅利益诱惑可以让人迷失心智，人情世故同样可以令人放松警惕，忽视潜藏的法律风险。这一讲，我就来教你分辨，如何预防人情世故背后的法律风险。

## 01　为情所困的法律风险

人们生活在社会中，无不包裹着各种角色定位，有着各种情感需求。在人际交往中讲究礼数，把握距离，总结得失，慢慢就形成了人们为人处世的方法和经验，也就是我们通常所说的人情世故。例如，待人以诚、礼尚往来、礼多人不怪等，就是人们对人情世故的经验概括。

经验总是相对的，固化的思维方式往往容易成为不法分子利用的对象。现实生活告诉我们，许多法律风险喜欢披着人情世故的外衣，隐藏在我们不易察觉的角落，冷不丁就会冒出来吓你一跳。亲情、友情、爱情，这些人世间美好的情感都会成为风险觊觎的载体。请看下面一则案例：

王某和朱某是大学同学，毕业后一个从政，一个从商。王某在官场上平步青云，人到中年已是某住建局的领导。朱某在商场上也是春风得意，成为一家小有名气建筑公司的老总。因为同学情谊，加之业务关联，两人常有往来，互相馈赠一些礼品。

直到有一次，朱某为了某个工程项目能够顺利中标，请王某出面打招呼。碍于同学情面，王某居中协调了一番，朱某顺利拿下项目。为了感谢老同学，朱某把10万元现金塞进白酒盒子里，趁着节日送给王某，并嘱咐王某一定要自己喝，千万不要送人。王某推托不掉，只好收下。事后王某觉得朱某的言辞举止有些反常，感觉不对劲，打开酒盒一看发现了现金。他觉得这个钱绝对不能收，于是打电话给朱某。朱某却坚决不要，王某不知道该如何处理。

面对同窗友情，王某犯了难。如果是你，你会怎么办呢？此时必须澄清错误认识，打消侥幸心理，清醒地认识到人情世故背后的法律风险。

首先，钱是肯定不能收的。有人认为，王某并没有利用职权帮朱某办事，只是居中协调，事前两人根本没有谈钱的事，朱某事后送钱只是感谢老同学，属于正常的人情往来。这种看法显然是不对的，王某是公职人员，具有职务上的影响力，

10万元金额明显超出正常人情往来的范畴，无论是事前收钱还是事后收钱，都不影响受贿违法性质的认定。

其次，如果能及时退钱，那就不是受贿。有人认为，既然钱已经收了，违法行为已经完成，生米已经煮成熟饭，退钱也于事无补，将错就错算了，下不为例。这种想法是极其危险的，也是错误的。一般情况下，只要能够及时退钱，就不能认定具有受贿的主观故意，也就根本不会构成犯罪。相反，如果心存侥幸，想着下不为例，受贿主观故意明显，受贿也就成了铁板钉钉的事实。

最后，要把握好退钱的时机。有人心中窃以为，既然已经收了就别忙着退，先放一放，如果出现风险苗头再退也不迟。这种想法也是不对的，不是任何时候退钱都不构成受贿。例如，有的官员在收到自己被调查的风声后，急急忙忙找行贿人退钱，这种情形下就已经能够明确具有受贿的故意，退钱只是为了逃避组织调查，因此仍然属于受贿。

因此，王某正确的处理方法是必须想办法把钱退还老同学。既是对自己负责，也是对老同学的关爱。顾念同窗之情最好的方式，就是不要把对方置于法律风险之下。如果实在退不了，王某还可以将钱上交给单位纪检监察部门，说明情况，也能完全避免法律风险的发生。

## 02 边界思维，助你看清风险本质

分辨人情世故背后的法律风险，你必须学会运用法律思维中的边界思维。

法律思维语境下的边界思维，是指依据法律规定划定行为边界，保持界内、界外安全的距离，恪守界限不越界的思维方式。通俗地讲，就是明确界限，不踩线，不逾矩。

在界限内，你可以长袖善舞，自由发挥；在界限外，就必须谨言慎行，预防风险。在上述案例中，分辨正当人情往来与职务违法行为的界限，就在于是否有利用职权牟取不正当利益，简言之就是看：是否有“权钱交易”行为的存在。

是否有权钱交易，是一条清晰的法律风险界限。正常的人情往来不具有交易性。例如，朋友结婚，你凑个份子包个红包，你交易了什么呢？红包里除了人情，什么也没有。但是如果你的朋友是一位领导，而你又恰好有求于他，他的儿子结婚你私下给了领导儿子一个大大的红包，明显超出一般人给的红包金额，你交易了什么呢？这个大红包就超出了人情的范畴，目的是换取领导手中的权力。

权钱交易的实质，就是把公权力作为商品进行等价交换，而法律明确规定公权力是不能被收买的。权力如果能被明码标价买卖，必定造成社会道德的巨大滑坡，腐败横行，正常社会秩序也会遭到严重破坏。中国古代社会捐钱买官、卖官鬻爵造成政治社会的黑暗，就是前车之鉴。

人非草木，孰能无情，情到浓时往往情不自禁。人情世故在特定的场景下，更具有“绑架”人们行为的强大能力，也蕴藏着更深的法律风险，必须高度警惕。请看下面一则案例：

> 深夜，在大都市打拼的私企经理陈先生百无聊赖，开始漫无目的地网上“冲浪”，打捞网络“漂流瓶”，邂逅附近的人。这时一个“附近的人”发来问候，跳动的美女头像皓齿红唇，主页照片身材玲珑，让陈先生顿生好感。寒暄几句后，美女直入正题，邀请陈先生下载安装一款名为“夜约”的直播软件，许诺只要在直播间点赞，就有意想不到的“惊喜”。
>
> 陈先生心中并非毫无戒备，但心想下载个APP又不会损失什么，发现情况不对，大不了随时删除就行了。下载安装之后，陈先生发现直播软件根本无法使用，顺手就将软件卸载掉了。虽然未能直播点赞，但美女仍然答应给陈先生惊喜，那就是：裸聊。两人视频相见，美女果然没让陈先生失望，相貌姣好，热情似火，令陈先生热血沸腾。激情彻底淹没了理智的防线，陈先生也与美女赤裸相见。
>
> 激情过后没过久，视频见面被美女挂断，紧接着美女发来了两人裸聊的视频，还有一连串陈先生的手机电话清单。原来，对方竟然进行了录屏，更可怕的是，对方还通过刚才的直播软件下载植入了木马程序，掌握了陈先生的手机通讯录信息。美女开始狮子大开口，要求陈先生破财消灾，对陈先生说：“我要钱，你要脸，不给钱，就把视频发给你的亲朋好友，让大家都看看。”陈先生目瞪口呆，“情不自禁”的风险后果就这样发生了。①

跟陈先生一样因裸聊被敲诈的都市男性还有许多。之所以他们会屡屡“中招”，

---

① 《裸·聊——500名深圳男性的难言之隐》，载微信公众号“深圳龙岗警营”，2020年3月12日。

就在于被“情”所驭，忽视了陌生人交友人情世故背后隐藏的风险，这条风险界限就是：社会公序良俗。

运用边界思维看清风险本质，是预防法律风险的关键。结合上面的案例，陌生人交友是人之常情，界限之内，你用“漂流瓶”、摇一摇、交友APP等，想怎么跟陌生人交流都行；界限之外，如果有损社会公序良俗，例如约炮、裸聊、播放淫秽视频等，那就超越了正常交友的范围界限，踩到了法律风险的边界。

### 03　边界思维的预防功能

万恶淫为首，社会公序良俗不容亵渎，这是法律确定的边界。网友有言：人生好比一个麻袋，奋斗打拼装得再多，只要一招不慎把底漏了，就会满盘皆输。这个“底”，指的就是法律风险的边界。

边界思维究竟能发挥多大预防作用呢？这就好比我们天天开车都会看到的道路两旁的标语提示，“喝酒不开车，开车不喝酒”“十次事故九次快，超速驾驶是祸害”“遵守交通规则，切勿疲劳驾驶”，等等，酒驾、超速、疲劳驾驶，这就是开车行为的边界。拥有了边界思维，在边界之内，能够带给人们一种确定感，而在边界之外，则会丧失安全感，充满了不确定的风险。

边界思维和我之前讲过的底线思维经常结合起来运用。只不过边界思维更多突出的是行为界限，强调不踩线、不逾矩；而底线思维更多考虑的是最坏的结果，以及如何避免最坏结果的出现。在人情世故面对的风险面前，边界思维显然比底线思维站位更加靠前。

在日常思维的基础上加点法律思维，运用边界思维，分辨人情世故背后的法律风险，能够帮助我们透过人情世故纷繁复杂的表象，找到法律保护的边界，扣住法律风险防范的命门。分辨法律风险，就从明确边界开始。

## 第43讲　设计：守好制度预防的关口

在前面两讲中，我向大家介绍了预防法律风险的立场，以及分辨法律风险的方法。无论是立场还是分辨方法，重点都放在从思想观念上提高对预防法律风险的认识。这一讲，我们换个角度，从完善制度的视角，谈谈如何运用法律思维巧妙设计制度，预防潜在的法律风险。

## 01 制度预防：遏制人性之恶

从完善制度的视角谈预防，在法律圈内称为“制度预防”。制度预防法律风险的逻辑原理是，假设人性本恶，通过设计和完善制度来遏制人性之恶。通俗地讲，就是设计好制度的条条框框，让有不良想法的人没办法实施。

法律预防工作做久了，会有一种强烈的感受，靠人的思想觉悟、道德操守自觉抵御法律风险，是有明显局限性的。人性很难经受得住考验，一旦诱惑足够大、时机条件足够成熟，就会有人铤而走险，以身试法。无论怎样加强对人的法治教育，时间效果都十分有限，也许一时能令人保持警醒，但却无法长久让人保持慎独自处、洁身自好。

一个优秀的法律人，不会总是站在道德高度去谴责别人犯的法律错误，而是更多地从制度层面上反思，这个人为什么会犯错。

俗话说：常在河边走，哪有不湿鞋。要想不湿鞋的最好方法，不是一味告诫人们在河边行走要万分小心，而是应当在河边筑起一道围栏，让在岸边行走的人们无法靠近河边，这道围栏就是制度。开展制度预防，就是以法律规定为基本依据，通过构建和完善制度，增加违法成本，打击侥幸心理，让潜在风险人群不敢为、不能为。

## 02 法律思维之：系统思维

那么，怎样运用法律思维开展制度预防呢？我们先来看一则案例：

某市规划和自然资源局爆发腐败窝案串案。该单位多名领导不仅共同收受贿赂，而且贪污公款，中饱私囊。其中单位“一把手”的贪污手法，是通过虚构公务出差的事实，把多次携情妇旅游度假的飞机票、住宿费、车油费、餐饮费等，按公务差旅费报销，侵吞单位公款。

案发后，调查部门与案发单位联合开展制度预防工作，发现该单位财务管理制度存在巨大漏洞。具体表现在：第一，该单位财务制度规定，差旅费在1万元以下的，由分管财务的局领导审批报销，超过1万元的，则直接由“一把手”签字报销，不需要经过分管局领导审批。第二，公务出差费用原则上必须用公务卡结算，使用现金结算必须各分管局领导签字同意，但对局领导公务出差则不作此项要求。第三，公务出差报销要求极为简单，只需要正规发票即可，出差人数以局领导审批为准。

明眼人都能看出，这个单位公务出差报销制度存在巨大漏洞，尤其是对局领导的出差行为缺乏监督。那么怎样才能进行有效的制度预防呢？这时就需要运用法律思维里的系统思维，从整体和全局的角度，构建和完善相关制度，预防法律风险。

法律思维视角下的系统思维，是指找准法律风险关键问题，从整体预防目标出发，细分具体预防任务，并协调整体目标和具体任务之间的关系，实现最佳预防效果的思维过程。简言之，就是从整体上把握，从细节处入手，找到风险防控的最佳制度设计方案。

在上述案例中，调查部门与案发单位一起，运用系统思维，打出了一套漂亮的“组合拳”：

第一拳，明确整体目标，堵塞财务报销漏洞。空洞的、复杂的整体目标是难以实现的，只有明确的、指向性强的目标才便于操作和落实。以系统思维的视角，调查部门与案发单位明确本次预防的整体目标是解决单位财务制度漏洞带来的法律风险问题，查找出漏洞并予以弥补。

第二拳，细分具体任务，设计工作流程和标准。整体目标必须加以分解，才能更加具有针对性和可操作性。调查部门与案发单位协作，将整体目标分解为三个具体任务：一是加强公务车辆管理，设计出公务车辆派遣审批制度。例如，市外公务用车必须填写派车单，按照审批权限报批。二是完善财务报销制度，规范财务报销流程，明确标准和要求。例如，出差住宿一律用公务卡结算，必须列明出差人员，打印住宿清单，现金支付费用的由个人自付。三是制定领导权力清单，重新划分领导审批权限。例如，取消限额审批规定和“一把手”签单权，“一把手”出差由纪检领导签批，其他局领导出差由“一把手”审批。

第三拳，构建监督机制，协调整体目标与具体任务。没有监督，再好的目标和任务都可能流于形式，反之通过监督的制约和推动，目标和任务才能协调统一，落到实处。为此，调查部门与案发单位一道，建立风险防控预警机构，加强对财务法律风险的监控。例如，每季度对差旅费报销情况进行统计，分析对比数据变化，当数额达到一定临界值就会触发风险预警机制，纪检监察部门就会介入调查，抽查差旅报销凭证，核实出差事项，检查审批流程等，及时发现和应对潜在的法律风险。

明确整体目标、细分具体任务、构建监督机制，通过打出这套系统思维“组合拳”，将整体目标和具体任务协调统一起来，并以监督力量确保执行落实，从制度层面弥补财务工作漏洞，实现系统预防法律风险的良好效果。

## 03 系统思维：系统的事情系统做

运用系统思维的精髓就在于，把握好整体目标和分解任务之间的关系，确保任务和目标能够有效对应，实现有的放矢。在具体操作中，可以通过问自己四个问题，判断你的制度预防是否有效：

1.你要实现的总体目标是什么？能分解为哪些具体任务？

2.具体任务可以通过采取哪些措施加以落实？

3.如何评估总体目标和具体任务的落实效果？

4.评估后发现法律风险问题怎样有效应对？

如果在你的方案中能够清晰地找到上述四个问题的答案，那么你的制度预防措施基本上就比较成熟了。

系统思维在制度预防中运用十分普遍。制度本身就具有全面、规范、稳定的特点，系统思维很好地满足了制度本身着重全面、考虑周全的本质需要，强调把整体目标和具体任务对应起来，加强对人、事的管理监督和制约，达到“想为而不敢为，欲为而不能为”的预防效果。

在上述案例中，我们特别提到“一把手”腐败的问题。“一把手”监督一直是法律风险预防的重点和难点。“一把手”处于所在单位权力的顶端，单位内部很难对其监督。如果“一把手”长期得不到有效监督，很容易放松对自己的要求以及对权力的约束。而权力一旦膨胀，失去束缚，就如同一匹脱缰的野马，很难再受到控制，必将一步步走向疯狂。

事实上，仅仅靠加强对“一把手”的法治思想教育，依靠“一把手”内心的自律，效果是远远不够的。因此，运用系统思维加强对“一把手”腐败问题的制度预防，成为当前预防“一把手”腐败风险的普遍选择。党中央针对“一把手”监督问题制定出专门文件，出台诸多具体的、有效的“高招”，全面加强对“一把手”的监督。

> 第一招：靶向监督。上级对下级，尤其是上级“一把手”对下级“一把手”的监督往往最为直接、管用、有效。要求上级“一把手”将监督下级“一把手”情况作为每年述职的重点内容，对下级新任职“一把手”要开展任职谈话，并且定期开展监督谈话，对存在苗头性、倾向性问题进行批评教育，对存在轻微违纪问题及时予以诫勉，实现靶向聚焦，精准监督。
>
> 第二招：同级监督。同级监督既包含“一把手”与领导班子之间的相互监督，又包含领导班子成员之间的相互监督。要求同级监督用好批评和自我批评武器，贯彻执行好民主集中制，防止“一把手”搞“一言堂”“家长制”，发现苗头问题要及时报告，对单位政治生态要定期进行分析研判，充分发挥领导班子成员距离近、常态化监督的优势。
>
> 第三招：专责监督。纪委是党内监督专责机关，要求上级纪委把下级“一把手”纳入监督重点，同级纪委要将同级“一把手”执行民主集中制、廉洁自律等情况向上级纪委报告，做好对“一把手”的日常监督，特别是加强对“一把手”与商人关系（政商关系）的监督检查，及时处置投诉举报，实现监督责任一以贯之、一贯到底。[①]

党中央加强对“一把手”监督的“三招”同样很好地运用了系统思维。人的思想十分易变，容易受到外部环境的影响，这是不争的事实。例如，如果外部环境宽松，缺乏监督，被发现问题的概率低，那么“一把手”腐败问题就会更加凸显；如果外部环境始终保持打击腐败高压态势，那么“一把手”腐败问题就能得到很好的遏止，这已经是经过反腐实践得出来的确切结论。

值得注意的是，运用系统思维最常见的问题，就是整体目标和分解任务之间

---

① 参见《中共中央关于加强对“一把手”和领导班子监督的意见》（2021年3月27日）。

对应不上，导致整个制度预防效果大打折扣。这有点类似于文章写作的文不对题，制度预防也可能存在“跑题”的现象。例如，单位出现“一把手”腐败问题，却把板子打在下级不敢监督、不愿监督上，把完善制度的重点放在加强下级监督工作方面，这就是避重就轻，重心偏离，整体目标和分解任务之间没有很好地匹配。

在面对较为系统、复杂的问题时，不妨在日常思维的基础上加点系统思维，正视人性的弱点，相信制度的力量，系统的事情系统做，目光始终在整体和细节之间往返游弋，也许你会拥有不一样的感受和领悟。

# 第44讲　距离：离风险只有一步之遥

上一讲，我们讲到制度预防，善于运用系统思维守好制度预防的关口。制度预防充分考虑到人性中的恶，利用人性趋利避害的本能反应，通过设计一道道制度的关口，遏制住人性的自私和贪婪，打击人的侥幸心理。

其实，不同的人对风险的感知是不一样的，对风险造成的后果承担也是不同的。有的人离风险比较远，有的人离风险却只有一步之遥。这一讲，我就带你一同去感受法律风险与人之间的距离。

## 01　风险距离与群体预防

距离能产生美，距离也能产生风险。我们经常会教育小朋友，别靠近水，游泳有风险；别碰电线，有触电的危险；别玩火，容易烧伤自己；这都是在提醒孩子们要与风险保持安全距离。

要求人们保持安全距离，避免风险的例子在生活中处处可见。例如，你到银行办理业务时，工作人员会提醒你，请站在黄线以外排队等候；你在公路开车时，前面的车辆尾部贴有“保持车距、谨防追尾”的标语；行走在建筑工地附近，悬挂的警示牌也会提醒你“请勿靠近、谨防坠物”，这些提示都是为了避免因为距离过近，可能给人带来的安全风险。

从预防法律风险的角度来看，保持安全距离也是有效预防法律风险的手段。

实践告诉我们，不同的人面对法律风险的距离是不一样的。请看下面一则案例：

某市邮政局办公室总务科出纳员吴某，工作之余沉迷于购买彩票，渐渐不能自拔。吴某由于工作关系，得知单位账上趴着一笔单位干部职工的住房集资款，一直没有启用，于是动起了歪脑筋。吴某利用其负责经手、保管本单位干部职工住房集资款的职务便利，先后多次挪用住房集资款共计人民币180多万元用于购买彩票。可惜买得再多也没有中彩，180多万元很快就被吴某挥霍殆尽。

吴某暴富的梦想破灭了，但180多万元的巨额亏空却真实存在。吴某唯恐事情败露，玩起了拆东墙补西墙的把戏。吴某与总务科会计张某坐在同一间办公室，吴某多次趁张某不备，偷偷加盖张某的个人私章，先后从总务科账上私自提取人民币180多万元用于归还集资款。后来纸终究包不住火，单位在财务审计过程中发现了问题。吴某得知事情败露，外出潜逃，一年后被侦查人员抓获归案。

从事财务出纳和会计工作的人，相较于一般人而言，经济犯罪的法律风险要高许多，这与他们和钱的距离密切相关。

之前的讲座中我有讲过“群体预防”，之所以能够针对一个群体开展法律风险预防，从风险距离的角度来看，就在于群体中的个体与风险之间具有同样的距离，带有普遍的共性。

## 02　风险距离与边界思维

什么样的距离才是安全距离呢？这又要用到我之前讲过的边界思维。在“分辨：人情世故背后的法律风险”一讲中，我讲过边界思维，简言之，边界思维就是要明确法律界限，做到不踩线、不逾矩。

从保持安全距离的角度运用边界思维，不仅不能踩到法律的红线，还必须与红线保持一定的距离。具体的方法，就是要把制度、规定顶在法律的前面，避免直接面对法律风险，通过强化制度、规定的执行，设置一片法律风险的缓冲区，把法律风险的苗头扼杀在摇篮之中。

在上面的案例中，检察机关通过发出检察建议，联合案发单位开展了制度预防：

第一，强调制度和规定的执行。严格执行印鉴分离制度，会计、出纳的印鉴必须分开保管；落实现金资金管理规定，禁止个人管理单位公账，杜绝公款私存；完善资金授权审批制度，严格按照权限流程进行审批，不得越权支取。

第二，定期开展资金安全检查。吸取大笔资金失控而单位却浑然不觉的教训，完善库存现金清查制度，定期对资金进行盘点。组织开展资金管理情况检查，对财务管理和会计核算进行经常性检查，倒逼财务工作不断规范。

第三，加强制度执行情况监督。单位纪检部门联合审计、经营、安保等部门，对单位资金的流入流出进行监督，重点加强对划出资金的检查，定期下发检查通报。

通过开展制度预防，把制度、规定落实到位，能够有效拉开直接面对法律风险的距离，达到预防法律风险的效果。

## 03　风险距离与反腐败合规

从距离的视角看边界思维，你会发现风险与人的权力大小、职位高低、责任轻重等有紧密的联系。处在不同职位的人，承担着不同的责任，掌握不同的资源，与风险的距离也有所不同。

不少公司企业敏锐地察觉到距离对风险的影响，针对不同级别的员工，提出了不同的风险要求。请看下面这家互联网公司的实际做法：

该互联网公司根据不同级别员工距离风险的远近，把公司内的法律风险划分为四个等级。

第一层级，普通员工，风险等级为初级。只要求能够明确知晓常见的法律风险。比如，不能侵占公司资产，不能不经加密发送涉密邮件，不能私自授权运用公司集体技术成果等。

第二层级，项目经理，风险等级为中级。要求具备风险规避意识。比如，安排集体研发产品项目时，如果产品可能涉嫌侵犯他人知识产权，就必须采取相应措施，或者干脆放弃，另辟蹊径。否则，即使研发成功，也可能被人告发，功亏一篑，这就叫作不具备风险规避意识。

第三层级，项目总监，风险等级为高级。要求具有风险防控能力。也就是说，不仅要有风险规避意识，知道防范和躲避风险，而且还要知道避不过风险的时候，该怎样组织员工做好应对突发风险的预案。

第四层级，总经理，风险等级为顶级。要求是能够操作有风险的执行。也就是不仅要懂得防控风险，还能够和风险同行，甚至跨越风险，带领员工到达一片新的安全地带，是作为一名领导判断风险、转危为安、化险为夷的领导力体现。

这样的分级管理很好地运用到边界思维中的距离视角，让制度预防变得更加有针对性。

熟悉法律预防工作的人都知道，在公司内部开展法律风险预防工作还有一项别称，叫作“反腐败合规”。反腐败，涉及是否构成犯罪的问题，属于典型的法律风险；而合不合规，则并不必然一定会触犯法律，有可能只是违反公司内部的管理规定，不一定属于法律风险。

那么为什么会有“合规”一说呢？其实，就是回应了边界思维里的风险距离感。千里之堤，溃于蚁穴，违法犯罪最早都是从违规开始的。如果能做到合规，就能有效避免违法犯罪，把合规顶在前面，就是为了保持与法律风险的安全距离。

## 04 时刻保持与风险的安全距离

反腐败合规中的合规，一般来讲有三层意思：第一层意思，是指要遵守法律法规；第二层意思，是指要遵循单位内部的各种规章、制度、规定、准则等；第三层意思，是指要遵守良好的职业操守和道德规范。

我们来具体分析一下“合规”的这三层意思：

第一层意思：合乎法律法规。这一层意思带有明显的强制性和强制力，风险后果最为严重，违反了就属于“踩过线”，属于典型的法律风险。

第二层意思：合乎规章制度。这层意思可以视为个体对集体的一种承诺，具有一定的强制性。这种承诺中可能包含有法律法规的部分内容，违反了规章制度，离“踩过线”也就不远了，风险后果比较严重，但不一定属于法律风险。

第三层意思：合乎职业操守和道德规范。这层意思可以看作一种道义提倡，不具有强制性，但是被社会大众所认同。也就是说，一旦违反了可能受到道义上的谴责，影响对个体的评价，但不属于法律风险。

从边界思维的视角看合规，第一层意思和第二层意思就属于法律风险预防的范畴。从保持安全距离的视角看合规，做到第二层意思合乎规章制度，就能很好地保持与法律风险的安全距离。

通过完善规章制度预防法律风险的理念，还体现在一些具体的细节设计上。例如，你到银行办理业务时会发现，银行柜台窗口设计非常有特点，在窗口处有个移动闸口装置，你在柜台外无论如何是碰不到银行柜员的手的；又如，从外面进到银行柜台里面的门，永远都是朝外拉才能打开，想推门或撞门而入绝不可能；还有在办理一些特殊业务时，需要两名以上银行职员才能完成，在你拿到的凭证上会盖着多个工作人员的签章，想在钱的数额上做手脚难度极大。从这些细节上都可以看到以制度设计预防法律风险的影子。

边界思维不仅能够让我们清醒地认识到风险的存在，划定风险的界限，还能时刻提醒我们注意保持与风险的距离。古人云“君子不立于危墙之下”，就是在提醒人们要与风险保持距离，不要把自己置于风险覆盖的范围内。

如此看来，我们每个人都有可能距离风险只有一步之遥。在日常思维的基础上加点边界思维，既要做一个守法公民，也要成为一名合规达人，始终保持与法律风险的安全距离，才能在人生的道路上行稳致远。

## 第45讲　场景：你不是一个人在战斗

这一讲是本章的最后一讲，我们再回到本章的主题“风险不让老实人吃亏”。老实人既懂得遵纪守法，守住边界，也知道权衡利弊，踏实做事；老实人明白大处着眼、小处着手的道理，也能认识到防范风险不会一蹴而就，而应久久为功。这一讲，我就来告诉你，如何通过设置场景，营造良好的预防氛围，让老实人们能够真切地感受到：我不是一个人在战斗。

## 01　系统预防：预防风险的“点线面体”

在前面两讲中，我重点讲解了制度预防，通过设计好制度的关口，注意保持与风险的距离，达到预防法律风险的效果。但是，无论再好的制度设计，如果没有监督执行，也只是一只“纸老虎”，不过是一纸空文。即便是立制度、有监督，仍然可能抵挡不住人的内心欲望，总会有人心存侥幸，火中取栗。

看来，一个个制度只是一个个具体的“点”，只有通过系统整合才能连接成为一条“线”，一条条具体的“线”通过制度监督的力量黏合在一起，汇合成一“面”厚重宽阔的风险防火墙，加上对人的思想教化作用，最终形成一个集制度、监督、教化于一身的风险预防综合“体”。

所谓“系统预防”，就是通过制度设计点、线、面、体的共同作用，汇集制度、监督、教化的力量，构建出法律风险综合预防体系，让每一个身处其中的人都能感觉到系统的支持和引导。一言以蔽之，就是善于运用系统的力量作预防。

许多公司和企业深谙其道，非常重视营造风险预防整体氛围，深入推进系统性的预防工作。请看下面这家汽车生产企业开展系统预防的案例：

该汽车生产企业把廉洁文化融入制度建设和监督执行中，在企业内部营造出“不能腐、不敢腐、不想腐”的良好氛围。

首先，在生产过程中加强合规宣传。生产是企业的核心业务，该企业在生产制度中特别强调，每一次生产事故的背后，必然有数次轻微事故的先兆，以及数十次事故可能发生的风险隐患提醒，教育员工要注意合规生产，远离生产事故风险，向员工传递合规理念。

其次，在质检工作中贯穿风险防控。质检是保证产品质量的生命线，该企业在质检工作全过程中区别防范风险，立足整体，保证动力系统安全稳定；抓住关键，重点防范刹车、气囊等关键部件的问题；注重细节，针对雨刮、门锁等个别部件的问题有应对预防方案。同时加强对产品质量的抽检，落实监督问责制度，规范质检流程和标准。

最后，在销售环节中强化风险预防。针对销售岗位吃回扣、赚差价、要好处费等不良现象，列出销售腐败风险点，要求销售人员填写《廉洁风险识别表》，把风险分为普遍性、倾向性、苗头性三类，有针对性地开展风险预防。对普遍性问题作为教育重点，对倾向性问题以提醒为主，对暴露出的苗头性问题绝不手软，露头就打。

上面这则案例就是系统预防的成功范例，立足汽车生产企业实际，从生产、质检、销售等场景切入，共同营造出法律风险防控的整体氛围，并上升为一种公司企业文化，持续影响着员工的思想观念和行为方式，取得良好的预防效果。

## 02 “点线面体”场景下的系统思维

其实，“点线面体”的系统预防理念，本质上就是在运用法律思维里的系统思维，只不过是放在场景的视角下观察而已。

在之前的讲座中我有重点讲过系统思维。简言之，系统思维就是善于从整体把握，细分具体任务，注意整体与细节的协调一致。“点线面体”场景视角下的系统思维，就是强调通过制度场景的设计，加上执行监督、思想教化的力量，共同营造出良好的整体氛围。

《乌合之众——大众心理研究》一书中讲到，作为群体中的个体，常常会服从于群体给予的某种心理暗示，这种暗示可以将良好的情绪夸大，表现出某种道德形式，让个体坚信自己的所作所为是遵从一种义务[①]。这种从众心理可以很好地为我所用，在系统预防中发挥奇效。我们可以通过“点线面体”的综合作用，从群体的角度释放出暗示信号，激发出人们的从众心理，引导人们养成良好的行为习惯。

场景设置得越具体，预防起来就越有力。对商业企业而言，商业贿赂是企业反腐的重点，也是企业合规经营的大敌。因此，许多企业非常重视采用场景视角，对商业行为进行系统预防。我们来看下面这则案例：

国内一家著名跨国公司内部运行着一部《商业行为准则》，对商业行为多个场景的行为要求作出详细规定，列举了许多典型场景。

场景一：收受礼品与接受款待

① ［法］古斯塔夫·勒庞：《乌合之众——大众心理研究》，赵丽慧译，中国妇女出版社2017年版，第143页。

公司员工严禁直接或间接索取业务关联单位的礼物或利益，严禁接受任何回扣、佣金、小费等。

员工应当避免受贿或者使人怀疑受贿的行为，员工及其家属不能接受可能影响与公司业务关系的任何赠礼；在某些特殊情况下，员工因一时推托不掉，而收到价值较高的礼物，应马上报告主管，并上交公司。

经常性地接受款待会影响员工代表公司的客观判断力。员工须谨慎处理外部和各种宴请以及交际应酬活动，如果觉得某一邀请不合适，应拒绝或由员工自己付费。

（点评：收受礼品与接受款待极易引发廉洁风险。这条准则涵盖了收受礼品与接受款待的具体场景和一般性场景，尤其是经常性场景的规定是一大亮点。而且还教会员工在不同场景下如何应对，应当遵循怎样的工作流程，具有较强的可操作性）

场景二：公务馈赠与款待

员工代表公司送出的文化礼品必须是合法的、合理的，送出的礼品不仅要符合公司的规定，而且要符合客户的规定，应避免行贿或者使人怀疑是行贿的行为。

公司可以按业务需要提供合理的、合法的款待，员工在遇到疑虑时，应当首先咨询主管或公司法律部门。

（点评：公务馈赠与款待是商业行为常见的场景之一，隐藏着一定的法律风险。这条准则回答了送什么、怎么送的关键问题，明确了馈赠和款待的规范标准，具有较高的指导价值）

场景三：业务活动与支付

员工应通过合法和符合道德标准的方式开展业务，在代表公司从事商业活动和处理商业关系时，要诚实、守信和可靠。收受贿赂与回扣会损害公司利益和个人形象，甚至会触犯国家法律规范，每一位员工都应当严格自律，不给自己的诚信品德抹黑。

员工在代表公司销售产品、提供服务时，或者代表公司与政府部门交往时，不得向顾客或政府官员提供贿赂、回扣而获取不正当利益或特殊照顾，避免给人不正当印象的送礼、捐赠或商业应酬。

（点评：业务活动与支付是商业活动最频繁的场景之一。这条准则具有教育性和预防性双重属性的特点，着重于思想教化，不仅表述清楚了风险利害关系，而且提出了职业操守和道德要求，一正一反，对比鲜明）

## 03 让预防风险成为一种习惯

经常有人问我，什么样的预防才是最成功的预防呢？

我的回答是：做到内化于心、外践于行，养成预防风险的行为习惯，感受不到预防约束的自然状态，才是最成功、最好的预防效果。

习惯是一种长期养成的不易改变的行为方式。养成一个良好的习惯，并让其成为自然，可以让人一生受益。系统预防，就是要帮助人们养成预防风险的习惯，只有当预防风险成为一种常态，成为人们一种下意识的行为，才会逐渐成为人们的一种习惯。

习惯的养成是多次重复和反复练习的结果，不是一朝一夕就能形成的。例如，制度预防，必须持续设计、完善预防的关口；监督执行，必须保持持久的监督力度；思想教化，则需要不断地学习、教育、再学习、再教育，直至在思想上彻底建立起风险预防的坚实防线。

俗话说：习惯成自然。防范风险完全可以成为一种好的行为习惯。这就好比在下车之前，你会习惯性地先停顿一下，观察一下车门后有没有人，再轻轻推门下车一样，一个小小的行为习惯就能帮助你远离风险。

在场景视角下看系统思维，你会发现风险从不让老实人吃亏，随大流也是一种美德。那就让我们做个老实人吧，融入系统预防的整体氛围，遵守制度规定，主动参与学习，自觉接受监督，让预防风险真正成为一种行为习惯。

# 第九章　法律思维助你化险为夷

凡事预则立，不预则废。

——《礼记·中庸》

法律的力量应当跟随公民，就像影子跟随着身体一样。

——贝卡利亚

**导读：**

明枪易躲，暗箭难防。江湖险恶，人心叵测，无论怎样小心防范风险，难免百密一疏，陷入风险境地。身陷法律风险旋涡之中，应当及时调整心态，先行止血，懂得割舍，善于过滤和转移风险，避免事态进一步恶化，并迅速摆脱险境。

本章主要向读者介绍法律思维里的边界思维、博弈思维、系统思维等在化解风险过程中的应用，让读者能够直面法律风险的挑战，当发现法律风险苗头时，能够综合运用各种法律思维随机应变，抵御风险，最终化险为夷。

# 第46讲　割舍：掐灭法律风险导火索

从这一讲开始，我们进入新的一章“法律思维助你化险为夷”。在前两章，我分别回答了什么是法律风险，以及如何采取措施预防法律风险的问题。在这一章，我着重向大家介绍，当风险苗头出现以后，该怎样应对和化解法律风险。

## 01　没事不惹事，有事不怕事

风险的出现往往不以人的主观意愿为转移。有时候预防工作做得再好，合同条款字斟句酌，也敌不过对方的背信弃义，让你的所有努力打了水漂；有时候你的一片赤诚，在利益诱惑面前，也换不来对方的肝胆相照，让你所有的前期投入面临崩盘的危险。

日本推理小说作家东野圭吾曾经说过，世界上有两件东西不能直视，一是太阳，二是人心。

曾经有朋友请我帮他看一份合同，他对我说：“你的水平那么高，你看过的合同一定能够防止对方违约。”如果放在若干年前，我可能还会自信满满地回答：“应该没问题。”但是现在，我的回答很干脆：“我可不敢保证。”也许还会补充一句：“没有任何人敢打这个包票。”

因为再优秀的法律人，也不可能决定对方是否会违约。合同写得不够缜密，确实容易引起纠纷，但从预防风险的角度来看，对方是否会违约，合同写得不好只是诱因，真正起决定作用的，还是对方履行合同的诚意，以及影响他作出违约决定的其他外在因素。

一份优秀的合约，即使把预防对方违约的方案设计得再完美，也只能起到事前警告和事后追究的作用。可见，预防违约风险的最佳方案，是既要提高对方违约的成本，还要考虑到对方履约的诚意，审慎选择合作对象。一旦发现对方不诚信、不配合的苗头，就要果断采取措施，掐灭法律风险的导火索。

其实，我们预防法律风险应当抱有两种态度，采取各种措施预防风险的发生，是预防风险的一面，当出现风险苗头时善于化解风险，则是预防风险的另一面。用一句通俗的话讲就是：没事不惹事，有事不怕事。

## 02　运用边界思维掐灭法律风险

我在前面的讲座中多次讲到边界思维。边界思维既要求人们不踩线、不逾矩，也会提醒大家注意设置风险缓冲区，保持与风险之间的安全距离。

从化解风险的角度看边界思维，就要学会坚守边界底线，当发现风险苗头逼近的时候，能够果断切割风险，掐灭源头，全身而退。不仅普通人可能面临各种法律风险，法律人本身在执业过程中也会面临各种风险诱惑。请看一则律师面对执业风险的案例：

某市森林公安分局对涉嫌贩卖珍稀野生动物的犯罪嫌疑人许某依法进行刑事拘留。许某的妻子周某经过打听，联系上了曾经当过森林公安民警、后来辞职成为律师的朱某，希望朱律师能够担任许某一案的诉讼代理人。

朱律师一听正好是自己擅长的业务范围，欣然应允。见面后，周某开门见山地向朱律师提出要求，希望朱律师不管采取什么方法，只要能将许某的强制措施变更为取保受审就行，并承诺事成之后定有重谢。朱律师一听顿时犯了难，一方面是自己熟悉的业务领域，另一方面是当事人家属超高的期待和要求，两难之下朱律师没有立即表态，而是表示需要了解案情后再作答复。于是周某与朱律师签订了委托代理协议。

随后，朱律师到看守所会见了许某，在了解清楚案情后朱律师断定许某不符合取保受审条件。朱律师对周某实言相告，没想到周某却说“知道符合条件我就不会找你了”，并当即拿出30万元人民币现金摆在朱律师面前。周某称，自己知道朱律师曾经当过森林公安民警，有许多体制内的朋友，这些钱可以用来打点关系。朱律师不为所动，婉言拒绝，并向周某讲明利害关系。见周某固执己见，朱某果断提出终止委托代理合同。

之后不久，朱律师听说，周某又找到其他律师并“捞人”成功。再过不久，又听说经许某同案知情人举报，监察机关依法将周某及其委托律师，以

*及一名森林公安民警留置，法院最终以行贿罪、受贿罪分别判处周某等人有期徒刑。*

在上述案例中，朱律师身体力行，运用边界思维守住了法律底线，在家属执意要做“危险公关”时，坚持不越红线，果断选择终止委托合同，避免了执业风险。面对当事人超越法律底线的“信任”，在巨大利益诱惑面前，不少律师也像案例中周某后来请的律师一样，掉入了风险的陷阱，葬送了自己的执业生涯，这样的案例并不鲜见。

## 03　切割风险，不失为明智的选择

切割是最简单、最有效的应对风险苗头的方法。好比医疗手段中的精准手术切除，直接将病灶去掉，能够有效保障身体健康组织的安全。

现实中，面对风险苗头，选择直接掐灭风险的例子还有很多。炒股的朋友们都知道，如果某一只股票一直下跌，看不到上涨的趋势，而且自己内心确信上涨无望时，为了能够尽量减少损失，最有效的办法就是把它舍弃，股民俗称“割肉”。

经常开车的人都有这样的经验，如果察觉到刹车系统不够灵敏，就要立即到维修店检查刹车片。如果发现刹车片出现磨损，已经影响到刹车性能，就要果断丢弃，更换新的刹车片，不能心存任何侥幸，以避免驾驶风险的发生。

有经验的商人在选择交易对象时，会事先了解一下对方的资质，还会视情况对对方的经营和财产情况进行一番调查。如果涉及垫付款或者预先支付货物等情况时，一般会要求对方提供担保。如果对方以各种理由为借口，拒绝提供任何担保，那就宁可不做这单生意。

在风险苗头面前，割舍也是一种魄力的体现。它需要人们正确运用边界思维，在发现法律风险苗头时，能够立即停止前进，并果断作出舍弃风险的行为，在许多时候都不失为明智的选择。

在社会上，有些企业家以“黑白两道通吃”引以为傲，认为做生意就是要左右逢源，多个朋友多条路，是人是鬼都容得下，生意才会做得大。殊不知，这种思想苗头十分危险，背后隐藏的是巨大的法律风险。请看下列一则企业家犯罪的案例：

企业家袁某是一家集团公司董事长，精通证券交易，公司旗下拥有多家控股、参股公司，集团总资产达到数十亿元，发展势头强劲，前景看好。不料，正值事业巅峰的袁某马失前蹄，在一次期货交易中失算，遭遇滑铁卢，损失巨大。袁某觉得自己失败的原因是被自己的商业对手刘某欺骗，认为不除掉刘某后患无穷，遂对刘某起了杀心。

于是，袁某找到一位黑恶势力“朋友”杨某，请杨某出面“干掉”刘某。杨某指使手下小弟陈某使用手枪刺杀刘某，结果由于刘某的保镖用身体挡住了子弹，刘某才侥幸逃过一劫。未能得逞的袁某不愿罢休，继续指令杨某刺杀刘某。但由于刘某已有戒心，选择销声匿迹，杨某等人一时找不到刘某的踪迹，只好作罢。

之后，具体负责刺杀任务的陈某希望袁某能多给一些补偿，以知晓袁某公司偷税、漏税为由，不停对袁某进行敲诈。袁某不堪其扰，认为不除之必留后患，遂雇用其他杀手枪杀了陈某。最终，袁某被法院判决构成故意杀人罪，判处死刑立即执行。①

本是一名优秀的企业家，结果却误入歧途丢掉了性命。袁某的教训是惨痛的，依仗黑恶势力解决纠纷，一次“合作”很可能永远都无法摆脱黑恶势力的纠缠。因为没准哪天黑恶势力时运不济，难免就会向公安机关供述曾经犯下的罪行，当初的“合作”很快就会浮出水面。也没准哪天黑恶势力穷途末路，又会拿从前办过的事邀功请赏，如同杨某的手下陈某一般，让像袁某一样沾上黑恶势力的企业家永无宁日。

所以，最好的预防风险的办法，就是恪守法律的边界，远离黑恶势力。如果已经与黑恶势力有了联系，就要想尽一切办法，彻底断绝与黑恶势力的往来，杜绝风险进一步滋长蔓延。

化解风险语境下的边界思维，能够让我们从更加立体、多元的视角观察风险的界限。无论是律师、企业家，抑或是其他普罗大众，都有可能受到法律风险的侵扰。江湖险恶，人心难测，有利益的地方就有风险。在错综复杂的风险面前，一旦

---

① 唐青林、赵启峰编著：《企业家刑事法律风险防范》，中国法制出版社2017年版，第43–45页。

发现苗头，就要引起高度警惕，果断选择断、舍、离。

也许你会问，如果没有察觉到风险苗头，或者一时没能忍心割舍，风险后果爆发出来了该怎么办呢？那就超出了预防风险的范畴，回到第二编“模式：运用法律思维的实践”的内容，需要你躬身入局“灭火”，或者干脆交给解决纠纷的专业法律人士去办吧。

古人有云，一失足成千足恨。比起风险产生的严重后果，一时的得失又算得了什么呢？在日常思维的基础上加点法律思维，公众不仅不会踩到风险的红线，也要注意与风险保持安全距离，更要学会在风险苗头面前果断停止脚步，割舍风险行为。选择一时的割舍，恰恰是为了更好地前行。

# 第47讲　过滤：编织法律风险过滤网

在上一讲中，我们讲到了面对法律风险的苗头，运用边界思维，果断割舍风险行为，掐断法律风险导火索。但在现实生活中，事情远非说的这么简单，许多风险混在正当合法的行为中一同出现，彼此之间的界限并不明显。因此，我们既要学会识别风险，也要善于过滤风险。这一讲我就来告诉你，如何编织一张法律风险过滤网，淘尽法律风险的威胁，保全正当合法的行为。

## 01　法律风险防控中的“靶向治疗”

如果说掐灭法律风险导火索，类似于医疗手段中的手术切除，那么编织法律风险过滤网，就像医疗治疗行为中的“靶向治疗”。

靶向治疗的原理，就是通过药理精准识别出细胞的种类，把坏的细胞揪出来杀灭，保留好的细胞继续服务，这既要求药物能够识别出细胞的好坏，也需要药物本身能够发挥疗效。

一张标准的法律风险过滤网，是由合法、合规、合乎职业道德规范三个维度编织而成的。法律风险就是“靶”，对照法律、规章制度、职业道德规范三个维度进行过滤，把法律风险彻底筛选出来，然后按照法律、规章制度、职业道德规范各自具体的要求，作出相应的处置，完成一次法律风险防控“靶向治疗”全过程。我们来看一个过滤法律风险的典型案例：

某地产公司推出一项全新业务项目：特色度假养老服务。该项业务的具体内容是提供分时段度假养老服务，通过销售“休闲养生卡”的形式与客户达成合意，客户可持卡入住该公司经营的休闲养生基地，并且可以享受各种娱乐休闲服务。由于形式新颖，又满足了许多老年人度假休闲需要，市场反响良好。但好景不长，该公司员工在一次销售过程中与客户发生纠纷，客户向公安机关报案称该公司存在违法销售行为，引来公安机关调查，产生法律风险的苗头。

公司法务联合律师团队立即开展法律风险预防工作。对照合法、合规、合乎商业道德规范三个维度，法务团队对客户报警针对的销售行为进行了深入分析。原来，该公司员工在销售“休闲养生卡”的过程中，向客户承诺如果预存一部分款项，将来可以“返本付息”，并且承诺预存的款项可以享受较高的“资金收益率”，如此一来“休闲养生卡”已经偏离了单纯消费的轨道，存在法律风险。

法务团队敏锐地察觉到法律风险，并过滤出法律风险所在。第一层过滤，对照刑法规定，以高收益利诱客户预存款项，涉嫌非法吸收公众存款罪，存在犯罪的法律风险；第二层过滤，对照规章制度要求，承诺返本付息、享受资金收益率已经超出了养老服务经营范畴，存在不合规的风险，可能面临工商行政处罚；第三层过滤，对照商业道德规范，可以看出销售人员作出的承诺存在一定程度的欺诈，已经侵害到客户的权益，有违商业道德规范，损害了公司声誉。对照法律、规章制度、职业道德规范三个维度进行过滤，法务团队有针对性地采取措施开展法律风险预防，最终妥善化解风险。①

上述案例中，公司法务团队采取的就是过滤法律风险的预防方法。在真实的商业世界里，开发一个项目或者一个产品，往往倾注了企业大量心血，耗费巨额资金和数不清的人力资源。如果仅仅因为出现法律风险苗头就简单采取割弃的方式，损失代

① 黄云、张国平：《合规真实案例》，载微信公众号“司法兰亭会”，2019年10月15日。

价过大，如非必要，并不是最佳的解决方案。而采取过滤法律风险的方法，既能有效避免法律风险后果，又能保障正当商业模式继续运行，这才是两全其美的最佳方案。

## 02 过滤法律风险的具体操作

复盘上述案例细节，公司法务团队是以合法、合规、合乎商业道德为经纬，编织出一张法律风险过滤网，既有效化解了风险苗头，也保全了项目的正常运行。公司法务团队之所以能够取得成功，除了自身团队的专业性，在很大程度上得益于运用了法律思维里的博弈思维。

我在之前的讲座中反复讲到了博弈思维，在化解风险的视角下解读博弈思维，简言之，就是根据对手的出招，见招拆招，有针对性地制定各种预防方案，区别对待不同类型的风险，积极稳妥地加以应对。结合上述案例我们来分析，公司法务团队是怎样运用博弈思维分步开展风险防控的。

第一步，确立“靶向”，找准问题所在。明确问题所在，是启动法律思维的基础。案例中，引发风险苗头的行为，是公司员工的销售行为引发客户不满而报警。问题就在于，员工的销售行为中暗藏法律风险。因此，预防工作的目标就是最大限度地化解法律风险，避免损失后果的发生。

第二步，过滤风险，明确“诊断”标准。围绕法律风险问题，以合法、合规、合乎商业道德规范作为“诊断”标准，编织一张法律风险过滤网，并对照法律、规章制度和商业道德规范的规定和要求，把销售行为隐藏的风险筛选出来，予以过滤，同时保持公司特色度假养老服务项目正常运行。

第三步，区别应对，有针对性地选择预防方案。

首先，针对违法犯罪法律风险，要坚决控制，不碰底线。在公司内部上下沟通，达成共识，销售“休闲养生卡”绝不是非法集资行为。公司的特色度假养老服务项目客观真实，目的是提供养老休闲度假服务，而且预存款确实可以享受一定优惠折扣，卡内金额只能用来消费，与非法集资行为有着本质的区别。

其次，对违规的法律风险，要把握界限，设置缓冲区。法务团队立即行动，向员工广泛开展项目合规宣传，明确将“休闲养生卡”预存款的行为，定性为商业促销行为，禁止使用“还本付息”“资金收益率”等销售口径。规定预存款所产生的收益不能兑现，只能循环消费，防止突破经营范围产生行政处罚的法律风险。

最后，对违反商业道德规范的风险，要加强问责，防微杜渐。一方面，畅通投诉机制，对客户投诉及时反馈和化解，防止激化矛盾；另一方面，加大内部监督力度，完善客户投诉与薪酬挂钩奖惩机制，对影响公司声誉的职务行为实行问责。同时，积极组织开展员工职业道德培训，培育健康向上、诚实守信的企业文化。

通过确立“靶向”、过滤风险、区别应对三步走，充分博弈，灵活行动，让公司得以迅速摆脱“休闲养生卡”销售法律风险，走上经营正轨，养老休闲度假项目得以进一步推进。

## 03　掌握博弈思维的精髓要义

在过滤法律风险过程中经常要用到博弈思维。尽管我在前面的讲座中反复讲到博弈思维，但博弈思维确实是法律思维方法中较为复杂、难以把握的方法。不过，我们仍然可以通过举例说明，形象地理解和掌握博弈思维的精髓要义。

先来打个比方，大家都下过棋，每个人下棋的时候都想获胜，因此都会猜想对方会怎么下、为什么会这么下，然后再决定自己该怎么应对，这实际上就是在运用博弈思维。

博弈思维的复杂之处就在于，对方每走一步棋，都蕴藏着多种意图，有的意图甚至要在很多步之后才会显露出来，而你只能从眼前的一着棋出发进行推测，为揣摩对方的真实意图而苦思冥想，最后作出决策。整个博弈过程千变万化，牵一发而动全身，充满了一定程度的不确定。

从化解风险的视角看博弈思维，以合法、合规、合乎道德规范为经纬编织法律风险过滤网，三者也并非泾渭分明，一目了然。很多时候它们都会交织在一起，所以也会产生“牵一发而动全身”“走一步、看三步”的博弈味道。

在法律圈内，有个运用博弈思维的经典案例，被称为“囚徒困境”：

两名犯罪分子共同实施犯罪行为，被警察逮个正着，分别关在两个独立的房间内进行审讯。在这种情况下，两个囚犯面临两种选择：要么与警察合作，告发同伙；要么不跟警察合作，始终保持沉默。这两个囚犯都知道，如果他们都能保持沉默的话，就会因为证据不足而被双双释放，警察也无法给他们定罪。

这时，警察到他们各自的房间内分别告诉他们：如果选择与警方合作，告发自己的同伙，那么他就可以被无罪释放，而且还可以得到一笔奖金。相反，他的同伙则会被按最重罪名来判决，并且还会加重惩罚，追加罚金，以此作为对告发者的奖赏。当然，如果两个囚犯都选择与警方合作，相互告发的话，两个人都会被按最重的罪名来判决，谁也不会得到奖赏。

那么，如果你是这两个囚犯中的一个，你会如何选择？是选择沉默还是告发呢？

在“囚徒困境”中，从表面上看，两个囚犯应该互相信任，一起保持沉默，这样他们都能被无罪释放，这是最好的结果。但是，他们很快就会意识到，根本无法相信彼此，自己的同伙很可能会选择跟警察合作，带着一笔丰厚的奖赏出狱。他们也会同时意识到，自己这样想，对方也一定会这么想。

经过反复博弈，最终两人不约而同得出的结论是：选择与警方合作。因为只有这样，如果同伙保持沉默，自己就是拿奖赏出狱的幸运者；如果同伙选择向警方交代，那么反正也得坐牢，但起码不必再被罚款。这就是博弈思维作用下作出的趋利避害的选择。

如果把舍弃风险行为，看作预防风险的“切割术”，那么过滤风险，实际上就是预防风险的“过滤术”。“切割”虽然有效，但过于简单，“过滤”虽然复杂，但却更加现实。在博弈思维的作用下，趋利避害，选择法律风险“过滤术”，往往是最理智的选择。

生活原本就是这样，简约而不简单。运用博弈思维，通过权衡利弊得失，作出最有利的理性选择。在日常思维的基础上加点博弈思维，你也能学会眼观四路，耳听八方，察言观色，随机应变，成为过滤法律风险的行家里手。

## 第48讲　转移：摆脱法律风险的阴霾

在上一讲，我向大家介绍了如何编织法律风险过滤网，运用博弈思维，过滤法律风险，有效避免法律风险的发生。综合前两讲，我们学习了法律风险“切割术”，也体验了法律风险“过滤术”。在这一讲，我再来向你介绍一种新方法——法律风险“转移术”，运用法律思维中的证据思维，有效应对和化解法律风险。

## 01　转移法律风险：化解法律风险的新思路

面对出现的法律风险苗头，你可以果断舍弃风险行为，也可以选择对风险行为进行过滤，但有时候你还是会发现，无论是舍弃还是过滤，似乎都不是预防风险的最佳方案，你仍然无法摆脱法律风险笼罩的阴霾。

比如，生活中人们经常会遇到熟人请托办事带来的烦恼。好朋友相托请你帮忙，但所托之事存在明显的法律风险，一旦受人之托行事，要么可能触碰违法违规的红线，要么可能面临违背职业道德操守的风险。但如果一口拒绝，不仅会驳了熟人或朋友的面子，也会显得不近人情，久而久之可能会失去许多潜在的发展机会。

怎么办？精通人情世故的朋友们各有奇招。有的会坦诚相告，讲明为什么不能办，希望得到对方的理解；有的会象征性地做出一些预备行为，了解一下办事的流程要求，再向朋友解释为什么办不了，难度在哪里，既显得有诚意，又让朋友能够领自己的情。

更高明的做法是，能够拿出具有说服力的事实理由，告知对方为什么事情办不了，而且还能提出替代性解决方案，指明办事的方向。这样一来，虽然没能满足朋友的要求办成事，但却能让对方感到十分满意，皆大欢喜。

人们在日常生活中的这些智慧做法，在法律人看来实际上都是预防风险的有效措施。你看，婉言拒绝，本质上就是在割弃风险，运用的是法律风险“切割术”；象征性地做一些预备行为，了解一下办事流程，类似于“小马过河”一样探探风险的深浅，是一个评估风险、过滤风险的过程，实际上运用的是法律风险“过滤术”；而更高明的做法是，拿出具有说服力的事实理由，指明办事的方向，其实运用的是法律风险“转移术”，这就是我在这一讲要讲的重点，化解法律风险又一思路：转移法律风险。

## 02　运用证据思维转移法律风险

学会转移法律风险，需要用到法律思维里的证据思维。

我在“官司没证据，神仙也难助”一章中专门讲述了证据思维。在化解风险视角下运用证据思维，就是要围绕风险行为找证据，并且立足事实证据和理由，寻找一条化解风险的路径，实现转移和摆脱法律风险的预防效果。简言之，就是在法律风险面前，让证据说话，用证据讲清事实和理由，转移和化解风险。我们来看一个转移法律风险的案例：

沈某是乐学教育培训公司（以下简称乐学公司）的老总，公司业务发展良好，效益可观，引起同行业竞争对手学成教育培训公司（以下简称学成公司）的眼红。学成公司通过微信公众号发布了一篇名为《乐学，敢和我比一比吗？》的文章，以数据比较的形式恶意诋毁乐学公司。面对无端而来的商业诽谤，沈某非常生气，找到律师朋友赵某，希望诉诸法律出一口气，挽回公司声誉。

赵律师认真看了学成公司发布的文章，确实针对的就是乐学公司。两家公司都是补习类培训机构，属于同业竞争者。这篇文章在法律性质上属于比较广告，通过对比两家公司培训科目成绩分数的形式，抬高学成，贬低乐学，客观上伤害了乐学公司在消费者心中的良好形象，商业声誉面临现实的威胁。

在认真分析完纠纷性质之后，赵律师认为文章中提到的数据真实性是解决问题的关键所在。如果用来对比的数据内容虚假或者不全面，存在捏造或者以偏概全的情形，那么学成公司就涉嫌构成侵权。于是，赵律师向沈某提出需要核实文章中提到的数据真实性。沈某称文中的数据涉及乐学公司的都是真实的，但涉及学成公司的就不清楚了，也没有公开渠道可以查询到学成公司的数据。

依据现有的证据，赵律师认为如果贸然起诉学成公司侵权，可能存在败诉的风险，也不宜在网上发文回应反击，打“口水战”，以免自毁形象。但是面对商誉受损的风险也不能坐视不理，于是赵律师提出化解风险的策略：先礼后兵，转移风险。

首先，向学成公司发出一份言辞恳切、柔中带刚的律师函，摆明事实和证据，指出学成公司发布文章中的数据缺乏权威性和可信度，学成公司必须承担举证责任，证明自己使用数据的真实性，否则就可能违反《民法典》《广告法》《反不正当竞争法》等法律规范，涉嫌侵犯乐学公司合法权益。以此敲山震虎，晓以利害，把风险压力转移到学成公司一方。

然后，向学成公司提出解决问题的建议。在律师函发出后不久，双方经过电话沟通相约见面协商，通过座谈的形式寻求解决问题的路径。赵律师代表乐学公司指出，涉嫌侵权的行为是学成公司一手实施的，解铃还须系铃人，理应由学成公司善后，采取有效措施消除侵权损害影响。赵律师还进一步提出化解矛盾纠纷的方案，建议学成公司通过微信公众号发表文章，消除不良影响。

最终，双方经过友好协商达成谅解协议，学成公司随后在微信公众号上发出《比学赶超，学成乐学携手并进》的文章，就坡下驴，乐学公司商誉受损的法律风险得到妥善化解。

在这起案例中，赵律师很好地运用了证据思维，面对损害商誉的风险苗头，立足事实证据，不仅说服了乐学公司老总沈某避免采取诉讼的过激方式解决问题，而且运用证据给对手学成公司施加压力，把商誉受损的法律风险转移给了对方。如果学成公司不采取有效措施消除影响，那么学成公司就可能会受诉讼所累，自身商誉也可能受损，赔了夫人又折兵。在事实证据面前，学成公司最终作出了让步，有效避免了乐学商誉受损的风险。

## 03 转移法律风险的关键点：后发制人

乍一听转移风险，不禁让人想起武侠小说中的移花接木，以其人之道还治其人之身等招数。法律风险预防意义上的转移风险，不是空对空地耍套路，也不是打口水仗玩虚招，而是立足事实证据，后发制人，实打实地化解法律风险苗头。

常言道，商场如战场。法律风险常常笼罩在商场上空，成为企业发展不容忽视的大事。许多时候，企业既无法忍心割舍商业风险行为，也难以做到完全过滤商业行为中隐藏的法律风险，因此通过转移的方式化解风险，就成为许多企业的重要选择。请看下面一则公司企业转移法律风险的案例：

A公司向德国某公司购买了一项电力保障专利技术，并作为一项商业秘密在国内转化使用。郑某是A公司派往德国接受该项专利技术培训的负责人，之后又担任A公司专利技术国产化科研组组长。郑某与A公司签订有劳动合同，并签署了保密工作协议。

后来，郑某由于个人原因跳槽去了B公司。A公司与B公司之间属于同业竞争关系。不久后，A公司突然听说B公司正在研发一项电力保障技术，并号称要超过A公司现有水准。A公司敏锐地察觉到，由于郑某的跳槽，自家公司的核心技术很可能面临被侵权的法律风险。A公司立即委托公司法务团队介入，开始有针对性地预防侵犯商业秘密法律风险。

A公司法务团队在收集B公司已公布信息资料的基础上，确信B公司声称自主研发的电力保障技术，与A公司的现有技术高度雷同，极有可能是在抄袭A公司专利技术基础上的改良。在掌握一定证据的基础上，A公司法务团队立即与B公司接洽，并向B公司提出停止所谓技术研发的要求，理由是涉嫌侵犯A公司商业秘密，并列举出三项事实证据和理由：

第一，国内该项电力保障技术为A公司独有，具有较高的市场价值，A公司对该技术已经采取保密措施，毫无疑问属于商业秘密。

第二，B公司拟开发的所谓专利技术与A公司所掌握的技术具有高度一致性，具有侵犯A公司商业秘密的重大嫌疑。

第三，由于掌握A公司商业秘密的郑某跳槽到B公司，使B公司具有获得A公司商业秘密的可能性条件。除非B公司有证据证明独立研发或合法取得该项技术的途径，否则A公司将密切关注，保留进一步法律追究的权利。

B公司顿时感到压力山大，感受到A公司传递和转移过来的侵犯商业秘密法律风险。考虑再三后，B公司停止了所谓的专项技术研发，A公司专利技术被侵犯的法律风险得到有效化解。

在这起案例中，A公司运用证据思维，在风险苗头面前让证据说话，把侵犯商业秘密的风险甩给了对方，不战而屈人之兵，让人不禁感叹：原来预防法律风险，还有类似武侠小说描述那样的“转移”妙招。

需要特别强调的是，这里所讲的转移风险，绝不是不负责任地“甩锅”，更不是嫁祸于人，损人利己，而是运用证据思维化解风险苗头的智慧。将风险转移给对手的根本目的，是预防和化解自己面临的法律风险，这与毛主席所讲的“人不犯我，我不犯人；人若犯我，我必犯人”有异曲同工之妙。

在法律风险语境下运用证据思维，一方面，要有证据证明法律风险的客观存在，避免风险妄想，杞人忧天，惶惶不可终日；另一方面，也要灵活运用证据，善于将法律风险转移给对方，实现预防自身风险的目的。善于找证据，学会用证据，证据思维在法律风险预防中同样发挥着举足轻重的作用。

人的思维就是这样，总在不经意间摩擦碰撞，产生火花。面对生活中的种种烦心事，我们不妨在日常思维的基础上加点证据思维，少一点毫无根据的猜测，多一点让事实证据说话，用证据思维消除生活中的误解，化解纠纷和矛盾的苗头，用事实胜于雄辩的气势，吹散法律风险的阴霾。

# 第49讲　合力：系统化解风险的方案

在前面三讲中，我分别给大家介绍了化解风险的“切割术”“过滤术”和“转移术”，看到这一讲的题目中的“合力”，你也许能够猜到我在这一讲想给大家分享的内容。没错，就是将各种化解之“术”组织起来，通过运用系统思维，谋划合力化解法律风险的方法，我称之为“综合术”。

## 01　法律风险化解之“综合术”

面对法律风险苗头，无论是“切割术”“过滤术”，还是“转移术”都各有千秋，并无优劣之分，只要能结合具体案例具体应用，实现化解风险的既定目标，都可以拿来一用。

三者之间，也并非有你无我、有我无他的对立关系。作为技巧方法而言，当然可以围绕同一个目标汇集在一起，综合加以运用。综合运用多种化解风险的方法，就是法律风险化解“综合术”。

但是，要想将多种方法和谐地聚集在一起，彼此不发生冲突，相互圆融，并不是一件顺理成章、毫无障碍的事情。这里需要用到的，就是法律思维里的系统思维，用系统思维的方法引领和统筹各种化解风险之“术”。

我在前文中多次讲到系统思维，其核心就在于把握好整体与部分的关系，注重全局与局部的协调。化解风险视角下的系统思维，就是从整体上把握化解风险的目标，细分具体的化解任务，通过协调整体目标与具体任务的关系，形成化解风险的合力。通俗地讲，就是面对风险苗头，整体把握，分化瓦解，合力击破。

## 02　运用系统思维合力化解风险

公职人员法律风险预防一直是我研究的课题之一。面对公职人员这样一个庞大的群体，固然应当采取制度预防、群体预防、系统预防等各种预防性措施，但当风险苗头出现时，如何有效化解风险，巩固预防成果，制定系统化解风险的方案，同样十分重要和关键。

我们一起来感受一下体制内是如何运用系统思维合力化解风险的：

> 公职人员队伍会出现各种违纪、违规，甚至违法的法律风险苗头。
>
> 例如，有的领导把家人全部移居境外，只留下自己在国内担任公职，俗称“裸官”，只要一有风吹草动，随时可以出走国外。
>
> 又如，有的干部打着领导的旗号办事，悄悄当起了“权力掮客”，有的甚至代行领导职权，这类人多在领导身边工作，被称作“领导身边人”。
>
> 再如，有的干部热衷于搞“小圈子”，找靠山，站队抱大腿，搞人身依附，一时间弄得单位乌烟瘴气，让想干事创业的干部大受影响。
>
> 还有，一些干部频频被人举报，暴露出工作作风、个人生活等方面的苗头性问题。既有类似服务态度不好的“小问题”，也有官商勾结，涉嫌“权钱交易”的“大毛病”。

上述风险苗头具体表现为：“裸官”问题、“领导身边人”问题、干部人身依附问题，以及干部被举报问题。这些风险苗头从整体上看，既涉及违反法律的问题，也涉及违反党纪、政纪的问题，但从本质上都属于公职人员违规问题。运用系统思维化解风险的第一步，就是明确应对风险整体目标，化解公职人员违规风险苗头。

第二步，是细分化解风险具体任务。针对暴露出来的问题，纪检监察部门、组织人事部门联合出击，运用系统思维，合力化解公职人员暴露出的风险苗头。

首先，运用“切割术”化解“裸官”风险。对不肯把家人迁回国内的“裸官”，要么免职，要么辞退，坚决杜绝“裸官”掌权。

其次，运用“过滤术”化解“领导身边人”风险。对谋取不正当利益的“权力掮客”追究刑事责任，清除出干部队伍；对打着领导旗号谋取个人私利的干部，区别违纪、违规性质分别给予党纪、政纪处罚；对热衷于搞“小圈子”、找靠山的干部，则以批评教育为主，教育其树立正确的权力观。

最后，运用“转移术”化解“被举报人”风险。在掌握一定证据的基础上，通过内部谈话的形式，让被举报人向组织说明被举报的事实情况，转移风险。对解释不清的被举报人，依法依规进行追责。对能够说清情况、查无实据的被举报人，由组织出面澄清事实，以正视听。

第三步，调和整体目标与具体任务之间的关系。强调整体目标和具体任务之间的一一对应关系，既要避免一阵风式的“运动式”预防，也要防止出现虎头蛇尾的“政绩式”预防，不断以制度的形式巩固预防成果，保证化解风险取得实在效果。

例如，对出现问题苗头的干部，通过谈心谈话提醒，做到红红脸、出出汗；对被举报的干部，既要做到没调查清楚举报事实之前，坚决不能提拔，也不能久拖不决，耽误干部政治前途；强化对“裸官”管理制度执行情况的监督，并设置成选人用人专项检查的必检项目；对“领导身边的人”提拔时要进行有针对性的考察，广泛听取群众意见，避免领导“一言堂”等。

运用系统思维化解法律风险的精髓，可以用一句话概括，就是系统的事情系统做，齐心合力防风险。通过剖析上述案例，你有没有感受到运用系统思维的智慧呢？

## 03　以系统思维驱动法律风险化解

闻道有先后，术业有专攻。应对复杂的系统问题，就要善于发挥“术”之专攻，以系统思维驱动专攻之“术”，合力发挥出“1+1 > 2”的效果。

其实，在日常生活中，人们也会不知不觉地用到系统思维。例如，做投资的朋友都知道，“不把鸡蛋放在同一个篮子里”，要懂得分散投资。有的人会选择同时持有同一领域内的不同企业股票，这样即便一只股票亏损了还有另一只；也有人选择投资不同领域的项目，同时持有不同领域公司的股票，一个领域不景气还有另一个领域，用来对冲风险。这实际上都在运用系统思维，调和投资行为整体与部分的关系，有意识地防范整体风险。

许多懂得理财的家庭，也善于采取组合理财的方式避免家庭财务风险。例如，留一部分钱用来做储蓄，既有固定的利息收入，也可备家庭不时之需；花一部分钱购买带有理财功能的人身保险，既可以理财，也可以提高家庭抗风险能力；剩下的钱可以考虑分散购买股票、基金等，保证家庭财产能够保值增值。这实际上也是在运用系统思维，从家庭财产安全整体上把握，从具体细节处入手，找到风险预防的最佳组合方案。

不仅个人、家庭要懂得运用系统思维应对风险，许多公益性质的企业更要善于用系统思维化解公共安全风险。我们一起来看看地铁公司是怎么运用系统思维化解风险的：

地铁公司承担着城市公共客流运送任务，越大的城市客流强度越高，运营安全压力越大。作为人员密集的公共场所，一旦发生纵火、凶杀等突发事件，极易产生群死群伤的严重后果，造成恶劣的社会影响。为此，地铁公司运用系统思维，把握保证地铁运营安全的整体目标，细分具体防范和化解任务，有针对性地开展防范和化解风险工作。

第一步，运用风险“切割术”，加强地铁安检工作。安检是保障地铁运营和旅客人身安全的重要预防措施。在安检过程中，一旦发现拒绝检查者，一律不准进入地铁，情节严重者移交警方处理；对安检查出的易爆、腐蚀、有毒、管制刀具等危险物品，要立即清除；提高安检科技含量，运用安检技术和装备，采取“人、机、犬”相结合的常态化安检模式，确保地铁及乘客安全。

第二步，运用风险“过滤术”，重点盯防可疑人群。地铁客流量大，人群成分复杂，风险系数较高。地铁公司充分利用高新科技手段，研发运用人像自动识别系统，对接公安机关犯罪嫌疑人数据库，在地铁站点盲区布置安装监控摄像头，升级改造和加装高清摄像头，适当延长视频图像保存期限。如此一来，既起到防范和化解地铁安全风险的作用，还能满足公安机关打击犯罪实时监控和调查取证的需求。

第三步，运用风险“转移术”，关注地铁周边风险。化解风险不能局限在地铁站内，还要延伸至地铁沿线及周边，把安全风险防范从站内转移至站外。一方面，地铁公司在地铁沿线围网并安装报警系统，防范外来人员侵入；另一方面，地铁公司与学校、街道、公安、消防、部队等相关单位建立共建关系，通过开展“平安地铁，伴我成长”“地铁安全进社区”以及“警站共建”“军站共建”等活动，建立起联动机制，合力提升地铁安全防范与化解风险能力。[①]

“切割术”“过滤术”“转移术”，再加上“综合术”，共同构建出一幅化解法律风险立体全景图。在日常思维的基础上加点法律思维，原来做到融会贯通并没有想象中的那么难。系统思维能够帮助我们提高站位，打开视野，你会发现，原来自己也可以做到胸怀全局，游刃有余。

## 第50讲　出击：进攻就是最好的防守

在前面的讲座中，我分别讲解了化解法律风险苗头“切割术”“过滤术”“转移术”和“综合术”，构筑起一条预防法律风险的立体防线。但是，有时候再坚强的防线也抵挡不住法律风险猛烈、多变的进攻。我们常听到民间俗语“日防夜防，家贼难防”，“堡垒最容易从内部攻破”，实际上说的就是风险有时候真是防不胜防。

无论多好的防守都会有漏洞和局限，在法律风险面前我们不妨换个角度思考，既然防不住，那就索性攻出去。我们也经常听到另一句话，叫作“进攻就是最好的防守”。这一讲，我就来与你分享，如何采取主动进攻的思维方法，巧妙化解法律风险。

### 01　法不能向不法让步

在“转移：摆脱法律风险的阴霾”一讲中，我们专门讲过化解法律风险“转

① 何莉、马建文：《广州地铁运行安全若干问题的思考》，载广州市法学会编：《法治论坛》2018年第2辑（总第50辑），第383–389页。

移术”。其实，从某种意义上讲，我们也可以把转移法律风险看作一次主动进攻。你看，把自己面临的法律风险转移给对方，让对方处于法律风险之下，反客为主，不就是一种进攻吗？

但是，我在这里所讲的“进攻”与转移法律风险中的情形并不完全相同。一般而言，转移风险，是把自己面临的风险转移给对方，法律风险的性质基本不会发生变化。例如，把被侵权的法律风险转移给对方，对方面临的就是侵权的法律风险，法律关系性质还是属于侵权，只不过是调换了位置而已。

而以进攻的方式化解法律风险，是当自己面临一种法律风险时，主动进攻让对手陷入另一种法律风险，两种风险在法律性质上可能并不完全相同。举个生活中的小例子，如果你的信用卡不小心遗失了，你一定要在第一时间主动致电银行申请挂失，暂停与银行之间的合约。如果挂失后银行卡还被盗刷，那么银行就存在过错，需要承担赔偿责任。反之，如果没有及时挂失而被人盗刷，那么银行就可能不承担责任。申请挂失防止盗刷与信用卡被盗刷要求赔偿，这两者并不属于同一性质的法律风险，但是主动申请挂失的行为，能够让银行肩负起信用卡使用安全法律责任，客观上预防了盗刷的法律风险。

以进攻的方式化解法律风险，具体来讲，就是当面临法律风险时，通过主动作为让对方陷入法律风险中，最终令对方知难而退，从而达到化解自身风险的目的，这与《孙子兵法》中“围魏救赵”的计策颇为相似。

特别需要强调的是，以进攻的方式化解法律风险，绝不是没事找事、无事生非。而是在法律风险苗头已经显现的情况下，主动采取合法措施应对法律风险的态度，用一句时兴的话讲就是：法不能向不法让步。

## 02 运用证据思维主动发起进攻

谈到“法不能向不法让步”，很容易让人联想到刑法中的正当防卫。

先普及一下正当防卫法律小常识。刑法中的正当防卫，是指当自身合法权益面临正在进行的不法侵害时，所采取的制止不法侵害的行为。例如，当歹徒持刀向你砍来的时候，你当然可以躲闪，但也可以主动出击，采取措施夺刀制服歹徒，这里的夺刀制服歹徒的措施就是合法的，是一种以进攻姿态化解风险的行为。

“法不能向不法让步”，突出了在自身合法权益受到威胁时，主动采取法律手段化解风险的坚决态度。此时威胁行为已经露出了风险苗头，采取预防措施正当其时。不让步，既是指不能一味防守避让，更强调了要善于主动出击，这时需要用到的就是法律思维里的证据思维。

在前文中，我们已经反复讲过多次证据思维。简言之，证据思维就是找证据、用证据的思维能力。在进攻视角下谈证据思维，关注的重点就在于主动寻找证据，乃至创造证据，并灵活运用证据，使对手处于法律追究的风险之下，最终迫使其让步，从而化解自身法律风险。下面看一则以进攻姿态化解法律风险苗头的案例：

A公司应客户需求，委派本公司软件工程师黄某开发设计一款电子软件，并向黄某提供了相应的技术设备，配备了辅助人员。黄某向公司提出，由于自己的小孩刚出生，为了方便照顾家庭，申请在家里工作。A公司考虑到黄某家庭实际情况，同意了黄某的申请。到了交稿时间，黄某向A公司提交了一份软件成品，但是随后就开始以各种理由拖延工作，甚至拒绝到公司参加软件调试，最终软件开发失败，A公司没有拿到客户订单，黄某也悄然辞职。

事后A公司感觉事有蹊跷，随即展开调查。结果发现黄某还在继续开发那款电子软件，只不过雇主换成了自己的竞争对手B公司。原来，黄某在接到A公司委派的软件开发任务后，为谋取个人私利，暗地与A公司的竞争对手B公司取得联系，表示愿意将本属于A公司的软件转卖给B公司。之后黄某便以照顾家庭为由申请在家工作，私底下却为B公司工作。在完成软件开发后，黄某故意提供了一个有问题的软件版本向A公司交差，同时把调试成功的软件版本转卖给了B公司。

A公司高层获悉事实真相后勃然大怒，A公司立即对黄某的所作所为提出质问，黄某辩称A公司委托的软件开发工作已经失败，后续的开发工作是其个人主动所为，已经与A公司无关，开发成果属于其个人所有，想卖给谁就卖给谁。A公司又向B公司讨说法，B公司推脱称这是黄某与A公司之间的事情，与B公司无关。

眼看着客户可能要选择跟B公司签约了，A公司认为不能坐以待毙，立即向专业律师团队求助。律师团队主动出击，秘密收集到黄某与B公司之间关于研发软件的工作往来邮件，掌握了黄某与B公司之间合谋侵权的证据。接着趁黄某放松警惕之时，委派一名与黄某私交较好的员工，按照预先设计的口径，先后多次与黄某通电话并进行了录音，掌握了黄某转卖软件牟取暴利的主观证据。在收集到证据之后，律师团队经过深入分析和评估，果断向法院提起民事诉讼，要求黄某返还A公司委托开发的软件作品，并立即申请法院对黄某家中的电脑进行扣押，结果大有所获，一举掌握了黄某工作记录等侵权铁证。

在证据面前，黄某终于承认了侵权事实，自愿服从法院判决。A公司凭借生效的法院判决与B公司开展洽谈，重新夺回了软件版权，一场危机最终顺利化解。①

在这个案例中，律师团队就是以进攻姿态化解了法律风险。在对方的百般狡辩面前，没有证据简直寸步难行。但是证据又不会从天上掉下来，只有通过积极主动作为，才有获取证据的可能。由此可见，以进攻的方式化解法律风险，就是把主动权牢牢抓在自己手中，不仅需要勇气和胆识，更需要缜密的法律思维和判断力，这正是法律人的价值体现。

## 03　主动进攻化解法律风险的“三板斧”

回到上述案例，律师团队运用证据思维，主动寻找和创造证据的做法，值得我们仔细回味。让我们一起来复盘推演，看看A公司的律师团队是怎样运用证据思维，通过进攻“三板斧”来化解风险的。

第一板斧：找准法律风险问题，明确主攻方向。A公司面临的法律风险问题是：公司开发的软件版权被黄某、B公司侵犯。解决问题的分歧在于：是直接选择找黄某算账，还是干脆找B公司理论，或者一起追究两者责任呢？问题还得从证据上寻找答案。本案的幕后黑手其实是B公司，但是由于没有直接证据证明B公司侵犯了A公司软件版权，因为中间隔了个黄某。因此，根据证据实际情况，律师团队选择黄某作为化解法律风险的主攻方向。

第二板斧：主动发掘证据，完善证据锁链。律师团队不仅主动收集到黄某与B公司工作往来的邮件书证，而且采用电话录音的方式，创造出了新的证据，使得证据之间能够相互印证，形成完整的证据锁链，有力地证实了黄某主观上故意提供问

① 高云：《思维的笔迹（下）》，法律出版社2009年版，第70页、第78页。

题软件给A公司，暗自转卖正版软件给B公司的事实。

第三板斧：选择有利诉求，迫使对方服判。在掌握证据的基础上，律师团队既没有对B公司提起侵权诉讼，也没有报警追究黄某侵犯商业秘密责任，而是选择最为稳妥的要求黄某返还软件版权的民事诉讼。在提起诉讼后第一时间向法院申请对黄某的电脑进行证据保全，极大地打击了黄某的抵抗信心，迫使其服判。在拿到判决后再与B公司短兵相接，有了法院判决书中确认的事实，B公司不得不作出让步，A公司软件作品面临侵权的风险得到彻底化解。

明确主攻方向、完善证据锁链、选择有利诉求，这就是以进攻姿势化解法律风险的“三板斧”。你看，本来A公司面临的是软件版权被黄某、B公司侵犯的风险，但是A公司却选择向黄某主张返还职务作品版权，这种返还之诉与侵权问题并不属于同种性质的法律风险，但是却起到了“围魏救赵”的解围效果，既让黄某心服口服，乖乖交出正版职务作品，也让B公司哑口无言，不敢造次。

在足球竞技场上，以进攻作为防守策略的做法比比皆是。对一些防守力量不强的球队，想靠防守取胜或是取得一场平局，往往难以如愿。有经验的球队都会放置一部分攻击力量在对方半场，保持进攻态势，迫使对方不敢大举压上进攻，减轻后方的防守压力，还能伺机给予对手致命一击，创造出防守反击、以弱胜强的经典战例。

看来，化解法律风险苗头不仅有“切割术”“过滤术”“转移术”“综合术”，还有一招“进攻术”。在日常思维的基础上加点法律思维，在防守难度大的时候，不妨运用证据思维，想想可不可以主动进攻。攻守平衡的队伍可以成为球场上的王者，拥有法律思维的你一定也能成为生活中的强者。

# 结 语

## 言有尽而意无穷

### 01 完成对你的核心交付

一晃50讲法律思维课讲完了，心中竟然有些不舍。

虽然有日常教学的一些积累，但把琐碎的讲义整理成系统的文字，着实费了一番功夫。事实证明，只有用心投入写作，才能对文字产生感情。

我深深地感到，法律思维是非常有用的思维工具，它确实能够帮助普通人实现思维的升级。

特有的法律思维，例如权利思维、程序思维、证据思维等，极具个性，特色鲜明，实践意义强，能够助你一臂之力，让你在解决纠纷、化解矛盾的过程中如虎添翼。

经过我嫁接、演绎，延伸而出的法律思维，比如形象思维、美化思维、转换思维等，旧瓶装新酒，在法律思维的语境下焕发出新的生机与活力，让人在处理复杂法律问题时，有了兵多将广、取之不尽用之不竭的奇妙感受。

3编内容、50讲课程、25种法律思维、105个案例、26万字文字表述，这就是本书对读者的核心交付。

### 02 “一体两翼”：法律思维在训练中成就

25种法律思维，我在附录以《25种法律思维检索表》的形式向读者呈现，方便读者在学习过程中查阅。

总结来说，3编50讲内容的框架，就是“一体两翼”：

“一体”，指的是法律思维力。

由概述、权利、程序三部分组成，采取“总—分”的逻辑架构，概述是“总”，权利、程序是“分”，对应的是法律中的实体法和程序法。

“两翼”，指的是法律思维实践、预防法律风险。实际上对应的就是运用法律思维的“一攻一守”。

在法律思维实践部分，采取“知行合一”的逻辑架构，知道基本的套路，懂得运用证据，善于寻找最佳方案。

在预防法律风险部分，采取“是什么—为什么—怎么办”的逻辑架构，学会发现法律风险，深入分析风险原因，有力防控法律风险。

法律思维的养成，就是在这“一体两翼”中往复游弋、循环反复，通过不断地训练而最终成就的。

## 03　年少成名无法律，从来高手皆白头

据我观察，各领域的顶尖高手，之所以对所在领域有精深独到的见解，能够妥善解决复杂疑难的问题，归根结底，就在于他们拥有强大的思维力。

而且，这些行业领域内的翘楚，能够凭借这种强大的思维力，不断产生创造性想法并付诸实践，使得他们能够鹤立鸡群，与众不同。

法律圈内流传着一句话：年少成名无法律，从来高手皆白头。在法律思维的领域里，除了训练和积累，没有任何捷径可以走。要想有所建树，除了踏实，还是踏实。

法律思维的养成，不仅要建立在大量的法律知识基础上，更依赖于个人思维的不断训练。法律思维博大精深，我在讲述过程中，也常常感觉无法全面驾驭，时常感到言有尽而意无穷。也许，这正是法律思维的魅力所在。

希望这本书能够帮你推开一扇观察法律思维的窗口，让你在学习法律思维知识和技能中有所获益，为你思考问题、解决纠纷、预防风险提供一个新的视角。

愿本书能给你带来愉悦的阅读体验，期待与你下次再会！

# 附　录

## 25种法律思维检索表

# 后　记

# 将普法进行到底

## 01　普法感想

我的微信签名栏写的是：做名充实的法律人，那便是天高云淡、一品岭南。作为在南方工作的一名检察官、一名检察教官、一名撰稿人，工作之余讲课、写作，偶尔参加学术研讨，我感到很充实。

无论扮演何种角色，我都是一名法律人。法律人面对社会开展普法，不仅是一件对社会、对公众有意义的事情，还是专业工作者的一份社会责任。

自出版第一本普法作品集《做自己的法律顾问》以来，一晃三年过去了，该作品也顺利迎来了第二版，社会大众对作品的积极回应就是我创作的最大动力。

普法就应当与时俱进，常做常新。新时代的中国公民，已经不再满足于法律知识的简单吸收，更希望知道法律为什么这么规定，法官、检察官、律师为什么会这么处理。在晦涩的法律条文背后，突破专业的瓶颈让大众理解法律工作的精髓要义，好像是一件不可能完成的任务。但是多年的教学实践让我发现，这并非不可能。

在讲课过程中，我发现听众对法律人的思维方式非常感兴趣。其实这一点也不奇怪，法律的核心任务之一就是要解决纠纷、化解矛盾，也就是做通人的思想工作，当然要揣摩人的心理活动和思维习惯。法律思维本就根植于日常思维，只不过基于法律科学的专业性，又超脱于普通人的思维。这份超脱让公众产生了一探究竟的好奇心，好奇心产生求知欲，这不正是普法的好机会和切入点吗？

## 02 教学感悟

细心的你一定会发现，这本书的内容已经在一定程度上突破了法律的范畴，不仅涵盖了各种部门法律知识，而且延伸到管理学、经济学、心理学，乃至哲学的研究领域。

这是因为人的思维具有共性，许多思维方法本来就是相通的。法律思维方法中既有极具个性的思维方式，也存在大量与其他学科相似的思维方法，只要能够帮助我们定分止争，提升思维力，就能兼容并包，为我所用。这些经过案件实践经验和总结提炼的跨学科思维方法，放在法律的语境下，以法律思维的视角诠释出来，不知道算不算得上是一种创新呢？

把法律思维作为普法课程的知识点和兴趣点，设计为教学目标的一个峰值或者终值，是我在教学过程中的大胆尝试。作为一名从事成人教育培训的教官，一定要学会调动课堂气氛，让学员们既听得开心，又有所收获。而要做到这点就必须学会“讲段子”，通过生动的段子把本来抽象高深的法学理论变得通俗易懂，令人印象深刻，实现良好的教学效果。而法律思维内容就是绝佳的段子素材，既能暂时摆脱法律知识的各种束缚，又能引导听众思维达成共识，引发强烈共鸣。

有学员评价：旁征博引，深入浅出，热烈而不肤浅，生动不乏深刻。我感到这是对一个普法人莫大的理解和勉励。

## 03 特别感谢

感谢我的“东家”广东省人民检察院为我提供的平台。视野决定格局，作为人民检察官应当拥有一份社会责任，为社会提供更好的法治产品。单位领导、工作团队为我提供了许多宝贵的学习和实践的机会。仅在2019年，我就先后在北京大学、中山大学这两所国内拔尖的高校接受培训，与书本上的名师面对面交流，极大地开阔了我的视野。不学习，不知道，这部法律思维“连续剧”，就是我奉献给公众的检察产品。

感谢我的“产品”研发平台国家检察官学院广东分院。学院为检察教官的成长可谓不遗余力，给我创造了许多锻炼的机会，让我有机会跟来自全国各地的检察同行交流切磋，及时得到“产品”体验的反馈。我还清晰地记得第一次登上学院讲台的那份激动，见贤思齐，正是当年埋下的躬耕讲坛的小种子，才有了今天的慢慢成长发芽。学院的育人风格，诠释出广东敢为人先、不拘一格、务实求真的作风，我是实实在在的受益者。

感谢我的产品“用户”暨南大学、华南理工大学、广州航海学院、中国人民解放军陆军特种作战学院等一批广州地区的高校师友，他们帮我登上高校的讲台，让我的法律思维课能够得到同学们的检阅，逐渐走向成熟。当然，我还要感谢许多来自党政机关、纪委监委、公检法系统、央企国企等单位的领导和同人，没有嫌弃我才疏学浅，包容我、鼓励我不断研发课程，邀请我不断走上讲台，一直延续到今天。

我也不会忘记，众多帮助我研发课程的朋友们。《检察日报》李国民主任、高扬编辑对我的普法创作提出了许多中肯意见；《法治论坛》卢晓珊主编、陈道欢编辑多年来倾力支持我的文章发表；还有《南方法治报》严焕彩、淑雅、秋秋、君君等编辑，感谢你们多年来督促我不间断写稿，让我得以积沙成塔、集腋成裘，希望我曾经的拖延没有让你们抓狂。感谢广东省法学会刑法学会、诉讼法学会、犯罪学研究会的诸多师友，正是长时间的学术浸润和思维碰撞，才让我渐渐有了自己的一些想法，你们是这门法律思维课的后援军、智囊团和催产师。还有我的众多老师、同学、校友、学生们，感谢你们在我的背后默默关注我、支持我，陪伴我一直走在普法的路上。

最后，我要特别感谢我的家人。我的父母放弃退休后悠闲的生活，从湖北老家来广州帮我带孩子。两个儿子在我创作期间的绝大多时候表现得非常乖巧，“爸爸在做事情，不要打扰他”，这样的话从3岁的小儿子嘴里说出来就成为一种激励。我的太太李丹萍，作为一名基层检察院的检察官，既要辛勤工作，又要照顾儿子们，为了支持我的创作，放弃了自身许多学习深造的机会，承担起更多的家庭事务。没有家人们的支持和付出，就根本不可能有这本书。

致谢中国法制出版社以及王佩琳、陆紫薇编辑。从我和太太的第一本书开始，不离不弃，携手同行，对本书的出版提供了许多建设性意见，付出了大量劳动。

普法在路上，我会将普法进行到底！

李　涛

2021年10月

于广州黄埔